THÈSE

POUR LE DOCTORAT

CHATEAUROUX. — TYP. ET STÉRÉOTYP. A. MAJESTÉ.

DE

LA LÉGITIMATION

EN DROIT ROMAIN ET DANS L'ANCIEN DROIT

DROIT COMMERCIAL

DES APPORTS EN NATURE

DANS LES SOCIÉTÉS PAR ACTIONS

THÈSE POUR LE DOCTORAT

L'ACTE PUBLIC SUR LES MATIÈRES CI-APRÈS SERA SOUTENU

Le Jeudi 18 décembre 1884, à 1 heure

PAR

Georges TONNELLIER

LICENCIÉ ÈS LETTRES, AVOCAT

Président : M. RENAULT

SUFFRAGANTS :
MM. RATAUD
GERARDIN — Professeurs.
ESMEIN — Agrégé.

PARIS

LIBRAIRIE NOUVELLE DE DROIT ET DE JURISPRUDENCE

ARTHUR ROUSSEAU, ÉDITEUR

14, RUE SOUFFLOT ET RUE TOULLIER, 13

1884

A MON PÈRE

A LA MÉMOIRE DE MA MÈRE

DROIT ROMAIN

DE

LA LÉGITIMATION

CHAPITRE PREMIER

SECTION Ire

Des différentes classes d'enfants

Si la classification des enfants d'après le commerce dont
ils sont issus est très simple dans la législation française, elle
était, au contraire, très compliquée dans la législation romaine. L'examen rapide de cette classification et le résumé
des différentes modifications apportées dans la condition des
enfants illégitimes par les lois successives doivent avec d'autant plus de raison précéder l'étude de la légitimation que la
faveur de cette institution était restreinte à une certaine
classe d'entre eux.

Aux enfants légitimes, issus des *justæ nuptiæ,* placés sous
la puissance de leur père, unis à lui et à ses agnats par le
lien d'agnation, pourvus de droits successoraux très étendus,
la loi romaine oppose les *liberi non justi,* qui comprennent

les *naturales*, les *spurii,* les *nefarii*, et enfin les enfants nés en esclavage.

L'expression de *liberi naturales* désigne les enfants nés du concubinat. Il est certain qu'à l'époque de Cicéron le concubinat n'était qu'un simple fait, dépourvu d'effets juridiques et non régi par les lois. Mais, au commencement de l'Empire, probablement par une disposition des lois caducaires, le concubinat devint une sorte de mariage d'un ordre inférieur, réglé et consacré par la loi. Cette opinion s'appuie sur l'*inscriptio* des lois 1 et 2 au titre *De concubinis*[1], *Ad legem Juliam et Papiam*, et sur la loi 3, au même titre, de laquelle il résulte que le concubinat *per leges nomen assumpsit.* Par cette expression de *leges*, les Romains entendent les lois caducaires. Marcien n'a pas voulu dire que, jusqu'à ces lois, l'état dérivant du *concubinatus* n'était pas dénommé ; mais il déclare que, par ces lois, le *concubinatus* prit place dans la législation romaine à côté du mariage, à titre d'institution légale, et se détacha désormais des commerces illicites et inavouables. Le concubinat, que plus tard, au Bas-Empire, Théodose qualifie de *inæquale conjugium*, et Justinien, de *licita consuetudo*, a la qualité juridique d'une union autorisée ; Godefroi le définit *justa conjunctio jure civili comprobata*, et Cujas emploie l'expression énergique de *semimatrimonium.* Ce système sur le caractère légal du concubinat est celui de l'immense majorité des commentateurs anciens et modernes[2] ; il a cependant été combattu par un interprète moderne[3] qui, traduisant le mot *concubinatus* par celui de concubinage, n'a vu là qu'un acte indifférent, ni criminel ni légitime, distinct des *justæ nuptiæ* et du *stuprum* qui en forment la double limite, et ne produisant aucun effet légal entre les deux personnes ainsi unies et

1. Lib. XXV, tit. 7, *Dig.*
2. M. Giraud, *Journal des savants*, mars 1880.
3. M. Gide, *Nouvelle Revue historique*, mai-juin, juillet-août 188

à l'égard des enfants issus de cette union. Cette théorie, en désaccord avec la tradition ancienne, nous semble contraire à la nature du concubinat et à la réglementation dont il est l'objet.

De même que pour le mariage, certaines conditions sont prescrites pour contracter valablement le concubinat ; le choix d'une concubine n'est pas abandonné à l'arbitraire, et de nombreux textes précisent quelles femmes il est permis d'avoir pour concubines. C'est ainsi qu'on ne peut prendre pour concubine une mineure de douze ans, une femme mariée, une parente avec laquelle on commettrait un inceste. Les concubines appartiennent, en général, à la classe inférieure, *in classe secunda ;* mais le concubinat par lui-même n'a rien de honteux. Dans le droit romain, si formaliste cependant, les *justæ nuptiæ* ne sont accompagnées d'aucune cérémonie civile ou religieuse : le mariage est considéré comme un état de fait résultant du consentement des parties et de la mise de la femme à la disposition du mari ; le concubinat ne nécessite également aucune formalité ; dans les deux cas, il y a cohabitation avec une seule femme, à laquelle il n'est pas défendu de s'unir. Mais la manière d'être dans la société et dans la famille distingue la concubine de l'*uxor*. C'est à la condition de la femme, à sa naissance, à l'affection de l'homme qu'on reconnaît l'épouse légitime. *Ab uxore solo dilectu separatur* [1]. C'est aussi à l'intention des parties que le juge doit se référer. *Concubinam ex sola animi destinatione æstimari oportet* [2]. D'après Marcien, une femme ingénue peut être concubine, mais il faut prouver, soit par témoins, soit par un acte formel, qu'elle a consenti à n'être que concubine, sans quoi le commerce avec elle serait un *stuprum* [3]. Si l'homme et la femme ne sont pas de condition

1. Paul, *Sent*. II, 20.
2. L. 4. *Dig*. XXV. 7.
3. L. 3. *Dig. eod. tit.*

égale, ou si la femme est de mœurs dissolues, le concubinat est présumé, à moins que les parties ne fournissent des preuves évidentes de leur mariage, et, à partir de Théodose, qu'il n'ait été dressé un *instrumentum dotale*[1]. Justinien décide même que la cohabitation de deux personnes libres et ingénues fera présumer le mariage, malgré l'absence d'un acte dotal[2].

Si la concubine ne porte pas le titre honorable de *materfamilias*, elle ne doit pas être confondue non plus avec la *meretrix*, qui a commerce *non uni, sed pluribus passim*, et avec la *pellex* ou concubine d'un homme marié ; elle vit dans la maison du concubin et y tient la place de l'épouse. Il est interdit d'avoir deux concubines à la fois[3] ; c'est une nouvelle preuve de l'analogie du concubinat avec le mariage. A plus forte raison un homme marié ne peut-il entretenir une concubine dans le sens légal du mot. Un texte de Paul est formel : *Eo tempore quo quis uxorem habet, concubinam habere non potest*[4]. Une constitution de Zénon le laisse entendre implicitement[5]. Aussi est-il facile de réfuter l'opinion de d'Aguesseau, de Hotman, qui, soutenant qu'un homme marié peut avoir une concubine, en concluent que les enfants issus de cette union sont *naturales* et non *adulterini*, ce qui aurait pour conséquence de les rendre susceptibles d'être légitimés. La loi 121 (*Dig.*, XLV, 1), invoquée en faveur de ce système, ne prouve rien ; elle suppose qu'une femme a stipulé de son mari une certaine somme pour le cas où, pendant le mariage, son mari *concubinæ consuetudinem repetisset;* le terme de *concubinæ* vise les relations telles qu'il pouvait les avoir avant le mariage ; mais, au cours du mariage, ce serait

----

1. L. 22, C. V, 4.
2. L. 23, § 7, C. V, 4.
3. Nov. 18, *cap.* 5.
4. *Sent.* II, 20.
5. L. 5, C., V, 27.

un *pellicatus* et non un *concubinatus*. La loi 3 (*Dig.*, XXV, 7)
serait plus décisive ; Marcien, après avoir déclaré que, s'il
n'est pas prouvé qu'une femme ingénue et honnête a consenti à n'être que concubine, le commerce avec elle ne peut
être que le mariage ou un *stuprum*, ajoute : *Nec adulterium
per concubinatum ab ipso committitur : nam, quia concubinatus per leges nomen assumpsit, extra legis pœnam est.*
Mais, par suite de l'enchaînement des idées, on pense généralement que le mot *adulterium* est pris pour *stuprum* ; la
phrase signifie simplement que le concubinat, contracté selon la volonté formelle des parties, n'est pas puni, bien que
la concubine soit ingénue et honnête. Ces enfants seront
donc incapables d'être légitimés ; sans doute le terme d'adultère, dans les textes de droit pénal romain, s'entend seulement de l'adultère de la femme ; mais l'adultère du mari
n'en existe pas moins, par quelque expression qu'il soit désigné.

Outre la question d'honorabilité, quelques différences juridiques importantes séparaient la concubine de l'*uxor*. Dans
le concubinat, pas de dot ; mais toute donation est permise
en faveur de la concubine. La sanction rigoureuse qu'entraîné l'adultère de la femme mariée n'est pas attachée au concubinat. Un certain nombre de principes de droit civil pur,
qui, dans la société romaine, règlent le mariage, ne s'appliquent pas au concubinat ; c'est ainsi que le gouverneur d'une
province peut y prendre sa concubine. Le concubinat est
contracté dans un esprit de perpétuité, il se dissout cependant sans aucune formalité par le seul consentement des
parties. Postérieurement à Justinien, l'empereur Léon VI le
Philosophe, dans sa novelle 91ᵉ, le supprima comme contraire à la morale et à la religion chrétienne.

L'institution du concubinat devait nécessairement avoir
une grande influence sur le sort des enfants nés en dehors
du mariage. Dès lors, commença à apparaître la distinction,

qui devint plus tard si profonde entre les enfants issus du concubinat, du mariage selon la nature, et ceux *vulgo quæsiti*. Toutefois, à l'origine, aucune réforme ne fut établie en faveur du *liber naturalis* ; il est un étranger pour son père. Celui-ci peut lui laisser tous ses biens, comme il peut ne rien lui donner ; l'enfant n'a pas à se prévaloir des liens naturels qui l'unissent à lui. Il naît *sui juris*, suit la condition de sa mère, lui emprunte son *origo* et propablement aussi son domicile. Les biens qu'il acquiert sont sa propriété exclusive.

Si le *liber naturalis* n'est pas *justus*, il n'est pas non plus *spurius* ; il a un père certain vis-à-vis duquel, il est vrai, il est tenu par un lien très faible. On a prétendu que la présomption, *pater is est quem nuptiæ demonstrant* [1], ne protégerait que l'enfant légitime, et qu'elle ne devait pas s'étendre au *liber naturalis* ; celui-ci n'aurait donc pas de filiation certaine à l'égard du père. Mais pourquoi les textes font-ils antithèse entre les *liberi naturales* et les *vulgo quæsiti ?* C'est qu'on est dans l'impossibilité d'attribuer, même avec vraisemblance, ces derniers à tel homme plutôt qu'à tel autre, tandis que, pour les premiers, le concubinat étant une union aussi régulière et pouvant être de fait aussi constante que le mariage, il y a certitude de paternité. Pourquoi restreindre cette présomption au mariage ? Le concubinat n'est-il pas une sorte de mariage ? *Est imitatio*, dit Cujas [2], *justi matrimonii, et consequenter qui ex concubinatu nascuntur etiam civilem patrem matremque habent.* Cette présomption a principalement sa raison d'être dans la cohabitation effective ; or, la cohabitation a lieu dans le concubinat comme dans le mariage. Un texte de Paul [3] nous montre un fils légitime institué avec un fils naturel par son père, et ce

1. L. 5. *Dig.* II, 4.
2. *Ad. leg.* 5. *Dig.* II, 4.
3. L. 45, *Dig.*, XXVIII, 6.

fils naturel est qualifié de frère naturel ; ce qui prouve que
la filiation du *liber naturalis* était reconnue dès l'époque
classique. Si l'on a contesté l'introduction à l'époque classique de cette distinction entre le *liber naturalis* et le *spurius,*
personne ne met en doute son existence sous les empereurs
chrétiens. On lit dans la loi 7, au Code Théodosien, *(De natur.
filiis*, IV, 6) : *Naturalium nomen sancimus imponi iis quos
sine honesta celebratione matrimonii legitima conjunctio
fuderit in lucem.* Justinien, dans l'ensemble de sa constitution (nov. 89), distingue très nettement le *filius ex licita consuetudine* du *spurius cui pater incertus sit* .

Toutefois, la certitude de la paternité provenant du concubinat ne produit pas, à l'époque des Antonins, des effets juridiques importants dans les rapports du fils naturel avec son
père. Elle engendre une *affinitas* susceptible de devenir un
obstacle au mariage dans la même mesure que l'*affinitas* résultant des *justæ nuptiæ ;* elle justifie l'obligation alimentaire réciproque entre le père et les enfants. *Et magis puto,
etiam si non sunt liberi in potestate, alendos a parentibus :
et vice mutua alere parentes debere* [1]. Peut-être le préteur
fit-il arriver le *liber naturalis* à la succession paternelle au
moyen de *la bonorum possessio unde cognati ;* mais, à raison
de l'absence de textes et du silence de Gaius qui ne signale
comme *cognati* que les personnes, *quæ per feminini sexus
personas copulatæ sunt* [2], la question est douteuse.

C'est sous les empereurs chrétiens qu'un grand progrès se
réalise dans la législation romaine. On ne laisse plus au père la
faculté de régler, selon sa seule volonté, sa succession à l'égard
de son fils naturel, de tout lui accorder ou de tout lui refuser.
La liberté du père est restreinte, la part de l'enfant dans
l'hérédité paternelle est exactement limitée, il ne peut se

1. L. 5. § 1. *Dig.* XXV, 3.
2. *Inst. Comm.* III, § 30.

soustraire à l'incapacité qui le frappe. Les dispositions des constitutions impériales quant à la nature et à la quotité des droits reconnus à l'enfant ont subi des variations nombreuses.

Constantin, le premier, parle des enfants naturels pour restreindre leurs droits, et, dans son ardeur à combattre le concubinat, il leur défend de rien recevoir de leur père, par donation ou par testament, en présence de tout héritier légitime [1]. Dans la loi 1, au Code, *de natur. lib.* (V. 27), il décide que, si le père est illustre et la mère de basse extraction, il ne peut rien donner à l'enfant, même indirectement, au préjudice des enfants légitimes, père ou mère, frères ou sœurs ; si ceux-ci ne réclament pas, les biens du défunt appartiennent au fisc.

En 371, une constitution de Valentinien adoucit les lois de Constantin ; elle dispose qu'en présence d'enfants légitimes, du père ou de la mère du disposant, l'enfant naturel et sa mère peuvent recevoir un douzième ; en l'absence de ces parents, la libéralité peut s'élever au quart [2]. Ces dispositions sont confirmées par les empereurs Arcadius et Honorius, qui permettent au père, après le décès de l'enfant, de laisser à la mère un vingt-quatrième [3].

Une constitution de Théodose le Jeune rétablit ces dispositions, qui avaient été supprimées par Valentinien III et remplacées par le droit de Constantin [4].

Justinien apporte plusieurs modifications à cet état de choses. En 528, il décide que celui qui ne laisse ni une descendance légitime, ni sa mère, pourra donner à l'enfant naturel et à sa mère la moitié au lieu du quart [5]. En 539, tran-

---

1. Godefroi, t. 1, p. 392.
2. L. 1 C. *Th. de natur. filiis.*
3. L. 2, C., V, 27.
4. L. 2, C. *Th., ut supra.*
5. L. 8 C., V. 27.

chant une controverse, il permet à l'aïeul de donner tous ses biens au fils naturel de son fils légitime, ou au fils légitime ou naturel de son fils naturel, pourvu qu'il n'ait pas de descendance légitime[1]. La novelle 18 (*cap*. 5) contient une heureuse innovation : les enfants naturels et leur mère peuvent recevoir, en présence d'enfants légitimes, un douzième, sinon moitié ; mais, si le père ne laisse ni femme, ni enfants légitimes, la concubine et ses enfants ont droit à un sixième. Justinien le premier reconnaît donc aux enfants naturels un droit de succession *ab intestat*, mais il n'accorde cette faveur que si le défunt n'avait qu'une seule concubine ; au reste, cette condition résultait de la nature du concubinat. Enfin, la novelle 89 complète la législation sur cette matière. Le père décède-t-il *intestat*, sans avoir fait ni libéralités entre vifs ni dispositions de dernière volonté, les enfants naturels, s'il existe des enfants légitimes ou une femme légitime, ne reçoivent que des aliments ; sinon, ils prennent deux douzièmes, quels que soient les parents appelés à la succession, et, si leur mère existe, ils lui abandonnent une part virile (*cap*. 12, §§ 4 et 6). Le père a-t-il fait des dispositions testamentaires ou entre vifs, les libéralités adressées à ses enfants naturels et à sa concubine n'excéderont pas un douzième en tout, et, si la concubine est seule, un vingt-quatrième, dans le cas où il laisserait des descendants légitimes ; sinon, ces personnes recueilleront avec la même liberté qu'un étranger, les libéralités par elles reçues ne seront sujettes à réduction qu'en faveur des ascendants légitimaires (*cap*. 12, §§ 2 et 3).

A l'égard de la mère, la condition du *liber naturalis* est tout autre ; il est assimilé à l'enfant légitime. Tous les enfants, quel que soit le commerce auquel ils doivent leur naissance, qu'ils soient issus des *justæ nuptiæ*, du *concubinatus* ou du *stuprum*, sont tous vis-à-vis de la mère dans la même situation. La maternité est un fait certain, matériel, et les Ro-

1. L. 12, C. V, 27.

mains, sans tenir compte de la moralité de la femme, envisagent la maternité uniquement au point de vue du lien du
sang qui résulte de fait de l'accouchement et de la naissance.
D'après la loi des Douze Tables, le droit de succession n'étant
qu'un dérivatif du lien résultant de la puissance paternelle,
jamais une mère ne succédait à ses enfants en sa seule qualité de mère, ni les enfants ne succédaient à leur mère en
leur seule qualité d'enfants. Plus tard, le préteur corrigea
cette iniquité, en accordant soit à la mère, soit aux enfants,
à raison de leurs rapports de cognation, la *bonorum possessio
unde cognati*. Les enfants naturels, nés d'une même mère,
héritent les uns des autres *tanquam cognati*[1]. Sous Marc-
Aurèle, le sénatus-consulte Orphitien appelle au premier rang
à la succession de leur mère tous les enfants au premier
degré, légitimes ou naturels, pourvu qu'ils soient citoyens
romains et ingénus, et il exclut tous les héritiers appelés par
l'ancien droit civil, mais eux seuls, c'est-à-dire les agnats.
Une constitution des empereurs Valentinien, Théodose et
Arcadius est plus large, elle défère aux petits-enfants par les
femmes la succession de leur grand'mère ou arrière-grand'-
mère, mais sous la déduction d'un quart en faveur des agnats[2].
Enfin, Justinien leur donne l'hérédité tout entière, et étend
le même droit aux descendants plus éloignés[3]. Signalons cependant une dérogation apportée par Justinien à la règle
posée plus haut : si une femme illustre est la mère de *justi
liberi* et de *spurii*, les premiers viendront seuls à sa succession[4].

Mentionnons pour mémoire, à côté des *liberi naturales*, une
catégorie d'enfants qui, depuis l'extension par Caracalla du
droit de cité à tous les sujets de l'Empire ne présente que

1. L. 2. *Dig*. XXXVIII, 8.
2. L. 4. C. *Th*. V, 1.
3. L. 12, C., VI, 55.
4. L. 5. C., VI, 57.

peu d'importance, et disparaît, sous Justinien, avec la suppression des Latins-Juniens et des déditices, c'est celle des
enfants issus d'un *matrimonium injustum*, c'est-à-dire d'une
union où l'une des parties au moins était latine ou pérégrine.
Ils ont un père certain, mais ils ne sont pas sous la puissance
paternelle ; ils naissent *sui juris* et suivent la condition de
leur mère. Toutefois, ainsi que nous le verrons, ce mariage
du droit des gens était susceptible de se transformer en
justæ nuptiæ.

La deuxième classe d'enfants illégitimes conprend les *spurii*. Les *spurii* ou *vulgo concepti* sont, suivant les expressions
de Modestin, ceux qui *patrem demonstrare non possunt, vel
qui possunt quidem, sed eum habent quem habere non licet* [1]. Remarquons avec Ulpien [2] que le terme de *spurii* est
plus large que celui de *vulgo quæsiti ;* car, tandis que le second s'applique seulement à ceux auxquels il est matériellement impossible de désigner un père, le premier s'entend aussi
des enfants issus d'un mariage contracté entre personnes,
qui légalement ne pouvaient se marier ensemble, et dont le
père n'est pas inconnu. Cette distinction, dépourvue de conséquences pratiques, n'est pas observée dans le langage des
jurisconsultes. En un mot, les *spurii*, qui correspondent assez exactement aux enfants naturels simples de la législation
moderne, sont les enfants nés, non seulement d'une prostituée, comme le dit d'Aguesseau [3], mais encore de tout commerce qui n'est ni un mariage, ni un concubinat, ni une union
entachée d'un vice qui les fasse comprendre parmi les *nefarii*.
Aucun lien ne rattache les *spurii* à leur père qu'il ne connaissent pas ou ne doivent pas connaître ; la législation romaine
n'a jamais admis aucune sorte de reconnaissance. A l'égard
de la mère, ils ont les mêmes droits que les *justi liberi*, sous

1. L. 23, *Dig.* I, 5.
2. *Regul.* V. § 7.
3. *Dissert. sur les bâtards.*

réserve, depuis Justinien, de l'exception citée plus haut. Au point de vue politique, les *spurii* ne sont frappés d'aucune incapacité : *Etiam spurii ad decurionatum, et re et vita honesta, recipientur* [1]. Cependant, ajoute Ulpien, si le *spurius* est en concurrence avec le *filius legitime quæsitus*, ce dernier devra lui être préféré.

Les *nefarii* se subdivisent, selon l'obstacle légal qui s'opposait à l'union de leurs auteurs et aux circonstances qui l'ont accompagnée ou précédée, en *incestuosi*, *adulterini*, enfants nés d'un *stuprum*, auxquels ont peut adjoindre, selon d'Aguesseau, les *sacrilegi* ou enfants dont le père et la mère ou l'un d'eux avaient fait vœu de célibat.

Tout commerce, même non qualifié mariage, entre parents ou alliés qui ne peuvent contracter les *justæ nuptiæ*, constitue un inceste et les enfants qui en sont issus s'appellent *incestuosi*.

Lorsque le père et la mère, ou l'un deux, sont déjà engagés dans les liens d'un précédent mariage, les enfants prennent le nom de *adulterini*.

Les enfants issus du *stuprum* sont ceux nés d'une jeune fille de mœurs honnêtes ou d'une veuve, que la loi n'empêchait pas d'épouser, mais dont l'union a été entachée de violence, soit physique, soit morale, en un mot, de séduction [2].

Tous ces enfants sont traités avec une extrême rigueur par les lois romaines ; non seulement ils sont privés de tous droits successoraux, mais encore il leur est défendu de rien recevoir de leur père, et même de leur mère, soit entre vifs, soit par testament, directement ou indirectement, même à titre d'aliments, ou à défaut d'héritiers légitimes. Telle est la disposition d'une constitution des empereurs Arcadius et Honorius [3], et cette incapacité fut maintenue par Justinien [4].

---

1. L. 3, § 2, *Dig.* L. 2.
2. L. 101, *Dig.* L. 16 ; — L. 6, § 1, *Dig.* XLVIII, 5.
3. L. 6, C., V, 5.
4. Nov. 74. *cap.* 6.

Il est une autre classe d'enfants, qui sont souvent désignés dans les textes sous le nom de *naturales*[1], et dont il convient de dire quelques mots, la légitimation leur étant accordée dans un cas spécial ; ce sont ceux issus de *contubernium*. Le *contubernium* est l'union continue de deux esclaves, ou de deux personnes dont l'une est esclave. De fait, si l'un des parents était libre, c'était généralement le père. La loi romaine était très sévère contre la femme libre qui entretenait un commerce avec un esclave ; depuis le sénatusconsulte Claudien, le commerce avec l'esclave d'autrui l'exposait à tomber elle-même en esclavage, et Constantin lui interdit, sous peine de mort, le *contubernium* avec son propre esclave[2]. Jusqu'à Justinien, aucun lien ne résulte d'une filiation servile, et, même après l'affranchissement des parents, le préteur n'en tient aucun compte. *Ad leges serviles cognationes non pertinent*[3]. » Le *contubernium* ne produit aucun effet légal ; il engendre tout au plus une *affinitas* qui crée des empêchements au mariage. Les *liberi naturales* sont soumis à la puissance dominicale, et non à la puissance paternelle, même si le père est libre et citoyen romain. Justinien, dans une pensée d'humanité, décida que les enfants issus du *contubernium* viendraient à la succession de leurs auteurs, après leur affranchissement et celui de leurs parents, comme s'ils étaient issus des *justæ nuptiæ*, bien qu'ils ne fussent pas légitimes, et qu'ils se succéderaient les uns aux autres, *ad similitudinem eorum qui ex justis nuptiis procreati sunt*[4].

SECTION II

De la légitimation en général

La légitimation, telle que nous sommes habitués à la con-

1. Gaius, *Inst.*, *Comm.* I, § 19. L. 11. *Dig*, XL, 2.
2. Loi unique, C., IX 11.
3. Loi 10, § 5, XXXVIII 10.
4. L. 4, § 10, C., VI, 4.

cevoir aujourd'hui, n'apparaît qu'au Bas-Empire sous l'empereur Constantin. Mais, si nous prenons l'expression dans son sens large, c'est-à-dire au point de vue de la concession de la légitimité à des enfants qui, quoique ayant une filiation certaine, ne sont pas nés légitimes, nous en trouvons le principe dans plusieurs institutions du droit romain de l'époque classique; il s'agit de la *causæ probatio*, de l'*erroris causæ probatio*, et de l'obtention par un pérégrin du droit de cité et de la puissance paternelle. Ces actes, il est vrai, se rattachant aux droits de cité et relatifs à des hypothèses particulières, n'ont pas pour but spécial la soumission au pouvoir paternel d'enfants qui n'y étaient pas astreints en naissant; celle-ci n'est qu'une conséquence tout à fait accessoire.

Pour conférer à un esclave la liberté dans la plénitude de ses effets, il fallait que le maître exprimât sa volonté dans l'une des trois formes solennelles établies par la loi, et qu'il fût investi sur cet esclave du domaine quiritaire. Si l'une de ces conditions faisait défaut, l'esclave vivait *in libertate*, tout en restant esclave de droit. La loi Junia Norbana fit de ces esclaves, que la protection seule du préteur maintenait en liberté, une classe spéciale d'affranchis appelés Latins-Juniens, Latins à raison de leur assimilation avec les *Latini veteres*, Juniens à raison de la loi. La loi *Ælia Sentia* en augmenta le nombre en déclarant tels tous affranchis âgés de moins de trente ans, dont l'affranchissement n'aurait pas été fait par la vindicte en vertu d'une juste cause examinée et approuvée par un conseil.

L'assimilation des Latins-Juniens avec les *Latini veteres* n'était pas cependant parfaite; ils se trouvaient dans une condition inférieure. Le *jus commercii* dont ils jouissaient était restreint; c'est ainsi qu'il leur était interdit de tester, d'être tuteurs testamentaires, de recueillir par testament autrement que par fidéicommis, à moins qu'ils ne fussent devenus Romains du vivant du testateur ou dans les cent jours de son

décès ; à leur mort, le patron exerçait les droits d'un véritable maître. Mais le Latin-Junien avait plusieurs moyens d'arriver à la cité romaine, notamment *liberis*. Cette expression se rapporte à la *causæ probatio* dont le but était de
favoriser l'accroissement de la population.

Supposons qu'un Latin épouse soit une Romaine soit une
Latine-Junienne ou des colonies, et que de cette union, contractée en présence de sept citoyens romains pubères, naisse
un enfant de l'un ou de l'autre sexe, ses parents, lorsque cet
enfant aura atteint l'âge d'un an, pourront aller trouver le
préteur ou le président de la province, lui exposer les faits,
et prouver qu'ils se sont mariés *liberorum quærendorum
causa* [1]. Le magistrat déclare citoyens romains le père dans
tous les cas, la mère et l'enfant, s'ils ne le sont pas déjà. On
ne se préoccupe pas de la volonté de l'enfant qui, par le fait
même de la déclaration, devient citoyen romain et *filiusfa-
milias ;* du moins, aucun texte n'exige qu'il soit *non invitus*.
(*Argum. Com.* I, § 95, Gaius). Si le Latin vient à mourir avant
que l'enfant ait atteint l'âge d'un an, la femme est en droit
de *causam probare* [2]. Ce bénéfice, établi par la loi *Ælia
Sentia* en faveur des Latins devenus tels à cause de l'insuffisance de leur âge, ne fut étendu aux autres Latins-Juniens
que par le sénatus-consulte Pégasien.

L'erroris causæ probatio, introduite par un ou par plusieurs sénatus consultes dont la date nous est inconnue, mais
qui remontent très probablement à l'époque d'Auguste,
nous fournit le second exemple d'acquisition de la puissance
paternelle sur les enfants nés en dehors des *justæ nuptiæ*.
Voici ces cas d'application : 1° Un citoyen romain s'unit à
une Latine, à une pérégrine, ou à une deditice qu'il croyait
romaine ; il y a présomption évidente que le conjoint romain
entendait contracter les *justæ nuptiæ ;* 2° Un Latin épouse

1. Gaius, *Inst. Comm.* I, § 29, 30.
2. Gaius, *Inst. Comm.* I, §. 32.

par erreur une pérégrine qu'il croyait latine ou romaine, ou c'est une Latine qui épouse un pérégrin qu'elle croyait Latin ; le conjoint trompé espérait user du bénéfice de la *causæ probatio* ; 3° enfin, un Romain, se croyant Latin ou pérégrin, épouse une Latine ou une pérégrine, ou réciproquement ; le conjoint romain n'eût pas contracté ce mariage s'il n'eût pas ignoré sa propre nationalité. Dans toutes ces hypothèses, la preuve de l'erreur pourra être faite devant le magistrat, s'il est né un enfant et quel que soit son âge ; le conjoint non romain, les deux époux et l'enfant, s'il y a lieu, acquerront le droit de cité. Le mariage se transformera en *justæ nuptiæ*, et l'enfant tombera sous la puissance paternelle ; si le père est mort, il arrivera comme *suus* à sa succession. La loi a tenu compte des principes à l'égard du déditice : il ne deviendra jamais citoyen et n'aura pas la puissance paternelle sur ses enfants [1].

Reste le troisième cas. Le pérégrin, qui obtenait pour lui et pour ses enfants la concession du droit de cité, n'avait pas de plein droit par ce fait la puissance paternelle, contrairement à ce qui avait lieu pour le Latin ; il pouvait l'obtenir, mais ainsi qu'il résulte d'un édit d'Adrien, en vertu d'une concession expresse du prince. Il y a deux raisons de cette exigence. La première est tirée de l'intérêt même de l'enfant. La puissance paternelle ne sera accordée que si l'empereur juge après examen qu'elle n'est pas préjudiciable à l'enfant ; si celui-ci est absent ou impubère, l'examen sera encore plus sérieux [2]. La seconde est empruntée à l'intérêt du fisc. Auguste avait établi un impôt d'un vingtième sur toutes les successions testamentaires ou légitimes ; mais il en avait exempté les héritiers siens, parce qu'ils continuent à avoir un patrimoine dont ils étaient les copropriétaires. Si les enfants d'un pérégrin deviennent simplement citoyens romains, ils

1. Gaius *Insti. Comm.* I. § 66 72.
2. Gaius, *Inst. Comm.* I, § 93.

pourront recueillir l'hérédité paternelle ; mais, n'étant pas placés sous sa puissance, ils payeront l'impôt du vingtième.

A l'époque de Justinien, il n'y a plus ni Latins-Juniens, ni pérégrins. Le titre de citoyen romain avait depuis long-temps perdu de sa valeur par la disparition des droits politiques qui lui étaient autrefois attachés. Caracalla l'a-vait conféré à tous les sujets de l'empire. Lorsque Jus-tinien supprime la condition des Latins-Juniens et celle des déditices, il consacre les faits accomplis plutôt qu'il n'innove, car les causes qui engendraient la *latinitas* s'étaient éteintes insensiblement. Aussi la *causæ probatio* et l'*erroris causæ probatio* n'existaient-elles plus que comme des souvenirs historiques, mais on pourrait encore concevoir à cette époque l'acquisition de la puissance paternelle par des barbares qui l'obtiendraient de l'empereur avec la concession du droit de cité pour eux et pour leur famille.

Arrivons à la légitimation proprement dite. On appelle légi-timation (l'expression même n'est pas consacrée dans les lois romaines) l'acte, en vertu duquel les enfants naturels (*liberi naturales*) deviennent légitimes (*justi, legitimi effi-ciuntur*) pour le tout ou pour partie, cette dernière restric-tion s'appliquant à un mode spécial de légitimation. Son but n'est pas d'effacer les suites d'un commerce illégal ; il con-siste à permettre aux parents ou même au père seul de corri-ger la condition originaire des enfants issus d'un commerce qui, tout en étant toléré par les lois, est cependant réprouvé par les empereurs chrétiens comme contraire à la morale, en leur conférant les droits qu'ils ne tiennent pas de la nais-sance. Elle est indifférente à l'égard de la mère, puisque la mère est toujours incapable d'acquérir la puissance pater-nelle, et qu'au point de vue successoral tous ses enfants, lé-gitimes ou illégitimes sont sur le même pied d'égalité.

C'est seulement aux enfants issus du concubinat que la fa-veur de la légitimation est accordée en principe. La légitimation présuppose une relation naturelle et certaine de père à fils, or cette relation n'existe ni pour les *spurii*, ni pour les *nefarii*; ils n'ont pas de père certain, ou la loi romaine veut que l'obscurité subsiste sur leur filiation. Pour les enfants adultérins ou incestueux, la loi romaine s'explique aussi par une raison de morale, elle ne peut protéger ceux qui la violent; ces enfants, nés d'un commerce haïssable et défendu pour ce motif, ne méritent pas la pitié, dit Justinien : *neque participanda eis ulla clementia est*[1]. Si la légitimation est refusée aux *spurii*, c'est que ceux-ci, issus d'une union passagère et non d'un commerce continu, identique au mariage, comme l'est le concubinat, ne lui ont pas paru dignes d'intérêt. La concubine vit dans la maison du concubin, elle y tient la place de l'épouse, *uxoris loco habetur* (L. 6, C. *de natur. lib.*) ; elle cohabite avec lui, *uxoris loco sine nuptiis in domo sit* (nov 18, *cap.* 5), et ce commerce est heureux puisqu'il a engendré l'affection des deux concubins l'un pour l'autre, *cujusque consuetudine gaudebat* (L. 10, C. *De natur. lib.*) ; le mot *consuetudo* indique une cohabitation longue et effective; les enfants ont été élevés au foyer paternel. La concubine diffère de l'*uxor* seulement *honestate* (nov. 89), *cap.* 12, § 4, *indubitatus concubinæ in domo affectus*, et § 5, *quam potius amaverit;*—nov. 18, *cap.* 5, *quam magis amaverit*). C'est cette analogie avec le mariage, analogie telle que Justinien ne craint pas de désigner par l'expression de *idem matrimonium* le commerce antérieur et postérieur à l'acte dotal, qui a déterminé les empereurs à permettre la légitimation des enfants issus du concubinat et d'eux seuls. On a cependant soutenu que la légitimation avait été étendue à tous les enfants nés d'une femme quelconque, même qui ne serait pas concubine, pourvu que le mariage eût été permis. Les partisans de cette opinion prétendent que l'expression *liberi naturales* désigne au Bas-Empire tous les enfants nés d'un

---

1. Nov. 74, *cap.* 6.

commerce hors mariage, et qu'elle est synonyme de l'expression νόθοι par laquelle on entend les enfants nés *quacumque ex muliere*. Mais il faut remarquer que c'est à la qualification de la mère que l'on doit surtout s'attacher, et que partout il n'est question que d'une *mater concubina*. La légitimation romaine, interdite aux *spurii*, n'a donc qu'une identité relative avec la légitimation du droit français.

Il n'est pas toujours facile de déterminer la condition de l'enfant. Si la conception et la naissance sont postérieures au mariage, l'enfant est légitime ; si elles sont antérieures au mariage, il est illégitime. Mais supposons l'enfant conçu avant et né après le mariage ; est-il légitime ou illégitime ? Paul (L. 11, *Dig.* I, 5) supposait qu'une fille s'étant mariée sans le consentement de son père un enfant est conçu de cette union et que l'enfant nait après le décès de son aïeul, le déclare illégitime ; il envisage donc l'époque de la conception. Ulpien, au contraire, (*Reg.* tit. V, § 10) s'attache à celle de la naissance ; ainsi, si un sénateur a pour concubine une affranchie laquelle devient sa femme légitime lorsqu'il a perdu sa dignité, l'enfant conçu avant et né après que son père n'est plus sénateur est légitime. Justinien, dans la loi 11 au Code *De natur. lib.* tranche la question, en décidant que l'enfant conçu avant et né après le mariage pourra, selon son intérêt, se prévaloir de l'époque de la conception ou de celle de la naissance. La décision de la loi 11 *in fine*, sur laquelle nous reviendrons, quoique formulée d'une manière générale, doit être restreinte ; elle n'est pas susceptible d'être appliquée à l'enfant conçu au cours d'un commerce adultérin et né pendant le mariage devenu possible postérieurement ; cet enfant est et reste adultérin.

La législation romaine contient plusieurs modes de légitimation ; le premier par la date comme par l'importance est celui par mariage subséquent. Introduit par Constantin, mais à titre de privilège spécial, il est érigé pour la première fois

par Anastase en principe général, puis confirmé et étendu
par Justinien. C'est celui qui répond le mieux au but poursuivi par les empereurs ; il relève les enfants de la honte de
leur naissance par la réparation de la faute commise. Remarquons cependant que la législation romaine admettant le di-
vorce, il était facile d'éluder l'esprit de la loi ; les deux concubins pouvaient se marier en vue de légitimer leurs enfants,
et divorcer ensuite ; la légitimation n'en restait pas moins
acquise aux enfants. Le second mode de légitimation est celui par oblation à la curie; il date des empereurs Théodose
et Valentinien ; il est une preuve frappante de la misère publique au Bas-Empire, et de la décadence du régime municipal à cette époque. Enfin Justinien, dans ses Novelles, ajoute,
deux nouveaux modes, le premier par rescrit du prince, le
second par testament. Nous les étudierons successivement.

Le droit classique admettait l'adrogation du *liber naturalis*
par son père ; c'était donc là une sorte de légitimation. Mais
l'empereur Justin la prohiba [1], et Justinien maintint la décision de son prédécesseur, l'approuvant en ce que *castita-
tem diligenter consideravit* [2].

Plusieurs commentateurs anciens, et parmi eux d'Aguesseau, ont vu dans la novelle 117, *cap.* 2, un autre mode de légitimation qu'ils ont appelé légitimation par déclaration du
père. Voici l'hypothèse de la novelle. Si quelqu'un ayant un
fils ou une fille d'une femme libre avec laquelle les justes
noces sont permises déclare dans un acte public ou dans
un acte privé portant la signature de trois témoins dignes
de foi que cet enfant est légitime, aucune autre preuve,
dit Justinien, ne saurait être exigée de lui et il jouit de
tous les droits que les lois confèrent aux enfants légitimes.
Il s'agit là, non pas de légitimation, ainsi qu'on l'a cru à tort
mais de la preuve du mariage ; le père affirme que la femme

1. L. 7. C. V. 27.
2. Nov. 74, *cap.* 3. Nov. 89. *cap.* 7.

avec laquelle il a vécu est et a toujours été son épouse légitime, et que les enfants qu'il en a eus sont légitimes. Le texte ne laisse nullement entendre que l'objet de cette affirmation soit de les rendre légitimes ; au reste la suite ne laisse place à aucun doute. « Le père, ajoute Justinien, les appelant, comme il a été dit, ses enfants, il est démontré par là qu'il a contracté mariage avec leur mère. » Et il déclare que, s'il y a d'autres enfants passés sous silence dans l'acte, le témoignage fourni à l'un d'entre eux leur suffit pour prouver leur légitimité.

CHAPITRE II

SECTION Ire

De la légitimation par mariage subséquent

La constitution de Constantin sur la légitimation par mariage subséquent n'est pas parvenue jusqu'à nous ; l'origine de ce mode de légitimation n'est cependant pas douteuse. Zénon dans sa constitution déclare ne faire que renouveler celle de Constantin, et Justinien [1] nous apprend que c'est seulement à partir de Constantin que le nom d'enfants naturels, resté jusqu'à cette époque étranger à la langue du droit, apparaît dans les constitutions ; allusion directe à l'introduction de la légitimation.

L'empereur Zénon, en 476, remettant en vigueur la décision de Constantin [2], permet de légitimer les enfants nés avant la promulgation de la loi des pères qui vivaient en *contubernium* avec des femmes ingénues. Évidemment l'expression *contubernium* désigne le *concubinatus* dont elle est quelquefois prise pour synonyme [3] ; en effet, Zénon suppose que les parents sont ingénus, or il n'y a *contubernium* que si l'un des deux est esclave, et, pour que les *justæ nup-*

---

1. Nov. 89, *præf.*
2. L. 5, C. V, 27.
3. L. 11, C. *De natur. lib.*

tiæ entraînant la légitimation soient possibles, il faut qu'aucun des deux parents ne soit esclave. Du reste, Zénon se corrige lui-même dans la phrase suivante : *si voluerint eas uxores ducere quæ antea fuerant concubinæ*. Le bénéfice de la légitimation par mariage subséquent est refusé par Zénon, et par Constantin avant lui, aux enfants nés après la promulgation de la loi ; c'est une mesure transitoire, exceptionnelle, destinée à engager ceux qui n'avaient pas encore d'enfants naturels à contracter mariage pour mettre au monde des enfants légitimes, et ceux qui en avaient à hâter leur mariage. Le concubinat était entré trop profondément dans les mœurs, pour que les empereurs, influencés par la doctrine du christianisme, osassent l'attaquer directement, aussi ont-ils recours, pour le combattre, à des moyens détournés ; ils frappent de certaines incapacités les enfants qui en sont issus, et autorisent la légitimation des enfants naturels, mais seulement de ceux déjà nés, c'est-à-dire qu'ils font agir, ainsi que le remarque Godefroi [1], les deux mobiles les plus puissants sur la conduite des hommes, la crainte des peines et l'espoir des récompenses. Ces empereurs voulaient permettre la réparation des fautes commises, mais non encourager à en commettre de nouvelles. L'établissement de la légitimation comme institution juridique semblait une faveur excessive, qui aurait plutôt servi au développement qu'à l'anéantissement du concubinat, en assurant aux parents la faculté de faire disparaître, quand ils le voudraient, la tache de la naissance imprimée à l'enfant.

Zénon, énumérant les effets de la légitimation, dit que les enfants naturels tombent sous la puissance de leur père, et l'on a prétendu que son but principal avait été de protéger les pères naturels qui se trouvent recevoir la *patria potestas*. Cette assertion n'est pas exacte. Zénon veut *tam conjugium legitimum... posse contrahere quam filios... suos patri et in*

---

1. Sur le Code Th. IV, 6.

potestate fieri. L'idée prédominante est le désir de voir le concubinat se transformer en mariage ; elle se manifeste à la fin de la constitution où Zénon recommande à ceux qui n'ont pas encore d'enfants de se marier; or la promesse de la puissance paternelle serait un leurre en cette hypothèse. Il était conforme à la doctrine chrétienne de tenter de diminuer le nombre des enfants naturels, surtout de ceux nés *ex concubina ingenua,* qui étaient très nombreux, et c'est à ces derniers qu'est restreint le bénéfice de la constitution de Zénon.

En 508, l'empereur Anastase ordonne la légitimation des enfants naturels déjà nés et de ceux à naître, mais seulement à défaut de postérité légitime [1]. « Nous ordonnons, dit-il, que ceux qui n'ont pas d'enfants légitimes et auxquels une concubine tient actuellement lieu d'épouse, aient pour siens légitimes et en leur puissance les enfants soit nés, soit à naître, *ex his sibi progenitos seu procreandos,* et que, s'ils le veulent, ils leur transmettent leurs biens, soit par dispositions de dernière volonté, soit par donations, soit par tous autres moyens reconnus par la loi. » La légitimation devient donc un bienfait accordé d'une manière définitive et générale, et la défense qu'il fait à tous agnats, cognats et autres, de contester pour l'avenir les droits des enfants légitimés par mariage montre qu'il innovait sur ce point et ne se bornait pas à établir, comme ses prédécesseurs, une mesure passagère. L'empereur Anastase semble avoir été guidé, non seulement par la pensée de restreindre le nombre des concubinats, pensée qu'il exprime sous une forme impérative, mais aussi par celle de venir en aide au père ; c'est ce qui résulte de ces expressions, *ne adimatur ei licentia sibi quodammodo per liberos proprium suum patrimonium acquirendi,* c'est-à-dire qu'il maintient pour le père la faculté par le mariage d'acquérir son propre patrimoine au moyen de ses enfants.

1. L. 6, C. V, 27.

Le sens donné au mot *procreandos*, quoique adopté par la majorité des auteurs, n'est pas admis universellement, et l'on a soutenu qu'Anastase entend par là les enfants non encore nés, mais conçus. Cette expression aurait prêté à des contestations même chez les Romains, et la preuve en serait que Justin aurait cru devoir s'en expliquer dans sa constitution, assez obscure du reste, rendue en 519[1] : « Nous reconnaissons *(concedimus)* que la loi d'Anastase sur les enfants naturels vaut dans les cas qui se sont présentés jusqu'à aujourd'hui, tant pour les mariages contractés avant que pour ceux contractés après la loi. » Justin, par suite de cette disposition, admettrait la validité des légitimations faites jusqu'à ce jour, parce qu'il ne fallait pas que le défaut de la loi de son prédécesseur nuisît à ceux qui en avaient profité ; mais ce serait une concession qui indiquerait de sa part une faveur et impliquerait erreur de la part de ceux qui avaient pensé que la constitution d'Anastase avait un caractère général. Anastase n'aurait donc fait que reproduire les lois transitoires promulguées par ses prédécesseurs, et c'est ce point que Justin voulait mettre hors de contestation. Selon nous, au contraire, la constitution de Justin abrogerait celle d'Anastase. Il déclare ne pas réagir sur les faits passés, mais il modifie pour l'avenir la décision d'Anastase et fait dériver la légitimité du mariage seul. *In posterum vero sciant omnes legitimis matrimoniis legitimam sibi posteritatem quærendam, ac si prædicta constitutio lata non esset.* Défendant l'adrogation des enfants naturels, il n'accorde la légitimité qu'aux enfants nés du mariage, comme si la constitution d'Anastase n'avait pas été rendue. L'innovation d'Anastase avait pu soulever des discussions, mais sa volonté résultait clairement de l'opposition des mots *progenitos* et *procreandos*. Dans la législation si compliquée et parfois si contradictoire sur les enfants na-

1. L. 7, C. V, 27.

turels; il n'est pas étonnant que Justin ait jugé à propos de revenir sur les progrès déjà effectués.

Justinien [1] fait de la légitimation une institution permanente, mais les termes équivoques de sa constitution ont donné lieu chez les Romains à de longues contestations. « Si « quelqu'un, dit-il, a des enfants d'une femme libre que les lois « lui permettent d'épouser, et avec laquelle il entretenait un « commerce habituel, sans que des conventions matrimoniales « aient été dressées, et qu'ensuite, poussé par la même affec-« tion, il l'épouse et en ait d'autres enfants, que les enfants nés « après le mariage n'osent pas revendiquer la totalité du patri-« moine paternel comme légitimes et nés en puissance pater-« nelle, et repousser leurs frères nés avant le mariage. » Il est à remarquer que Justinien ne parle ni des loi santérieures ni des motifs invoqués à l'appui de ces lois ; il paraît considérer la légitimation par mariage subséquent comme une innovation qui lui est personnelle. La forme impérative et même menaçante de sa constitution montre que l'empereur avait été amené à reproduire la loi d'Anastase par les nombreux procès qui avaient dû s'élever entre les enfants naturels et les enfants légitimes. L'empereur fait appel à l'équité en faveur des enfants naturels ; c'est par un sentiment d'humanité qu'est inspirée sa décision, et il l'explique. Exclure de la succession paternelle les enfants naturels après le mariage de leurs auteurs, ce serait contraire à la volonté du père eu égard à ses enfants qu'il aimait à ce point qu'il a épousé leur mère, et eu égard à la mère pour laquelle il a eu dès l'origine la même affection que pour une épouse légitime, *ab initio talem adfectionem... quæ eam dignam esse uxoris nomine faciebat.* Les enfants nés après le mariage n'ont pas à se plaindre de ce concours, puisque l'affection que le père avait pour ses enfants naturels a été la cause déterminante du mariage et de leur procréation comme enfants légitimes ;

1. L. 10, C. *De natur. lib.*

pensée qui est également exprimée dans la loi 11 : *Quum gratias agere fratribus suis posteriores debeant, quorum beneficio ipsi sunt justi filii, et nomen et ordinem consecuti.* D'autres textes témoignent aussi de la volonté de Justinien d'établir la légitimation *contemplatione liberorum* (Nov. 74, *præf.* — Nov. 89, *præf.*, etc.).

On ne laissa pas que de contester la qualité d'enfants légitimes aux enfants nés avant le mariage, lorsqu'il ne leur était pas né de frères après le mariage ou lorsque ceux-ci étaient morts. Justinien, tout en traitant cette manière de voir de *supervacua subtilitas,* décide que, quand bien même il ne naîtrait pas d'enfants après le mariage, les enfants nés avant le mariage n'en seraient pas moins légitimés. Tel est l'objet de la loi 11 au Code *De natur. lib.,* édictée en 530, c'est-à-dire postérieure d'un an à la loi précédente. Il suffit que les parents aient eu l'un pour l'autre une affection telle qu'ils aient eu au moment du mariage l'espérance de procréer. A plus forte raison, si un enfant conçu avant le mariage naît après le mariage, naît-il *justus,* car il serait absurde que les enfants nés après le mariage vinssent en aide à ceux nés avant le mariage, et que l'enfant ne pût se venir en aide à lui-même. Il était utile qu'une disposition spéciale fixât l'état de cet enfant, car d'une part il n'était pas légitime faute d'avoir été conçu *ex justis nuptiis,* et d'autre part il n'était pas légitimé puisque la légitimation tend à faire passer sous la puissance paternelle les enfants qui ne s'y trouvaient pas en naissant. A ce propos, Justinien pose cette règle, règle qui est de nouveau formulée dans la Novelle 89, *cap.* 8, à savoir que, dans tous les cas où la condition de l'enfant est en jeu, il faut avoir égard selon son intérêt à l'époque de la naissance ou à celle de la conception.

Le paragraphe 13, tit. x, *lib.* I des Institutes *in fine, quod et aliis liberis qui ex eodem matrimonio fuerint procreati similiter nostra constitutio præbuit,* paragraphe qui a donné lieu à de nombreuses interprétations, se rapporte également, selon nous, à l'enfant conçu avant et né après le mariage. Par *nostra constitutio,* Justinien vise les lois 10 et 11 du Code dans lesquelles il a posé le principe fondamental de la légitimation ; or, si l'on consulte l'économie de ces lois, on voit qu'après avoir déclaré que les enfants nés avant le mariage resteraient légitimés, même s'il ne naissait pas d'enfants légitimes, il ajoute qu'il en est de même de l'enfant conçu avant et né après le mariage. Il est logique de conclure que, dans le paragraphe 13 qui n'est que le résumé de sa constitution, Justinien, après avoir rappelé la règle générale, a fait allusion à la controverse qu'elle avait suscitée. Sans doute la phrase par sa brièveté manque de précision, mais cette brièveté s'explique en ce que l'empereur se borne à renvoyer à sa constitution. *Alii liberi* doit être traduit non pas par « tous les autres », mais par « d'autres », *alii* étant quelquefois pris pour synonyme de *nonnulli.* La première interprétation tendrait à faire de la légitimation un bienfait édicté en vue des enfants nés postérieurement au mariage par ce fait qu'ils naissent légitimes au lieu de naître naturels ; elle serait en contradiction avec l'argumentation de Justinien qui fait dépendre leur qualité d'enfants légitimes de l'*affectio prioris sobolis et concubinæ* dans la loi 10 ; il ne saurait être question pour eux de légitimation puisqu'ils naissent de plein droit légitimes. Selon quelques interprètes, ce membre de phrase signifierait que les enfants issus du mariage doivent leur légitimité aux enfants naturels à l'occasion desquels le mariage a été contracté ; c'est là, nous venons de le voir, une idée juste ; mais, ainsi que le dit M. Accarias [1], elle intervient comme simple motif justifiant la légitimation et non pas comme décision principale ayant par elle-même une portée pratique. Enfin, cette

1. *Précis de Dr. rom.* t. I, p. 236, note 2, 2ᵉ édit.

phrase ayant paru inintelligible à beaucoup de commentateurs, on a essayé de la corriger. Cujas lit : *Quod et si alii liberi...* ce qui voudrait dire que les enfants naturels demeurent légitimés malgré la fécondité du mariage, et en effet des doutes s'étaient élevés basés sur ce que le père n'aurait peut-être pas consenti à légitimer ses enfants s'il en avait eu de légitimes ; ce point a été examiné par Justinien dans la loi 10 du Code et dans la novelle 18, *cap.* 11. Hotman, Vinnius disent : *Quod et si nulli alii liberi...*; d'après cette seconde correction, Justinien maintiendrait la légitimation, lors même qu'il ne naîtrait pas d'enfants légitimes ; ce qui serait d'accord avec le passage précité de la loi 11. Muretus change une seule lettre et fait une transposition : *Quod ei similiter aliis liberis qui ex eodem...* et Bynkershœkius propose : *Quod ut aliis liberis...* D'après ces deux versions, Justinien insisterait sur ce que la légitimation par mariage subséquent confère aux enfants naturels tous les droits de la légitimité ; ce qui était utile à noter pour indiquer que les effets de ce mode de légitimation diffèrent de ceux de la légitimation par oblation à la curie. Toutes ces versions sont plausibles, mais elles ont le tort grave d'être purement arbitraires. Le texte, tel qu'il est conçu et tel que le donnent tous les manuscrits, est très compréhensible sans corrections. La solution ne présente, d'ailleurs, aucune espèce d'intérêt.

Justinien, par suite des controverses qu'avait suscitées l'interprétation de sa constitution, spécifie dans la novelle 12, *cap.* 4, qu'il autorise la légitimation, contrairement à la décision d'Anastase, même au cas d'existence d'enfants légitimes. Si un père ayant des enfants d'un premier mariage, en a d'autres d'une concubine après la dissolution de ce mariage, et qu'ensuite il épouse cette concubine, les enfants nés dans l'intervalle des deux mariages seront légitimés, qu'il naisse ou qu'il ne naisse pas des enfants légitimes après le second mariage. Justinien confirme à nouveau cette décision dans la novelle 19.

On avait douté que la législation sur la légitimation des enfants naturels fût applicable dans le passé pour les causes qui n'avaient pas encore été terminées par une transaction ou par une décision judiciaire, d'autant plus que les dispositions relatives au temps placées dans la première et dans la seconde constitution, avaient disparu dans leur reproduction au Code, Justinien répond dans la novelle 19 *præf*, que cette interprération n'est pas raisonnable (*quod absurde interpretati sunt*). Dans les lois particulières il était important de se prononcer sur leur application rétroactive ; mais pour dégager la compilation du Code de détails inutiles, il n'a pas cru devoir copier ces dispositions.

Enfin, dans la novelle 89 Justinien résume toute son œuvre sur la légitimation, après un exposé de motifs dans lequel il proclame avec emphase qu'à l'origine tous les enfants étaient libres et ingénus ; mais que les guerres, les litiges, les passions ayant transformé cet état de choses, il a mis tout son zèle à élever les esclaves à la condition d'hommes libres et les enfants naturels à celle d'enfants légitimes.

Après cet historique de la légitimation par mariage subséquent, reste à déterminer les conditions requises pour sa validité, telles qu'elles résultent de la loi 10. Sans parler de cette condition commune à tous les modes de légitimation, à savoir que les enfants soient issus du concubinat, idée qui est exprimée avec force par toutes les expressions relatives soit à la nature des relations ayant existé entre les concubins, soit à la qualité de la femme, soit à celle des enfants (L. 10, C., *De natur. lib. Cujusque consuetudine gaudebat;—« poste aautem ex eadem affectione ;—affectio prioris sobolis ;» —Nov. 89, cap. 8, affectionis vero probationem quæ in prioribus fuit natis*), il faut, en premier lieu, que la mère des enfants à légitimer soit *libera*, et qu'elle ait été *libera* lorsqu'elle les a mis au monde. L'empereur Zénon ne

visait que la femme *ingenua ;* le concubinat entre ingénus
était probablement très commun à cette époque, et peut-
être Zénon ne désirait-il que contribuer au mariage des
femmes ingénues. Justinien fait un pas de plus, et étend
la faveur de la légitimation aux enfants nés d'une femme
libera ; telle est l'expression employée dans la loi 10 et dans
le § 13 des *Institutes.* Elle ne fut pas sans soulever des contestations ; elle fut interprétée comme synonyme de *ingenua,*
en sorte que l'on refusait la légitimation aux enfants nés
d'une concubine affranchie. Justinien dans la novelle 18, *cap.* 11
condamne cette interprétation ; il déclare les enfants d'une
affranchie susceptibles d'être légitimés par mariage, puisque
le mariage n'est pas interdit avec une affranchie. Mais dans
la novelle 18 il se sert du mot *liberta,* et l'on pourrait croire
qu'il n'admet pas la légitimation par le mariage avec une
affranchie quelconque, mais seulement par le mariage d'un
patron avec son affranchie. L'on ne doit pas oublier cependant que la décision de la novelle 18 n'est qu'une simple interprétation de la loi 10, d'après laquelle la légitimation est
permise par le mariage avec toute femme *libera ;* le mot *li-*
berta doit donc être entendu dans la novelle comme synonyme de *libertina.*

Dans la même novelle, Justinien va jusqu'à permettre de
légitimer les enfants qu'un maître aurait eus de sa propre
esclave, mais il faut qu'il n'ait aucun enfant légitime ; qu'il
ait affranchi la mère avant le mariage ; qu'il ait également
affranchi ses enfants ; qu'il ait obtenu pour eux le *jus aureo-*
rum annulorum et regenerationis, et les ait de la sorte clas-
sés parmi les ingénus [1]. Mais la mère devait-elle participer
elle-même à ces faveurs impériales ? Cujas le pense ; l'opi-

---

1. Le *jus aureorum annulorum* donne seulement *imaginem ingenuitatis,*
en ce sens qu'il réserve les droits du patron ; c'est seulement par la concession de la *restitutio natalium* ou *jus regenerationis* que l'affranchi a 'état
d'ingénu,

nion contraire est plus vraisemblable. Dans la novelle 78 où Justinien supprime la nécessité de cette obtention, il ne parle que des enfants. *Liberi ingenui et sui… et a postulatione annulorum aureorum et pristinorum natalium liberati.* De plus, rien n'empêchait que le maître épousât son affranchie; tandis qu'on pouvait exiger que les enfants nés d'une *ancilla* qui, en principe, ne pouvaient être légitimés, eussent reçu l'ingénuité avant de tomber sous la puissance paternelle. Cette disposition contient une double dérogation aux règles générales ; l'exigence de la non-existence d'enfants légitimes, exigence qui existait dans les constitutions de Zénon et d'Anastase et avait été abolie par Justinien, est maintenue pour cette hypothèse ; en outre, c'est le seul cas où la légitimation s'applique à des enfants issus *ex contubernio.* Plus tard, Justinien effaçant (nov. 78, *cap.* 1 et 2) toute distinction entre les ingénus et les affranchis fait du droit de régénération la conséquence directe de l'affranchissement ; il veut même que les enfant n'aient pas besoin d'affranchissement ; c'est ainsi que dans la novelle 78, *cap.* 3 et 4, il décide que l'affranchissement de la mère et le mariage postérieur suffisent à rendre les enfants libres, ingénus et successibles au père.

En second lieu, il faut que le mariage soit possible ou permis entre les concubins. *Cum quis a muliere libera*, dit Justinien, *et cujus matrimonium non est legibus interdictum…* (L. 10, C., *de natur lib.*). Ne sont donc pas susceptibles d'être légitimés par mariage les enfants dont l'un des parents est décédé ou déjà uni par les liens du mariage. Anastase et Justinien ont même pris soin d'indiquer que l'inexistence d'une femme légitime était une condition indispensable *Quibus nulla videlicet uxor est,* (L. 5. C. V. 27) ; — *Si quis uxorem non habens legitimam* (Nov. 18, *cap.* 11) ; précaution inutile puisque la polygamie était interdite par la loi romaine. Pour connaître tous les empêchements au mariage, il n'y a qu'à se reporter aux lois concernant les *justæ nuptiæ*. C'est ainsi que si l'un des concubins est esclave ; ou s'il a fait vœu de célibat ; s'ils sont parents ou alliés à un dégré prohibé ; si le concubin est gouverneur de la province habitée par la concubine ; s'il est le curateur ou le fils du curateur de la concubine mineure de vingt-cinq ans, la légitimation par mariage ne peut avoir lieu. Constantin avait défendu aux sénateurs et à quelques autres personnes, sous peine d'infamie, d'épouser des affranchies, des filles d'affranchis ou de gladiateurs, des femmes qui exploitaient un commerce, toutes personnes réputées viles et abjectes [1], mais Justin supprima la prohibition entre les ingénus et les comédiennes retirées du théâtre dans la loi 23, § 1, C. V, 4, attribuée à tort à Justinien (elle est adressée à Démosthène qui fut préfet du prétoire de 521 à 523, c'est-à-dire avant que Justinien ne devînt empereur), et Justinien dans la novelle 117, *cap.* 6, autorisa, de quelque dignité qu'on fût revêtu, le mariage entre les personnes précédemment indiquées.

Une question a vivement préoccupé les anciens interprètes du droit romain sous l'influence des idées de leur temps. Un mariage *in extremis* avait-il en droit romain la force de légitimer les *liberi naturales ?* Aucun texte ne prévoit cette hypothèse, et la validité de ce mariage ne semble même pas avoir été contestée chez les Romains. On a cependant invoqué en faveur de la négative la loi 20 au *Dig., de jure dotium, lib.* 23, tit. 3, dans laquelle Paul déclare nulle la stipulation : *Cum morieris, dotis nomine tot dari ?* En effet, la stipulation d'une dot pour l'époque du décès n'aurait pas sa raison d'être, puisque la dot est destinée à subvenir aux charges du mariage et qu'elle ne deviendrait exigible qu'au moment où cessent ces charges. L'on en a conclu qu'il était défendu de stipuler une dot ou de se marier à l'article de la mort. Mais autre chose est stipuler une dot pour

______
1. L. 1, C., *De natur. lib.* V, 27.

l'époque du décès, autre chose est stipuler actuellement à un moment qui est proche de la mort. Le mariage *in extremis* précède toujours le décès, ne serait-ce que d'un instant de raison, et d'ailleurs il n'exclut pas la possibilité d'une guérison. La légitimation des enfants antérieurs au mariage n'est pas subordonnée à la naissance d'enfants postérieurs au mariage ; Justinien réfute lui-même dans la loi 11 la controverse qui s'était élevée à ce sujet ; il est vrai qu'il emploie dans sa réfutation des expressions ambiguës. *Sufficiat etenim,* dit-il, *talem adfectionem habuisse ut post liberorum editionem et dotalia efficiant instrumenta, et spem tollendæ sobolis habeant.* Ce qui porterait à penser que l'espoir d'avoir d'autres enfants ou tout au moins la consommation du mariage est une condition essentielle de la légitimation. Mais, outre que Justinien ne mentionne pas cette exigence dans les constitutions postérieures, il est à remarquer que dans le texte *spem tollendæ sobolis* dépend de *talem adfectionem.* Justinien a voulu simplement par ces expressions insister sur ce fait que l'affection des concubins doit être assez vive pour renfermer l'espoir d'avoir des enfants ; c'est sur le caractère de l'affection qu'il appuie, *adfectionem maritalem,* comme il le dit dans la novelle 18, *cap.* 11

Quant au mariage putatif, il n'y a pas lieu de se demander s'il pouvait légitimer. Les Romains ne connaissaient pas cette théorie ; la décision citée par Marcien dans la loi 57, § 1, *Dig.,* XXIII, 2, n'est qu'une faveur spéciale inspirée par les circonstances particulières de la cause qui était soumise à l'empereur.

S'il est évident que le mariage doit être permis à l'époque de la légitimation, il est beaucoup moins certain qu'il doive l'être lors de la conception ou de la naissance de l'enfant. Cependant, un grand nombre d'auteurs se sont prononcés pour l'affirmative, et quelques-uns d'entre eux ont invoqué une soi-disant fiction rétroactive qui tendrait à reporter la

date de la légitimation à l'époque de la conception ou de la
naissance. La première partie de cette interprétation repose
sur un certain nombre de phrases contenues dans les constitutions et qui indiquent la nécessité du *connubium : Cum
qua poterat habere connubium*, L. 11, C., *de natur. lib. —
Quam licebat etiam legitime ducere uxorem*. Nov. 12, *cap*. 4.
— *Cujus matrimonium non est legibus interdictum*, L. 10,
C., *de natur. lib. — Cujus matrimonium minime legibus interdictum fuerat. Inst., de nuptiis*, § 13 ; dispositions qui seraient naïves, si elles se bornaient à imposer le *connubium*
entre les époux lors du mariage. Cette doctrine aboutit à ce
singulier résultat, c'est que, s'il y a plusieurs enfants, il faudra envisager l'époque de la conception ou de la naissance
de chacun d'eux, et il pourra arriver que les uns soient légitimés et que les autres ne le soient pas.

Ce système, qui en législation est défectueux, ne nous
semble pas avoir été admis en droit romain. Il serait étrange
que, dans la novelle 74, où Justinien établit la légitimation
par rescrit pour les hypothèses où la légitimation par mariage
est impossible, hypothèses dont il donne l'énumération, il
n'eût pas mentionné celle où le *connubium* n'existait pas
entre les époux lors de la conception ou de la naissance de
l'enfant. Si l'empereur, dans la loi 10, eût voulu formuler
cette règle, il s'en fût expliqué formellement dans ses autres
constitutions ; or, dans la novelle 18, *cap*. 11, où il revient
sur l'application de la loi 10, il n'est pas question de cette
exigence ; il déclare que la loi doit être comprise en ce sens
que les enfants d'une *libertina* peuvent être légitimés, puisque les *justæ nuptiæ* sont permises entre un homme ingénu
et une affranchie ; et il ajoute que pour l'avenir, les enfants
d'une *ancilla*, avec laquelle le mariage n'était possible ni au
temps de la conception ni au temps de la naissance, seront
légitimés par le mariage, si le *pater legitimans* affranchit d'a-
bord la mère et ensuite s'il l'épouse ; en un mot si, avant de

dresser l'*instrumentum dotale*, il confère à *l'ancilla* la capacité de se marier. Il y a une telle corrélation dans l'exposition de ces faits qu'il est difficile de supposer que, se contentant dans la seconde hypothèse qu'il n'y ait plus aucun empêchement à l'époque du mariage, il se soit montré plus sévère dans la première, alors qu'il dit simplement : *Si enim ad libertam non omnino nuptiæ prohibentur*. Dans la novelle 89, où Justinien résume les règles sur la légitimation, il exige (*cap.* 8) qu'à l'époque du mariage il y ait *connubium* entre les époux : *Si quis igitur dotalia scripserit ad liberam in principio sive ad libertam mulierem cui omnino licet copulari...;* mais il ne dit rien autre chose. Le *cui omnino licet copulari*, c'est le *cujus matrimonium non est legibus interdictum* de la loi 10, et il n'est pas vraisemblable que, dans le paragraphe 13 des *Institutes* qui n'est qu'un renvoi à la loi 10, il ait voulu exprimer une pensée différente. Les autres textes doivent être interprétés de la même manière ; c'est au moment de la rédaction de l'*instrumentum dotale* seulement que le mariage doit être permis. Ce système est conforme à la tendance manifestée par Justinien d'étendre le bénéfice de la légitimation au plus grand nombre d'enfants possible.

La fiction rétroactive est insoutenable. On invoque en sa faveur les expressions de la loi 10, d'après laquelle le concubin avait dès l'origine pour la concubine une affection *quæ eam dignissimam esse uxoris nomine faciebat*. Mais ces expressions ne font que prouver que la légitimation est accordée aux enfants nés d'une union reposant sur l'amour réciproque des parents et non d'un commerce passager.

Serait-ce en vertu de ce principe que les enfants adultérins ou incestueux auraient été exclus de la faveur de la légitimation ? S'il en était ainsi, on n'aurait pas dû leur refuser le bénéfice des trois autres modes de légitimation. Le véritable motif de cette exclusion, c'est une raison de morale ; la législation romaine, très dure contre l'adultère ou l'inceste, refuse aux enfants issus de ces unions illicites voire même des aliments ; ils ne méritent pas le nom de *liberi naturales*, car le commerce dont ils sont issus n'est pas une *licita consuetudo ;* la loi ne prête pas secours à ceux qui la violent.

Si l'existence de la fiction de rétroactivité seule empêchait la légitimation, l'enfant né *ex stupro*, c'est-à-dire de parents honnêtes, libres de tous liens, serait légitimé par le mariage subséquent, quoique issu d'une union autre que le concubinat ; résultat qui serait contraire à la règle générale, le *stuprum* étant une union prohibée par la loi. Du reste, il y a une certaine analogie entre ces enfants et ceux issus d'un mariage contracté sans le consentement de ceux sous la puissance desquels se trouvent les futurs époux. A vrai dire, il n'y a pas mariage ; cette union ne revêtira ce caractère que du jour où le père aura donné un consentement ultérieur ou du jour de sa mort, mais il ne s'ensuit aucun effet rétroactif, en sorte que l'enfant déjà né à cette époque n'est pas *justus* (L. 11, *Dig.* I, 5) et ne le devient pas, même du temps de Justinien, cette union ayant été contractée contrairement aux lois. L'intervention du chef de la famille ne purge que pour l'avenir le vice qui entachait le mariage à son origine.

Ce n'est pas non plus pour cette cause que les enfants nés d'une esclave ne pouvaient, malgré son affranchissement ultérieur, être légitimés par le mariage d'après la constitution de Zénon et d'après les lois 10 et 11. La légitimation n'a d'abord été introduite que comme un essai timide, elle s'est développée successivement. Restreinte par Zénon aux enfants nés de femmes ingénues, accordée par Justinien aux enfants nés de femmes *libertinæ*, ce n'est que dans les novelles 18 et 78 qu'elle est étendue dans une certaine mesure aux enfants nés de femmes *servæ*. Mais ce n'était pas la fiction de rétroactivité qui s'opposait à leur légitimation, elle n'avait pas à intervenir. Du temps de Zénon, le mariage était permis entre les hommes ingénus et les femmes *liberti-*

næ [1], et cependant la légitimation des enfants issus du concubinat entre un homme ingénu et une femme affranchie ne déri-
vait pas du mariage des parents. Du reste, il est à remarquer
qu'en principe, sous Justinien, la légitimation n'était établie
qu'en faveur des enfants nés du concubinat ; or il est plus que
douteux que le concubinat pouvait avoir lieu avec une esclave. Le titre *De concubinis*, lib. 25, tit. 7, *Dig.*, ne cite pas
l'*ancilla* parmi les personnes qui peuvent être prises pour
concubines ; en outre, les Romains avaient poussé si loin
l'assimilation du concubinat au mariage que certaines causes qui rendaient le mariage impossible ou inexistant attei-
gnaient également le concubinat ; or un homme libre ne pouvait contracter avec une esclave les *justæ nuptiæ*. Paul
(*Sent.*, lib. 2, tit. 19, § 6), nous apprend que le *contubernium* était la seule liaison possible entre un homme libre et
une esclave. Mais, dit-on, les femmes avec lesquelles on ne
commet pas de *stuprum* sont les seules, d'après Ulpien [2], qui
puissent être prises pour concubines, et Papinien nous dit :
*Inter liberas tantum personas adulterium stuprumve passas
lex Julia locum habet* (L. 6 *Dig.* XLVIII, 5). Ces pénalités
n'avaient donc lieu que lorsque le délit était commis entre
des personnes libres. Un texte de Modestin est encore plus
probant. *Stuprum committit qui liberam mulierem consue-
tudinis causa, non matrimonii continet, excepta videlicet
concubina* (L. 34, *Dig.*, *eod. tit.*) ; d'où il résulte que si on a
vécu avec une esclave il n'y a pas de *stuprum*. Ces arguments *a contrario* ont peu de portée ; les peines de la loi Julia,
sans nul doute, ne sont pas applicables à la femme esclave
avec laquelle tout commerce n'est qu'un simple accouple-
ment ; celui qui l'a débauchée pourra seulement être poursuivi par le maître pour avoir porté atteinte à la propriété à
d'autrui [3]. La femme esclave est considérée par la loi comme

1. L. 23, *Dig.* XXIII. 2.
2. L. 1, § 1, *Dig.* XXV, 7.
3. M. Esmein. *Le Délit d'adultère à Rome*, p. 21.

une femelle; il n'est donc pas étonnant que les Romains n'aient pas voulu l'élever jusqu'au rang de *quasi uxor*. Quant aux lois 8, *Dig.* XX, 1 et 38. *Dig.* XLII, 5, qui exceptent la concubine de la *bonorum venditio* et du gage du débiteur, et la supposent esclave puisqu'une esclave seule a pu se trouver en la possession du débiteur ; elles emploient le mot *concubina* non pas dans son sens juridique, mais comme adjectif ; il désigne la *serva cum qua concumbere dominus solitus est*, de même que quelquefois la *serva in contubernio collocata* est appelée *uxor*. C'est donc le caractère restreint de la légitimation et non la fiction de la rétroactivité qui motivait le refus de la légitimation aux enfants nés d'une *ancilla,* et c'est au premier principe que Justinien a apporté une dérogation en élargissant le cercle des *legitimandi*.

Personne ne soutient la rétroactivité lorsque la légitimation se fait par oblation à la curie ou par rescrit ; la rétroactivité ne se produit qu'au cas de légitimation par testament, et c'est là un effet nécessaire, car le principal intérêt pour l'enfant est de recueillir la succession paternelle ; pourquoi aurait-on édicté pour la légitimation par mariage subséquent une exception d'ailleurs injustifiable ? Il est de règle que l'effet ne précède pas la cause à moins qu'une disposition spéciale n'établisse la rétroactivité ; or, cette disposition n'existe pas, et l'enfant ne doit pas être considéré comme légitime avant sa légitimation.

Les partisans de l'opinion que nous venons de combattre ne sont pas même d'accord sur le point de savoir si c'est à l'époque de la conception ou à celle de la naissance que doit exister le *connubium*, et qu'est reportée la date de la légitimation. Les uns, s'appuyant sur l'ordre même des faits qui ont donné naissance à l'enfant, veulent que ce soit l'époque de la conception ; les autres argumentent de la loi 11 au Code *De natur lib.*, et pensent qu'il suffit que le *connubium* ait existé à l'époque de la naissance. Dans cette loi, Justinien déclare, ainsi que nous l'avons vu, que dans tous les cas où l'état des enfants est douteux, il faut envisager l'époque de la naissance et non celle de la conception, à moins qu'il ne soit préférable pour les enfants d'invoquer cette dernière. La décision de la loi 11 nous paraît être tout à fait en dehors de la question ; rien n'indique que Justinien ait supposé l'enfant conçu à une époque où il n'y avait pas *connubium* entre les parents, et né à une époque où le *connubium* existait ; si l'on rapproche le dernier paragraphe de la loi 11 des passages précédents, il est facile de voir qu'il s'agit d'un enfant conçu pendant la concubinat et né pendant le mariage ; étant donné que Justinien dans les lois 10 et 11 vise l'hypothèse d'un procès survenu entre l'enfant naturel légitimé et les tiers, il s'ensuit que l'empereur a voulu simplement laisser à l'enfant conçu avant et né après le mariage la faculté d'invoquer par suite de sa naissance dans le mariage la qualité d'enfant légitime vis-à-vis des tiers. Mais le texte ne décide nullement si c'est à l'époque de la conception ou à celle de la naissance de l'enfant que les parents doivent avoir le *connubium*.

Il résulte de notre système : 1° qu'il importe peu que, lors de la conception ou de la naissance de l'enfant, il ait existé des empêchements au mariage (sauf, bien entendu, ceux résultant *ex nefario coïtu*), si ces empêchements ont disparu lors du mariage ; c'est ainsi que, bien qu'à ce moment le concubin fût gouverneur de la province habitée par la concubine, ou qu'avant la constitution de Justin il fût sénateur, et elle ex-comédienne, ou qu'il fût l'ancien tuteur ou le fils du tuteur de la concubine n'ayant pas encore atteint l'âge où elle cessait d'être restituable *in integrum*, la légitimation n'en avait pas moins lieu, si le concubin n'était plus lors du mariage gouverneur de la province ou sénateur, ou si la concubine était âgée de vingt-cinq ans plus une année utile ; 2° que l'enfant légitimé, ne devenant l'agnat de tous les agnats de son père qu'à dater de la légitimation, il ne pourra réclamer aucun droit sur la succession de ceux qui sont décédés auparavant et en troubler les possesseurs ; c'est sur ce seul point que portait le débat entre les partisans et les adversaires de la rétroactivité, car nous ne croyons pas qu'on ait songé à annuler tous les actes faits par l'enfant en dehors de la capacité de fils de famille.

Une troisième condition est requise pour la validité de la légitimation ; elle résulte de la loi 10 : *Cum quis... aliquos liberos habuerit, minime dotalibus instrumentis compositis, postea autem ex eadem affectione etiam ad nuptialia pervenerit instrumenta;* — de la loi 11 : *Etiam nuptialia instrumenta cum ea fecerit ;* elle est déjà indiquée dans la constitution d'Anastase (L. 6, C. *de natur lib.*) *Nihilominus quisquis hujusmodi mulierem uxoris loco dotalibus instrumentis confectis habuerit...* La rédaction d'un *instrumentum dotale* proprement dit était-elle une condition nécessaire pour que le mariage emportât légitimation ?

Et d'abord, quel était le droit commun ? Le mariage en droit romain, se formait par le seul consentement des parties, et de plus entre absents, par la *deductio* de la femme dans la maison du mari ; aucun officier public n'intervenait, aucune autorité soit civile soit religieuse n'était appelée à consacrer le mariage. Le mariage comme le concubinat n'a besoin d'aucune formalité, d'aucun écrit, en sorte que c'est par la seule intention des parties, *ex sola animi destinatione*[1], que la concubine se distingue de l'épouse. Il est vrai que l'usage de certaines pompes et solennités extérieures qui accompagnaient le mariage établissait une différence entre ces deux sortes d'unions ; mais cette usage avait été introduit par les mœurs et non par les lois. Très souvent on dressait un acte, soit pour régler les conventions relatives aux biens, soit pour constater le mariage ; dans le premier cas,

1. L. 4, *Dig.* XXV, 7.

c'était un *instrumentum dotale*, c'est-à-dire une sorte de contrat de mariage ; dans le second, c'était un *instrumentum nuptiale* ou *nuptiales tabulæ ;* mais ces actes n'étaient que des moyens de preuve tout à fait indépendants de la validité du mariage, et aucune forme particulière de preuve n'était exigée. Dans une constitution de l'an 428 [1], les empereurs Théodose et Valentinien décident que, si les deux époux sont l'un et l'autre honorables et de même condition, *inter pares honestate personas*, l'attestation des amis et même des voisins suffira pour la preuve du mariage ; ce qui revient à dire que la vie commune emportera présomption de mariage et que toutes les preuves sont admises. Il est, en effet, naturel de supposer qu'un homme dans une situation honorable n'a pas consenti à élever jusqu'à lui une femme d'un rang inférieur, et qu'une femme de condition élevée n'a pas consenti à déchoir. Il résulte de cette disposition par *a contrario*, et il résultait aussi de constitutions qui ne sont pas parvenues jusqu'à nous que, si les parties étaient de condition inégale, la rédaction d'un *instrumentum dotale* était obligatoire. La constitution de Justin qui permet le mariage entre un ingénu et une comédienne retirée du théâtre est plus explicite ; elle exige formellement un *instrumentum dotale* [2]. Justinien, en revenant aux anciens principes, supprime cette nécessité *sine aliqua distinctione personarum: si modo liberæ sint et ingenuæ mulieres* [3] ; mais plus tard il apporte plusieurs modifications à sa décision. Il décide dans la novelle 74 que les personnes revêtues de grandes dignités ou ayant un rang supérieur ne pourront contracter mariage sans un contrat dotal ; il craignait qu'un homme illustre ne se laissât trop facilement séduire par une femme de basse naissance et ne fût porté à lui accorder le titre *d'uxor* en présence de témoins

1. L. 22, C. V, 4.
2. L. 23, C., V, 4.
3. *Authent.*, § 7, *in leg.* 23 *supra*.

affidés qui s'empresseraient d'en recueillir l'aveu. Quant aux autres personnes, à l'exception des pauvres, des agriculteurs et des soldats, elles seront obligées de se présenter devant le défenseur de quelque église et de déclarer leur mariage, l'année, le mois et le jour où elles l'auront formé ; déclaration dont il sera passé acte en présence de trois ou de quatre témoins. Enfin, pour les trois classes inférieures, il suffira (*cap.* 4) qu'il y ait eu serment prêté sur les Écritures, mais il ne semble pas que les autres modes de preuve soient interdits. Dans la novelle 117, *cap.* 4, Justinien maintient les dispositions de la novelle 74 en ce qui concerne les personnes illustres, mais pour les autres personnes il fait disparaître la nécessité de toute formalité obligatoire.

En est-il autrement lorsque le mariage est destiné à légitimer les enfants ? Plusieurs systèmes sont en présence. Une première opinion soutient qu'aucune règle spéciale n'a été établie pour les mariages opérant la légitimation et que par suite les dispositions de la novelle 117 sont seules applicables. Elle invoque des textes d'après lesquels dresser un *instrumentum dotale* et contracter mariage seraient synonymes. *L'instrumentum dotale* comme *l'instrumentum nuptiale* ont pour effet de prouver le mariage ; ils en facilitent la preuve sans que d'autres modes de preuve soient prohibés [1]. Le mariage supposé prouvé, ces actes perdent leur raison d'être : pourquoi la légitimation ne résulterait-elle pas du mariage seul ? Ils auraient une utilité particulière, s'ils devaient contenir le nom des enfants à légitimer, mais aucun texte n'exige cette inscription. Si la novelle 18 ordonne formellement dans son chapitre 11 qu'un *instrumentum* accompagne le mariage (*et nuptias consummaverit, postea vero nuptialia conscripserit documenta*) dans le cas où un homme légitime les enfants qu'il a eus de son esclave, c'est qu'elle déroge au droit commun et que dans les autres hypothèses un *instrumentum* n'est pas nécessaire.

1. L. 4, *Dig.* XX, 1 ; L. 4, *Dig.* XXII, 4 ; L. 31, *Dig.* XXXIX, 5.

Ce système est inadmissible. Il serait étonnant que toutes les lois, concernant ce mode de légitimation, depuis celle d'Anastase, eussent employé la même formule pour désigner le mariage, s'il n'y eût pas eu intention de créer une formalité spéciale. Les termes de la novelle 18 diffèrent peu de ceux des autres textes, et il serait difficile de justifier une semblable distinction. La nécessité d'un écrit se comprend fort bien. Le concubinat a une si grande analogie avec le mariage qu'il eût été souvent impossible de déterminer à quel moment le concubinat s'était transformé en mariage et avait eu lieu le changement d'état des enfants. L'écrit est pour les enfants naturels un moyen de prouver plus sûrement que ne le feraient les attestations des amis et des voisins leur légitimité vis-à-vis des tiers ; il y a là aussi un élément de protection pour les enfants nés du mariage contre les enfants nés d'une concubine avant ou après le mariage, lesquels prétendraient à l'héritage paternel en s'appuyant sur cette assertion fausse que leur père commun a élevé leur mère de l'état de concubine à celui d'épouse.

Reste à spécifier la nature de l'écrit. Plusieurs commentateurs se prononcent pour un *instrumentum nuptiale* rédigé par l'officier public compétent, probablement par le *tabularius*. S'il s'agit de prouver le mariage, le mariage est aussi bien prouvé que *l'instrumentum* contienne ou non la constitution d'une dot. Il n'y a aucun rapport entre la légitimation et la dot ; l'état des enfants étant certifié, l'obligation d'une dot n'a pas sa raison d'être. Dans beaucoup de textes relatifs à la légitimation, l'expression *instrumentum nuptiale* est employée (L. 10 et 11, C. *de natur. lib.* — Nov. 18 ; *cap.* 11, nov. 78, *cap.* 3, etc.). Selon Cujas[1], il suffit même d'un écrit rédigé par un officier public quelconque. *Quod singulari privilegio fieri possunt, non solum apud eos magistratus qui actorum conficiendorum potestatem habeant, sed etiam apud*

1. *Observ. lib.* 13, *cap.* 4.

utrumque vel alterum fisci patronum. Cette dernière opinion s'appuie sur deux textes, la novelle 117 et la loi 4, § 4, C., II, 8. Or la novelle 117 a trait, nous l'avons vu, non pas à la légitimation, mais à une question de preuve du mariage ; quant à la loi 4, elle suppose un mariage déjà existant, et c'est pour dissiper tous les doutes sur ce mariage et détruire toutes allégations contraires qu'un écrit est rédigé postérieurement. D'ailleurs cette loi est d'Anastase, et il serait étonnant que sa disposition n'eût été rappelée par aucune loi postérieure.

Nous croyons qu'il convient de s'en tenir rigoureusement aux termes du paragraphe 13 des *Institutes* et de considérer comme nécessaire un *instrumentum dotale* proprement dit, c'est-à-dire *scriptura super dotem confecta.* Le terme de *instrumentum dotale* est constamment répété dans les textes. (Nov. 12, *cap.* 4 ; *dotalium documentorum contenti confectione ;* — Nov. 18, *cap.* 4 ; § 1 ; *hoc idem obtineat et in iis qui ex posteriori affectu cum dotibus secundum nostras constitutiones legitimi fiunt ;* — Nov. 19, *præf : de filiis procreatis ante dotalium celebrationem ;* — Nov. 89, *cap.* 8 : *si quis igitur dotalia scripserit ;* — les lois 10 et 11 distinguent les enfants nés *ante dotem* de ceux nés *post dotem*). Sans doute, l'on rencontre quelquefois le terme de *instrumentum nuptiale* seul ; mais si la loi emploie le mot *dotale instrumentum* et le place comme synonyme de *instrumentum nuptiale,* le sens de la première expression étant déterminé, il s'ensuit que la seconde doit être entendue comme *instrumentum nuptiale cum dote.* Si les constitutions n'eussent pas compris la même chose par les mots *dotale* et *nuptiale,* elles ne contiendraient pas le mot *dotale* seul, parce que *nuptiale* comprend autre chose que *dotale.* La synonymie de *dos, dotale* et *nuptiale* se rencontre fréquemment (*Inst.,* lib. III, tit. 1, § 2 ; — Nov. 74 *cap.* 4 *præf.*) ; elle existe même avant Justinien ; mais l'expression de *nuptiale sine dote* n'est pas usitée, tandis que celle de *nuptiale cum dote* existe (L. 1, C. V, 11).

Il était naturel que l'empereur acceptât non pas un écrit quelconque, mais un *instrumentum dotale*. Celui-ci était, avant lui, nécessaire pour les mariages entre personnes *impares honestate*, il l'était depuis Justin pour les mariages entre les ingénus et les *mulieres scenicæ* retirées du théâtre, et cette obligation est maintenue par Justinien ; car, si on lit dans la loi 11 *pr*. C. V, 17 que *non dotibus sed affectu matrimonia contrahantur*, la loi 11 ne vise pas ce cas spécial ainsi que le prouve la loi 29, C. V, 4, et la loi 33 C. I, 4. La loi 10, *de natur. lib.* n'a pas excepté les enfants des *mulieres scenicæ*, et Justinien n'a fait qu'étendre à tous les enfants cette garantie de leur changement d'état. Ne l'a-t-il pas établie dans la novelle 74, *cap*. 4 et dans la novelle 117, *cap*. 4, pour les mariages des *illustres*, ne l'exige-t-il pas pour les mariages avec les *libertinæ* (nov. 78, *cap*. 3) ?

Mais, dit-on, ce système refuse la légitimation aux enfants d'une concubine incapable de fournir une dot. La femme est peut-être de celles *quæ dotem in fronte gerunt, in arca non habent*. Justinien lui-même l'a dit : *Quid enim agat aliud, quæ ad dotem non est idonea, quam ut semetipsam pro omni dote contradat*? (Nov. 74, *cap*. 5). Cette objection est moins sérieuse qu'elle ne le paraît. Il ne faut pas oublier que Justinien fait reposer la légitimation sur l'affection du mari *erga mulierem* ; il devait être facile soit au mari soit à un tiers de fournir une dot, si elle n'en avait pas. Du reste, le chiffre minimum de la dot n'étant pas déterminé, elle pouvait être très faible. En résumé, les cas où la concubine ne pouvait donner une dot étaient les mêmes que ceux où l'affection du concubin n'était pas sincère et où il ne voulait pas légitimer ses enfants.

Une quatrième condition, c'est le consentement des *liberi légitimandi* à leur légitimation. La constitution de Zénon ne l'a pas mentionné ; d'après cette loi, les enfants naturels deviennent après le mariage *sui patris et in potestate*, et quant aux droits successoraux, ils sont égaux aux enfants qui naîtront. Cette disposition est conforme au but de cet empereur de restreindre le nombre des enfants naturels et d'encourager au mariage. Il en est de même de la constitution d'Anastase, ce qui s'explique en ce qu'elle vise surtout l'intérêt des pères auxquels elle veut procurer l'occasion d'acquérir le pouvoir paternel.

Cette condition ne ressort pas non plus explicitement de la loi 10 ; cette loi cependant suppose le consentement des enfants, puisque c'est seulement parce qu'ils se tiennent pour aussi légitimes que les enfants nés avant le mariage qu'ils revendiquent leur part dans la succession paternelle, ce qui résulte de ces passages : *ne posteriores liberi... sibi omne paternum patrimonium vindicare audeant, fratres suos qui ante dotem fuerant nati, ab hereditate paterna repellentes, et quomodo non est iniquissimum ipsam stirpem secundæ posteritatis priorem quasi injustam excludere.* De même dans la loi 11 où Justinien examine le cas de l'enfant conçu avant et né après le mariage, il reconnaît la volonté de l'enfant d'accepter la légitimation : *Satis enim absurdum est, si filii post dotem progeniti anterioribus liberis adjutorium afferant, et ipsum puerum vel puellam sibi opitulari non posse.*

Si Justinien eût entendu ne pas faire dépendre la légitimation de la volonté des enfants, c'est alors seulement qu'il eût dû s'en expliquer formellement. La légitimation, en faisant tomber l'enfant sous la puissance paternelle, entraîne une *capitis minutio ;* or la règle fondamentale se trouve dans la loi 11, I, 6, *Dig : Inviti filii naturales vel emancipati non rediguntur in patrim potestatem.* On a objecté, il est vrai, que ce texte s'appliquait à l'adrogation et non à la légitimation qui est d'une date postérieure à Modestin. Mais il ne faut tenir compte que du principe général, à savoir que les enfants qui n'étaient pas encore soumis à la puissance paternelle ou qui en avaient été relaxés ne pouvaient être ramenés sous cette puissance sans leur consentement. Ce principe était encore en vigueur au temps des lois 10 et 11, *de natur. lib.* au Code ; le cercle de son application a été élargi par l'introduction de la légitimation comme moyen d'acquérir la puissance paternelle, mais il n'a pas subi de modifications. D'ailleurs la seule espèce possible n'était pas le cas d'adrogation. Lorsqu'un pérégrin obtenait le droit de cité, l'empereur pouvait lui accorder en même temps la *patria potestas ;* mais il ne pouvait le faire qu'après s'être rendu compte de l'intérêt de l'enfant, ce qui suppose de la part de l'enfant un certain droit d'opposition. (Gaius, *Inst.* comm. I, § 93.) Justinien a voulu favoriser les *liberi naturales*, mais il n'a pas entendu leur imposer cette faveur. *Invito beneficium non datur*, dit Paul [1].

Dans la novelle 89, Justinien exprime clairement la nécessité d'un consentement : *Dum et filii hoc ratum habuerint*, et il développe la pensée de Modestin : *Nam si solvere jus patriæ potestatis invitis filiis non permissum est patribus, multo magis sub potestate redigere invitum filium et nolentem sive per oblationem curiæ sive per instrumentorum celebrationem sive per aliam quamlibet machinationem, tanquam sortem metuentem paternam, justum non est (cap. 11).*

On a prétendu qu'il ne fallait pas avoir égard au consentement des enfants s'ils se refusaient à l'accorder *dolo malo in fraudem patris.* Cette assertion est inexacte. La crainte du pouvoir paternel et de ses conséquences est considérée par la novelle comme un motif raisonnable de refuser la légitimation. Il n'y a pas *dolus* de la part de l'enfant qui ne consent pas à faire acquérir à son père la puissance paternelle. C'est seulement sur les enfants nés *ex justis nuptiis* que le père exerce ses droits, tandis que la légitimation qui, il est vrai, fait naître en même temps la puissance paternelle,

---

1. L. 69, L. 17, *Dig.*

est surtout pour les enfants un bienfait qu'ils sont libres de ne pas accepter.

Cette idée avait été soutenue dans le but de mettre d'accord le chapitre 11 *pr.* de la novelle 89 avec le chapitre 9 *pr.* de la même novelle et le paragraphe 2 *præf.* de la novelle 74. D'après ces deux derniers passages, la légitimation a lieu par rescrit au cas où le père ne peut épouser sa concubine parce que ses enfants l'ont tenue cachée, et l'on en a conclu, les uns que le consentement des enfants n'était pas nécessaire, car autrement ils n'auraient pas de motif pour cacher leur mère ; les seconds, que l'on pouvait ne pas tenir compte de leur opposition, si cette opposition était dolosive.

La première conclusion est contraire aux textes précités ; elle présente cette singularité que le consentement, reconnu par tous obligatoire pour les autres modes de légitimation, ne le serait pas pour la légitimation par mariage subséquent sans que rien de particulier ne justifiât cette différence. Le véritable but poursuivi par les enfants en cachant leur mère, c'est d'empêcher le père d'acquérir l'usufruit des biens maternels comme pécule adventice à la mort de leur mère. Ce n'est pas tant le mariage et la légitimation qu'ils redoutent que l'interdiction qui leur serait faite de la libre disposition des biens maternels. Justinien ne condamne pas le motif de ce refus comme *fraus erga patrem*, ainsi qu'il résulterait de la seconde interprétation ; mais il réprouve le moyen employé pour faire obstacle à la volonté de leur père, moyen qui peut-être était assez fréquemment usité : *Novimus autem etiam quemdam tertium modum* (Nov. 74 *præf.*, § 2), et c'est pourquoi il punit les enfants en permettant de les légitimer contre leur gré par rescrit. *Talibus itaque artibus resistere legis est proprium subtilis.* Sans doute, les enfants peuvent s'opposer à leur légitimation ; mais rendre le mariage matériellement impossible, priver le père de satisfaire par le mariage son affection pour sa concubine, le tromper dans son

espérance de recevoir une dot, ce sont là des actes qui dé-
passent leur droit d'opposition. C'est pour cette seule hypo-
tèse que la légitimation se produit, au moyen d'un rescrit,
contre la volonté des enfants.

Mais faut-il un consentement exprès ou suffit-il d'une
simple non-opposition de la part des enfants ? La seconde
opinion est soutenue par un grand nombre d'auteurs ; elle
rend possible la légitimation des enfants fous, absents ou
infantes, incapables d'exprimer leur volonté ; elle a pour elle
les textes qui admettent la légitimation des enfants simplement conçus lors du mariage ; elle s'appuie sur l'expression
invitus de la novelle 89, qui ne signifie pas autre chose que
le droit pour les enfants de ne pas accepter le bénéfice de la
légitimation, peu importe que l'opposition soit formelle ou
tacite. La première opinion est plus conforme au texte de la
novelle 89 (*ratum habere*), ce qui semble indiquer une ratification expresse ; l'*infans*, le fou, ont des représentants pour
sauvegarder leurs intérêts et exprimer leur opposition à la
légitimation ; ils peuvent être *iniiti* par leur tuteur ou leur
curateur. Si les *infantes* sont émancipés *sine consensu*[1], c'est
qu'ils n'ont pas de représentant vis-à-vis du *pater emanci-
pans* ; au contraire, pour l'adrogation d'un *infans sui juris*,
et tel est le cas du *liber naturalis*, le consentement du tuteur est exigé. Quant à l'enfant conçu lors du mariage, ce
n'est qu'après sa naissance que sa qualité d'enfant légitime
pourra être invoquée et il aura le choix, pour déterminer sa
condition, entre l'époque de la conception et celle de la naissance. Le refus de l'enfant, une fois déclaré, n'est plus susceptible d'être rétracté ; s'il lui était permis de revenir sur sa
décision première, le *status* ne serait plus assuré, ce qui donnerait lieu à une véritable fraude de la part de l'enfant, lequel pourrait même ne se prévaloir de la légitimation qu'après
la mort du père, de manière à avoir les avantages et à éviter

1. L. 5, C. VIII, 49.

les inconvénients de la légitimation, et serait une gêne pour
le père, qui ne serait pas certain de la validité du testament
dans lequel il aurait écarté l'enfant naturel. Une simple non-
opposition laisserait subsister un doute sur la condition de
l'enfant ; sa volonté doit donc être manifestée, et lorsqu'elle
l'a été, il est lié irrévocablement.

En résumé, les enfants ne seront légitimés que du jour où
ils auront adhéré pour leur légitimation au mariage de leurs
père et mère, ou plutôt à l'*instrumentum dotale ;* celui-ci
peut être rédigé même au cours du mariage, mais il ne produira d'effet qu'à sa date, un acte ne pouvant avoir de résultat avant d'être rédigé.

Reste une dernière question sur laquelle les commentateurs ont longuement discuté. *Primus* a un fils naturel
Secundus, Secundus a un fils légitime *Tertius ;* après le décès
de *Secundus, Primus* épouse sa concubine ; y aura-t-il légitimation au profit de *Tertius* à l'égard de *Primus,* dont il
n'est que le petit-fils naturel ? Il ne s'élèverait aucun doute si
Secundus était vivant ; celui-ci tomberait sous la puissance de
son ascendant avec tous les descendants soumis à sa puissance ; mais, *Secundus* mort, la question est controversée.
Les uns refusent à *Tertius* le bénéfice de la légitimation ; il a
hérité du *status* de son père, lequel est mort *sui juris* et illégitime, or ce *status* est immuable, puisque le père n'est plus
là pour le modifier. L'affirmative, défendue par Vöet, Cocceius,
Gluck, est plus plausible ; mais il faut se garder de la soutenir au
moyen de la soi-disant fiction rétroactive que nous avons combattue. Il est à remarquer que le paragraphe 13 des *Institutes*
et d'autres textes (*Inst.*, lib. III, tit. 1) emploient le mot *liberi* qui
comprend les petits-enfants. On peut aussi invoquer par analogie la décision du paragraphe 5 (*de adoptio. Inst.*), suivant
laquelle un homme qui n'a pas de fils peut adopter un enfant
en qualité de petit-fils. Enfin nous verrons que Justinien, dans
la novelle 89, *cap.* 2, permet à un aïeul de légitimer ses peti-

fils par oblation à la curie ; il n'y a pas de motif pour qu'il n'en soit pas de même par mariage subséquent. Il serait contraire à l'esprit des constitutions de Justinien de priver de la légitimation toute une descendance par suite du décès du père. Si un grand nombre de textes n'envisagent que les enfants du premier degré, c'est que cette hypothèse était la plus fréquente.

SECTION II

De la légitimation par oblation à la curie

La légitimation se faisait aussi par oblation à la curie. Ce mode de légitimation n'a pas été inspiré par une pensée morale dans un but de réhabilitation des enfants naturels ; le sentiment de bienveillance pour ces enfants, qui apparaît dans les constitutions sur la légitimation par mariage subséquent, n'intervient ici que comme une idée tout à fait accessoire ; c'est un simple expédient imaginé par les empereurs pour faciliter le recrutement de la curie. Il n'a aujourd'hui qu'un intérêt purement historique, mais cet intérêt est très grand, parce qu'il permet d'entrevoir les exigences du fisc et la décadence du régime municipal au Bas-Empire. Il est du reste incomplet dans ses effets ; l'enfant n'entre pas dans la famille de son père, il ne lui emprunte pas ses liens d'agnation ; ce n'est que vis-à-vis de ce dernier qu'il acquiert des droits, et encore, ainsi que nous le verrons, des droits limités par ceux des enfants légitimes.

Les cités provinciales avaient réglé leur constitution sur celle de Rome ; on y trouve les mêmes pouvoirs publics : le peuple, le Sénat ou curie, et les magistrats. Les membres de la curie qui, dans les lois et dans les inscriptions, est souvent qualifiée de *amplissimus, honestissimus, sanctissimus ordo* s'appelaient décurions ou curiales ; ils étaient inscrits dans un certain ordre sur une liste ou album. Il n'était pas dans l'esprit romain d'abandonner la nomination de ce conseil dirigeant de la cité à la volonté inconstante de la foule ou à l'arbitraire du pouvoir. Dans le principe, les décurions étaient nommés à vie par les magistrats supérieurs de la cité, mais ceux-ci étaient restreints dans leur choix ; ils devaient les prendre parmi les citoyens ayant exercé antérieurement les fonctions municipales. Les honneurs des magistratures n'étant en fait accessibles qu'à la classe riche, le conseil était donc la réunion des hommes présentant le plus de garanties par leur expérience et leur fortune. Au commmencement de l'Empire, lorsque, suivant l'expression de Tacite, l'élection des magistrats passa *a campo ad curiam*, la curie fut appelée à se recruter elle-même ; ce mode de nomination s'appelait *çooptatio* , les fonctions continuèrent à être viagères. Écrasée par le despotisme impérial, la cité perd bientôt son indépendance ; avec l'affaiblissement de l'Empire, ses besoins s'accroissent, et c'est sur les provinces et particulièrement sur les curiales qui en constituent la classe aisée que pèsent les nouvelles charges destinées à combattre les dangers intérieurs et extérieurs. La qualité de curiale n'est plus un droit reconnu à ceux qui, par leurs talents, sont dignes de l'occuper, c'est un fardeau imposé à tous ceux qui ont une fortune suffisante pour le porter. Cette dignité est considérée plutôt comme un désavantage que comme un avantage ; les expressions *onera decurionatus, onera duumviratus,* sont souvent répétées dans les textes[1]. Si l'on réfléchit au prix de quels sacrifices cette dignité était acquise, il est facile de comprendre qu'on « en était plus accablé qu'honoré[2] », et que, si recherchée à l'origine, elle ait fini par être évitée par les citoyens, surtout lorsqu'elle eut perdu beaucoup de son prestige et de son au-

1. LL. 12 et 16, XII, 1, C. Th.
2. Boissier, *Revue des Deux Mondes*, 1860, p. 576.

torité par suite de la centralisation du pouvoir entre les mains
impériales.

C'est, en effet, aux curiales qu'il appartient de percevoir
les impôts publics, la capitation et l'impôt foncier qui restreint primitivement aux fonds provinciaux avait été étendu,
sous Dioclétien, à toute l'Italie ; ils sont responsables de leur
recouvrement et sont tenus d'en faire l'avance à l'État. C'était
là une lourde responsabilité ; l'agriculture était abandonnée,
la classe moyenne était pauvre, et les choses en arrivèrent à
ce point que les curiales furent obligés de payer les impôts
des terres délaissées par leurs propriétaires.

Ils administrent les affaires de la cité soit en prenant part
simplement aux délibérations de la curie, soit en exerçant les
fonctions municipales, et doivent pourvoir à ses besoins ; si
ses revenus sont insuffisants, ils paient de leurs deniers
personnels l'excédent de la dépense[1]. Ils sont contraints à
construire de nouvelles maisons pour empêcher la ruine de
la cité et à restaurer fréquemment les leurs pour l'embellir[2] ;
ils offrent à leurs frais les jeux dont la plèbe était si avide[3]
et supportent seuls l'impôt appelé *aurum coronarium* consistant en numéraire et dû à l'occasion d'un événement so-
lennel tel qu'une victoire[4].

Leur liberté individuelle subit de nombreuses entraves,
tendant à les empêcher de se soustraire à la curie ou d'y
soustraire leur patrimoine. L'empereur Zénon[5] leur défend
de vendre leurs immeubles ou leurs esclaves *sine interposi-
tione decreti*, et Justinien[6], plus sévère encore, ne leur permet
pas de faire des donations immobilières si ce n'est *dotis*

1. *Dig.* L. 2, §§ 1 et 2 ; L. 1.
2. C. 8, VIII, 10.
3. C. L. 1, XI, 40.
4. C. Th. L. 3, XII, 13.
5. C. L. 3, X, 33.
6. Nov. 87, *cap.* 1.

causa ou *propter nuptias* en faveur de leurs enfants. La succession d'un curiale échoit-elle à un autre qu'à un décurion, la curie recueille un quart de l'hérédité ; si le curiale ne laisse ni héritier testamentaire ni héritier légitime, la curie recueille tous les biens[1]. Ils sont enchaînés à leur dignité, « attachés à la glèbe » dit Heineccius, enfermés dans la curie « comme dans une prison », dit M. Guizot, et de nombreuses dispositions législatives indiquent avec quelle rigueur on sévissait contre ceux qui essayaient d'échapper à la peine honorifique qui leur était imposée. Le Code Théodosien contient un grand nombre de mesures pour protéger les curies contre une désertion inévitable. Il est défendu aux curiales de s'éloigner de la ville, d'habiter à la campagne, d'entrer dans l'armée, d'occuper des emplois qui les auraient affranchis des fonctions municipales avant d'avoir passé par toutes ces fonctions ; ils ne peuvent faire partie du clergé qu'à la condition de laisser leurs biens à quelqu'un qui consente à être curiale à leur place ou de les abandonner à la curie elle-même. Si, malgré la défense faite, ils s'enrôlent dans l'armée ou se cachent dans les monastères, ils sont poursuivis et ramenés dans la ville. *Quoniam relictis curiis nonnulli ad militiæ præsidia confugiunt reverti ad curiam præcipimus*[2]. — *Revocetur ad curiam substantiam muneribus aptam possidens*[3]. S'il est impossible de ressaisir ceux qui sont en fuite, leurs biens sont confisqués. S'expatrient-ils, on les condamne à rester curiales dans leur ville et à le devenir dans la ville où ils se sont réfugiés. Enfin, on leur ferme toutes les issues par lesquelles ils auraient pu éviter les obligations de la curie.

Les quelques privilèges qui leur étaient accordés ne parvenaient pas à les dédommager de la rigueur de leur condi-

1. C. L. 4, VI, 62.
2. C. Th. L. 11, XII, 1.
3. C. Th. L. 17, XII, 1.

tion, si le titre de curiale était pénible, il était honorable, et plusieurs textes en font foi : *Curiæ splendore honestare*, dit l'un [1]; *municipalibus aggregare muneribus et donare patriæ principalem*, dit l'autre [2]. Les curiales étaient exemptés de la torture, du fouet de plomb, de la peine capitale, sauf en cas de parricide ou de lèse-majesté [3] ; s'ils tombaient dans la misère et, le cas était fréquent, s'étaient ruinés pour le service de la cité, ils étaient nourris aux frais de la ville. *Decurionibus facultatibus lapsis alimenta decerni permissum est : maxime si ob munificentiam in patriam patrimonium exhauserint* [4], Seuls ils étaient aptes aux fonctions municipales et constituaient une sorte de noblesse analogue à la noblesse sénatoriale et opposée à l'*ordo plebeius*.

En somme, M. Guizot, dans son *Essai sur le régime municipal*, résume très justement la situation des curiales en disant : « Le Gouvernement ruine les curiales pour solder ses fonctionnaires et ses soldats ; il accorde à ses fonctionnaires et à ses soldats tous les avantages du privilège pour qu'ils lui servent à empêcher les curiales de se soustraire à la curie. »

Les citoyens des municipes se montraient peu soucieux de s'assujettir volontairement au fardeau onéreux de la curie, aussi les empereurs, désireux de prolonger l'existence d'un rouage si commode pour l'administration eurent-ils recours à deux moyens. Le premier fut de permettre à la curie de s'adjoindre forcément tous les habitants de la ville propriétaires de vingt-cinq arpents de terre, soit qu'ils y fussent nés (*municipes*), soit qu'ils fussent venus s'y établir (*incolæ*), et pourvu qu'ils ne fissent pas partie de l'une des classes privilégiées qui étaient dispensées des fonctions municipales ; ces classes comprenaient l'armée, le clergé et les fonctions de la

1. C. L. 3, V, 27.
2. L. 4, *eod, tit.*
3. C. L. 11, IX, 41.
4. *Dig.* L. 8, L. 2.

cour de l'empereur. *Sancimus ut qui ultra viginti quinque jugera privato dominio possidet curiali consortio vindicetur*[1]. On est donc curiale malgré soi ; la curie est une peine et la propriété une charge. Le second fut de rendre la curie héréditaire en droit ; elle l'était déjà en fait : tout fils légitime d'un curiale est curiale. Mais les enfants naturels, suivant la condition de leur mère, n'héritaient pas du titre de curiale ; d'un autre côté, comme ils étaient incapables de recevoir de leur père au delà d'une certaine portion de ses biens, le quart ou le douzième selon les cas à l'époque de Théodose le Jeune, il en résultait que, par suite du morcellement de la propriété, ils n'acquéraient pas le plus souvent une fortune suffisante pour être revendiqués par la curie. Du reste, il était loisible au père qui voulait éviter à son fils la curie de lui laisser une part héréditaire inférieure au taux exigé pour être curiale, ou celui-ci pouvait y échapper soit en dissimulant l'importance de ses biens soit de tout autre manière. De là des causes de diminution dans le nombre des curiales qui déjà, à raison des obligations qu'ils subissaient, devenaient chaque jour plus rares.

Pour rémédier à cet état de choses, les empereurs Théodose le Jeune et Valentinien décidèrent, en 442, que si un citoyen, n'ayant que des enfants naturels, offrait à la curie de sa ville tous ou quelques-uns d'entre eux, il pourrait transmettre à ces nouveaux curiales par donation ou par testament même la totalité de ses biens, peu importait qu'il fût ou non lui-même membre de la curie ; de même la fille naturelle qui épouserait un curiale deviendrait par là capable de recueillir toute la fortune paternelle : *Quid enim interest utrum per filios aut per generos commoditatibus civitatum consulatur ? et utrum novos facial curiales aut foveat quos invenit*[2] ? Le but de ces empereurs était donc de protéger

1. C., Th. L. 33, XII, 1.
2. C. L. 3, V, 27.

l'intérêt des villes, en créant, dans le premier cas, des curiales qui entreraient volontairement dans la curie et en partageraient les charges, et, dans le second, en favorisant ceux qui existaient déjà. Léon et Anthemius, en 470, confirmèrent cette disposition [1], et, statuant sur une espèce particulière, déclarèrent que celui qui avait accepté la dignité de curiale ne pouvait pas échapper à la curie, même en renonçant sans fraude aux biens paternels : *Muneribus patriæ susceptis patrimonia subire cogantur*. Se montrant plus larges que leurs prédécesseurs, ils reconnaissent à l'enfant naturel offert à la curie des droits de succession *ab intestat*, comme s'il était légitime. L'oblation à la curie devient alors véritablement un mode de légitimation, lequel est consacré par Justinien dans la loi 9 au Code (*de natur. lib.*) et dans la novelle 89, *cap.* 2.

Avant Justinien, deux conditions étaient requises pour la validité de cette légitimation. Il fallait: 1° que le père n'eût pas d'enfants légitimes ; 2° qu'il donnât au moins vingt-cinq arpents de terre, chiffre exigé depuis Constantin, à son fils naturel, et par là on entend uniquement celui issu *ex concubinatu*. La donation en fait devait être irrévocable, sans quoi le but des empereurs n'aurait pas été atteint ; elle ne comptait pas évidemment dans le pécule désigné sous le nom de profectice, puisque ce pécule restait à tous égards compris dans le patrimoine du père. L'accès de la curie n'étant ouvert qu'à la classe riche, conformément aux idées romaines qui se refusaient à ce qu'on pût exercer une magistrature quelconque sans posséder une propriété foncière qui servait de gage, il en résultait que ce mode de légitimation était dénié à tous ceux qui n'avaient pas une fortune assez considérable pour faire un curiale. Justinien conserve cette condition; mais, par faveur pour l'ordre des décurions, il supprime la première [2]. Il

---

1. C. L. 4, V, 27.
2. L. 9 § 3, V, 27.

n'y a donc pas à distinguer si le père a ou non des enfants légitimes ; la règle générale reçoit cependant deux exceptions.

Justinien avait permis de légitimer par mariage subséquent les enfants nés *ex ancilla*, il permet également de les légitimer par oblation à la curie lorsqu'ils sont devenus libres ; mais il exige que le père soit lui-même décurion et qu'il n'ait pas d'enfants légitimes [1].

La seconde exception est relative à une forme spéciale d'oblation à la curie. L'oblation se faisait soit *actorum fide*, par un acte passé devant l'officier public compétent, le *tabularius* probablement, soit *teste populo ;* c'est ce qui résulte de ces expressions de la novelle 89 : *quum quispiam in commune filium offerret*, procédé sans doute très rarement employé et dont Justinien croit devoir citer un exemple, car à cette époque la vie politique était éteinte et les assemblées populaires ne se réunissaient plus ; soit enfin, *testamento*. Si le père dans son testament manifeste la volonté d'offrir ses enfants naturels à la curie et que ceux-ci approuvent la clause testamentaire, ils deviennent légitimes et curiales. Justinien ajoute dans la novelle 89 (*cap.* 2), que, même en l'absence d'un testament, le fils après la mort de son père peut s'offrir de lui-même à la curie, mais dans cette hypothèse il faut que le père n'ait pas laissé de descendance légitime.

A la curie de quelle cité l'oblation devait-elle être faite ? Si le père est né dans une ville, il offrira son fils à la curie de sa ville natale. S'il est né dans un village ou dans une maison de campagne, ce sera à la curie de la ville dont dépend le village ou la maison de campagne. S'il est né à Byzance ou à Rome, le père, d'après Théodose et Valentinien, choisira la curie de la ville qu'il lui plaira, pourvu que ce soit une

---

1. Nov. 89, *cap.* 2, § 3.

ville *quæ totius provinciæ teneat principatum*, car il serait
indigne de celui qui a l'honneur d'être originaire d'une ville
très sainte de ne pas honorer ses enfants en les offrant à la
curie d'une ville illustre ; d'après Justinien (nov. 89, *cap.* 2),
l'enfant naturel entrera dans la curie de l'une ou de l'autre des
deux métropoles.

Les fils peuvent être légitimés à tout âge, mais ils n'exercent les fonctions de curiales qu'à l'âge de dix-huit ans. Du
reste le nombre des curiales n'était pas limité ; le tableau de
la curie dressé par les curiales eux-mêmes était essentiellement variable ; il n'y avait pas à attendre de vide dans la curie. Il était important d'augmenter le plus possible le nombre
des membres d'un ordre si utile ; c'était accroître les garanties du fisc et diminuer les charges de chacun.

L'aïeul a le droit, comme le père, de légitimer ses petits-
enfants naturels ; Justinien s'est expliqué formellement sur
ce point. Si *Primus* a pour fils légitime *Secundus*, lequel a un
enfant naturel, le consentement du père et de l'aïeul sera
exigé pour sa légitimation ; la raison en est que cet enfant
naturel, d'abord sous la puissance de l'aïeul, passera au décès de l'aïeul sous la puissance du père ; or nul ne peut avoir
des héritiers malgré soi. Si le père est mort, le consentement
de l'aïeul suffit pour la légitimation, tel est l'objet de la décision de Justinien. *Palam vero est quia siquidem pater eum
aut avus offerat aut aliquis ascendentium parentum, et liberos habens filios, hoc agere poterit* [1].

Supposons au contraire que *Secundus* soit un enfant naturel et qu'il ait un enfant légitime, la légitimation de l'enfant naturel *Secundus* fera tomber par voie de conséquence
le petit-fils sous la puissance de l'aïeul. Si *Secundus* est mort,
l'aïeul, se fondant sur la règle de Justinien, pourra légitimer
son petit-fils.

Si *Secundus*, enfant naturel, est lui-même le père d'un

____

1. Nov. 89, *cap.* 2, § 2.

d'un enfant naturel *Tertius*, l'aïeul *Primus* pourra toujours légitimer *Tertius*, sans qu'il y ait à distinguer si *Secundus* est vivant ou mort. *Tertius* n'est pas en effet sous la puissance de son père, donc le consentement de ce dernier n'est pas nécessaire. La disposition de Justinien est générale et ne laisse place à aucune exception. La loi romaine (C. L. 12, V. 5, confirmée par la nov. 89) assimile, en ce qui concerne l'aptitude à recueillir par donation ou par testament, l'enfant naturel et le petit-enfant naturel, soit que son père soit naturel soit qu'il soit légitime ; elle reconnaît donc entre l'aïeul et le petit-fils naturel un certain lien, et il n'est pas étonnant qu'en vertu de ce lien le premier ait reçu le droit de légitimer le second sans l'assentiment du père naturel auquel la loi refuse tout pouvoir sur son fils.

Une troisième condition est requise pour la validité de ce mode de légitimation ; il faut que, de même que pour les autres modes de légitimation, l'enfant consente à sa légitimation. « Si, dit Justinien, le père écrit dans son testament qu'il faut que son fils naturel devienne curiale et que celui-ci approuve la clause testamentaire, *amplectatur scripturam*, il deviendra légitime (nov. 89, *cap.* 2, § 1). Son approbation est donc nécessaire ; elle l'est quelle que soit la forme employée pour l'oblation. C'est l'application de la règle générale posée par Justinien dans le chapitre 11. Pour qu'un enfant soit légitimé par oblation à la curie, il faut que cette oblation soit accompagnée d'une donation, or il est de principe qu'il est loisible à toute personne de refuser une donation. La constitution de Théodose le Jeune et de Valentinien fournit également un argument pour ce système. Ces empereurs décident que le fils qui, soit en s'abstenant de l'héridité paternelle, soit en refusant les donations, a voulu éviter la fortune curiale et a été ensuite trouvé possesseur pour partie ou pour le tout des biens paternels, sera forcé, soit qu'il les possède encore, soit qu'il les ait aliénés, de prendre la condition de curiale que son père lui avait destinée en augmentant la part qu'il aurait pu avoir comme enfant naturel. Le texte suppose que l'enfant a voulu *curialem evitare fortunam*, et qu'ensuite par des moyens détournés, il s'est emparé de la fortune paternelle, d'où il résulte par *a contrario* que, si de bonne foi, il n'a pas accepté la faveur de succéder comme légitime et curiale, il restera enfant naturel. C'est seulement la renonciation frauduleuse à la curie qui est punie. Au contraire, celui qui a adhéré à sa légitimation ne peut postérieurement se soustraire à la curie même en renonçant sans fraude à la succession paternelle ; il y a un fait acquis qui ne peut être détruit. *Nec repudiandi paternas hereditates aut donationes in fraudem curiæ concedatur facultas.* Il résulte de la constitution de Léon que l'acceptation de la succession paternelle est obligatoire. Disposition inspirée par la crainte que la renonciation ne soit qu'apparente et ne soit employée que pour frauder les intérêts de la curie et dissimuler l'acquisition des biens paternels.

Nous avons vu que, d'après la constitution de Théodose, les filles naturelles étaient légitimées par leur mariage avec un curiale. Cette disposition fut confirmée par Justinien, elle présentait un double avantage. Le premier était de venir en aide aux curiales déjà existants par l'accroissement de leur fortune ; le second était d'encourager au mariage à une époque où le célibat envahissait la société et, la curie étant héréditaire, de favoriser la procréation d'enfants qui seraient curiales à leur tour. Le mari devait faire partie de la curie à laquelle le père devait offrir son fils, s'il en avait un. Toutes les règles rapportées ci-dessus et relatives au fils naturel sont applicables à la fille naturelle, sauf, bien entendu, celles qui sont incompatibles avec son sexe. Il est évident que, la fille n'exerçant pas les fonctions de curiale, il n'y a pas à s'occuper pour elle de la condition d'âge et de la condition de fortune ; toutefois, elle ne pouvait être légitimée qu'à l'âge où elle était capable de se marier, et d'un autre côté elle devait en fait apporter à son mari une dot assez considérable, peut-être même l'équivalent de ce que le père devait donner au fils, car les *curiales* étaient les citoyens les plus riches de la cité. Les même formes d'oblation à la curie sont employées ; cependant si aucun doute ne s'élève quant à l'acte public et au testament, l'on a soutenu que la fille naturelle n'était pas admise, en dehors du testament du père et après son décès, à se légitimer elle-même, comme le fils, par son mariage avec un curiale. La novelle 89, *cap.* 2, § 1, qui contient cette innovation, se sert de l'expression *filii*, mais il est à remarquer que pour les autres formes d'oblation indiquées dans la novelle, Justinien ne parle aussi que du fils, et cependant l'on ne conteste pas qu'elles concernent également la fille.

La légitimation par oblation à la curie avait un caractère artificiel, qui ressortira mieux encore lorsque nous en examinerons les effets ; elle reposait sur des bases factices et tendait plutôt à entretenir les derniers restes du régime municipal qu'à améliorer le sort des enfants naturels ; elle avait de plus le tort de ne pas être accessible à tous les enfants naturels, et d'être le privilège exclusif d'une certaine classe, aussi devait-elle disparaître de toute législation, et elle disparut en effet sous le règne de Léon le Philosophe [1], avec le régime municipal et la curie.

SECTION III

De la légitimation par rescrit du prince

Lorsque Justin eut interdit l'adrogation des *liberi naturales*, la considérant comme immorale en ce qu'elle détournait le père du mariage, il condamna à rester dans leur condition d'enfants naturels ceux dont les parents étaient pour une cause quelconque dans l'impossibilité de se marier ou dont

1. Nov. 46. *Leonis.*

le père n'avait pas une fortune suffisante pour les offrir à
la curie. Pour remédier à cette iniquité, Justinien introduit
dans la novelle 74 un nouveau mode de légitimation, c'est
la légitimation par rescrit du prince qui a beaucoup de rapports avec l'adrogation elle-même. A proprement parler,
c'est moins une innovation que la réglementation de la légitimation par rescrit. L'usage du rescrit comme moyen de
conférer la puissance paternelle se rencontre bien avant
Justinien [1] ; nous avons vu que les pérégrins et les Latins
obtenaient ainsi de la faveur impériale le droit de cité et la
puissance paternelle sur leurs enfants ; d'un autre côté la
loi 46 (lib. I, tit. 7, *Dig.*) nous montre le rescrit intervenant
pour accorder au père la puissance paternelle sur les enfants
qu'il a eus en esclavage, tel nous semble être du moins le
sens de ce texte d'Ulpien : *In servitutemea quæsitus mihi
filius, in potestatem meam redigi beneficio principis potest.*
Ulpien ne vise évidemment pas l'adrogation, car de son
temps l'adrogation se faisait encore, ainsi qu'il le constate
lui-même (*Regul.* tit. 8, § 3) *per populum* au moyen d'une
lex curiata après approbation du collège des pontife   e
n'est que sous l'empereur Dioclétien que la volonté du prince
se substitue à celle du peuple et que l'adrogation se fait *prin-
pali rescripto.* Ulpien entend donc parler d'une légitimation
émanée du pouvoir impérial.

La légitimation par rescrit n'est destinée qu'à suppléer la
légitimation par mariage ; elle ne reçoit son application qu'au
cas où le mariage est devenu impossible, soit que la concubine soit morte ou qu'elle soit devenue religieuse, soit que
ses enfants l'aient fait cacher pour empêcher le mariage ou
qu'il existe un obstacle légal au mariage, soit que moralement
ment par sa basse condition elle ne soit pas digne d'être
élevée au rang d'*uxor.* Justinien exige, en outre, que le père
n'ait pas d'enfants légitimes. Dans ces circonstances le père

1. L. 57, *Dig.* XXIII, 2.

adresse à l'empereur un *libellus supplex* pour lui demander la légitimation de ses enfants naturels, et, si les faits sont exacts, l'empereur par un rescrit fait droit à sa demande[1]. C'est au père seul qu'il appartient de solliciter le rescrit qui produira les mêmes effets que le mariage ; les enfants ne sont pas admis à provoquer la faveur impériale, mais leur consentement à la légitimation est nécessaire. Aucun doute ne s'était élevé sur ce dernier point en matière d'adrogation dont la légitimation par rescrit n'est qu'une modification, et l'obligation du consentement résulte également de la nature de la légitimation par testament qui n'est qu'une forme de la légitimation par rescrit.

Justinien put donc conserver et reproduire [2], sans blesser l'équité, la décision de Justin, décision qu'il eût été amené lui-même à prendre, car la légitimation par rescrit eût fait double emploi avec l'adrogation ; elle en diffère cependant en ce que ni l'inexistence d'enfants légitimes ni l'impossibilité du mariage ne sont des conditions exigées pour l'adrogation.

SECTION IV

De la légitimation par testament

Si le père est mort sans légitimer ses enfants, mais s'il a exprimé dans son testament le désir que ses enfants fussent légitimés, il pourront présenter à l'empereur un *libellus supplex* auquel il sera adjoint le testament paternel, et en vertu d'un rescrit ils viendront comme légitimes à l'hérédité paternelle. Il faut pour l'obtention du rescrit la réunion des mêmes conditions que pour la légitimation par rescrit proprement dite[3].

---

1. Nov. 74, *præf.* et *cap.* I. — Nov. 89, *cap.* 9.
2. Nov. 74, *cap.* 3.
3. Nov. 74, *cap.* 2. —Nov. 89, *cap.* 10.

SECTION V

Effets de la légitimation

La légitimation a pour principal effet de rendre *alieni juris* l'enfant naturel ; il perd son *status familiæ* et subit une *capitis minutio*. Était-il chef de famille, exerçant sur ses enfants le droit de puissance paternelle, il tombe lui-même sous la puissance du *pater legitimans* et y entraîne avec lui ses enfants. La puissance paternelle n'a plus, à l'époque de Justinien, la rigueur et l'importance qu'elle avait autrefois, mais elle confère encore de nombreux droits : droit de propriété sur le pécule profectice, droit d'usufruit sur le pécule adventice, droits de succession sur les pécules castrense, quasi-castrense et adventice, droit de nommer à l'enfant un tuteur testamentaire, un substitué pupillaire, d'accorder ou de refuser son consentement à son mariage. Ces conséquences importantes de la *mutatio status* suffisent à montrer que l'enfant naturel pouvait avoir intérêt à refuser le bénéfice de la légitimation.

Quant aux autres effets de la *minima capitis minutio,* il est inutile de les mentionner, car les deux seuls qui subsistent dans le dernier état du droit de Justinien, l'annulation du testament antérieur et l'extinction des dettes du *capite minutus* n'ont aucune portée pratique. Le préteur, par une *bonorum possessio,* maintenait le contenu du testament ; or sous Justinien la différence entre la *bonorum possessio* et l'hérédité civile devient illusoire ; d'un autre côté il substituait aux actions éteintes d'autres actions tendant au même but ; or par suite de la suppression de la procédure formulaire, les actions civiles se confondent avec les actions prétoriennes.

Mais, si au point de vue de la puissance paternelle et de ses résultats, les quatre modes de légitimation produisent

les mêmes effets, il faut à un autre point de vue distinguer la
légitimation par oblation à la curie des trois autres modes.
Ceux-ci sont parfaits, selon l'expression de d'Aguesseau,
c'est-à-dire que l'assimilation entre les enfants naturels légitimés et les enfants nés légitimes est complète : ils entrent
dans la famille de leur père, deviennent les agnats de ses
agnats et succèdent à leur père et à leurs autres parents sur
un pied d'égalité avec les enfants légitimes ; ils ont comme
eux le droit de faire rescinder le testament paternel, d'intenter
la *querela inofficiosi testamenti*, de demander des aliments
avec obligation réciproque, etc.

L'enfant légitimé par oblation à la curie ne se rattache
légalement qu'à son père, aucun lien de parenté n'existe
entre lui et les parents de son père, ascendants, descendants, collatéraux; en conséquence, il ne leur succède pas.
Même vis-à-vis de son père, il n'a qu'un droit de succession
restreint, car, si le père meurt laissant des enfants légitimes,
l'enfant naturel offert à la curie est incapable de recevoir par
testament ou à cause de mort une part supérieure à celle de
l'enfant légitime le moins prenant ; il peut être traité par son
père comme le moins bien partagé des enfants légitimes,
mais il ne peut être traité mieux. Vis-à-vis de sa mère, ses
droits sont les mêmes, puisque la légitimation ne modifie
pas ses rapports à son égard.

La succession du curiale (qu'il le soit de naissance ou qu'il
le soit devenu par oblation) est régie par des règles spéciales, dont l'énumération achèvera de faire connaître la
condition du curiale et de prouver le caractère artificiel de
ce mode de légitimation tout de circonstance.

La succession du curiale est dévolue en premier lieu à ses
enfants légitimes ; s'ils sont nés avant l'oblation de leur père
et, par conséquent, s'ils ne sont pas curiales, la curie prend
le quart de la succession; dans l'hypothèse contraire, ils doivent recueillir au moins les trois quarts, à moins de juste

cause d'exhérédation [1]. En concours avec des filles, ils ont moitié ; l'autre moitié revient à leurs sœurs, si elles sont mariées avec des curiales ; sinon, elles ne reçoivent que le quart, et les fils ont les trois autres quarts [2]. S'il n'y a que des fils légitimés, les mêmes règles sont applicables. Si parmi les fils les uns sont curiales et les autres ne le sont pas, les premiers ont les trois quarts et les autres un quart. Et si les uns sont légitimes et les autres légitimés, mais tous curiales, l'enfant légitimé ne peut avoir plus que le moins prenant des enfants légitimes, ainsi que nous l'avons vu [3].

En second lieu, la mère, appelée à sa succession, prendra un tiers et la curie les deux autres tiers. Cette disposition de la loi 9 au Code (*de natur. lib.*), semble avoir été modifiée par Justinien, qui décide dans la novelle 89, *cap.* 5, qu'à défaut d'enfants la curie recueillera toujours les trois quarts ; la mère n'aura donc qu'un quart. Justinien déclare ne faire que sanctionner une constitution antérieure, et l'on en avait conclu qu'il renvoyait à la novelle 38 où le chiffre des trois quarts est fixé dans certains cas ; mais la novelle 38 est postérieure à la novelle 89 ; la constitution visée est sans doute perdue.

Les droits du père n'étant pas déterminés par les lois spéciales sont régis par les règles ordinaires ; cependant, s'il n'est pas lui-même curiale, la curie aura droit au quart.

Enfin, si le curiale n'a pour héritiers que des cognats, les cognats maternels ont les biens maternels ; les biens paternels appartiennent à la curie à moins qu'un cognat ne consente à les recueillir avec les charges de la curie ; les cognats ont ce droit, même si la mère vit encore, auquel cas elle ne

1. Nov. 38, *cap.* 4.
2. *Idem., cap.* 5.
3. L. 9, § 3, C., V, 27.

prendra que les biens maternels probablement jusqu'à concurrence de la portion indiquée plus haut [1]. Cette disposition est curieuse en ce qu'elle est la première trace du principe de la fente prédominant dans l'ancien droit français.

1. L. 9, § 1, C. V, 27.

DE LA LÉGITIMATION

DANS L'ANCIEN DROIT

CHAPITRE PREMIER

DE LÀ CONDITION DES BATARDS AU MOYEN AGE

La distinction entre les enfants légitimes et les enfants
naturels existait dans la législation franque dès l'époque de
l'invasion ou dès les premiers temps qui l'ont suivie ; si les
textes de la la loi salique ne contiennent aucune indication
à cette égard, elle s'induit, d'une manière presque certaine [1],
d'une autre distinction qui a beaucoup de rapports avec elle
et se trouve clairement indiquée dans les législations de
tous les peuples d'origine germanique. Une règle fondamentale du droit germanique, c'est qu'un enfant n'est apte à
succéder à ses parents, et ne fait partie de la famille que s'il
est issu d'un mariage contracté entre personnes de condition
égale. Ce principe de l'égalité des conditions entre époux est
sanctionné, soit par des pénalités sévères contre les époux,
soit par des incapacités civiles infligées aux époux, et aux enfants issus d'eux. La loi des Bavarois exclut de la succession
paternelle les enfants qu'un homme a eus de son *ancilla*, et se
borne à les recommander à la pitié des enfants légitimes [2].

1. Conf. Pardessus, *Loi salique*, p. 698. — Desportes, *Essai historique sur
les enfants naturels*, p. 89.
2. *Lex Bajuv.*, tit. 14, cap. 9.

La loi des Wisigoths est plus dure encore : la femme ingénue qui s'est unie à son serf ou à son affranchi est flagellée
publiquement, puis brûlée vive avec son mari, et les enfants
sont privés du droit de leur succéder ; si elle a épousé le serf
d'autrui, elle est condamnée à trois cents coups de fouet, et
tombe au pouvoir du maître du serf, à moins que ses parents ne consentent à la recevoir. L'ingénu qui épouse la
serve d'autrui subit la même peine ; les enfants issus de cette
union deviennent serfs, mais ils acquièrent la qualité d'ingénus si pendant trente ans ils ont été traités comme tels[1]. Selon la loi des Francs Saliens, la femme ingénue qui s'allie à
un serf du roi ou à un *litus* perd sa qualité d'ingénue ;
l'homme libre qui se marie à une serve devient serf comme
elle[2]. La loi Ripuaire[3] contient entre autres dispositions sur
les mariages inégaux celles-ci ; à savoir que les enfants sui-
vraient le sort de celui de leurs parents qui aurait la pire
condition : d'où le principe, « en formariage, le pire emporte le bon », qui a subsisté jusqu'au milieu du moyen
âge, et que l'homme ou la femme qui épouserait la serve ou
le serf d'un Ripuaire tomberait avec ses enfants dans le servage de celui-ci[4]. Si les lois barbares établissent une différence si profonde entre les enfants nés du mariage, à plus
forte raison ont-elles dû distinguer les enfants nés dans le
mariage de ceux nés hors du mariage. Dans les sociétés primitives, la famille fortement constituée rejette de son sein
tous ceux qui ne sont pas nés dans des conditions régu-
lières[5].

Du reste la distinction dont nous nous occupons est très

1. *Lex Wisig.*, I, 3, tit. 2, § 3.
2. *Lex salica*, tit. 14, § 7 et 11.
3. Loi Ripuaire, tit. 58, § 11, 15 et 16.
4. Voir sur le droit germanique Kœnigswarter, *Rev. de dr. fr. et étr.*,
1842, p. 369. — Morillot, *Rev. hist.* 1866, p. 177.
5. Amiable, *Rev. hist.* t. 10, p. 373. — Morillot, *sur la législation
grecque, loc. cit.*

nettement indiquée dans la loi des Lombards dont les dispositions servent à fortifier cette assertion. D'après l'édit du roi Rotharis, le fils naturel, (*liber naturalis* opposé au *liber legitimus*) concourt avec les enfants légitimes, mais chacun de ses derniers doit avoir le double de ce qui revient à son frère naturel, et la quotité attribuée au bâtard ne peut être augmentée par le père, si à leur majorité les enfants légitimes n'y consentent pas [1]. Plus tard, le roi Luitprand défend au père qui a des enfants légitimes de rien donner aux bâtards, de manière à ce qu'ils soient réduits à ce que leurs frères légitimes voudront bien leur accorder [2].

La légitimation proprement dite n'existait pas chez les peuples de race germanique, mais ils connaissaient une sorte d'adoption, de reconnaissance, qui avait pour effet, non pas de mettre les enfants naturels sur un pied d'égalité avec les enfants légitimes, mais de leur assurer une certaine place dans la famille. Des cérémonies symboliques accompagnaient cet acte ; chez les Francs, le père mettait l'enfant sous son manteau [3].

La division en enfants légitimes et naturels n'apparaît guère d'une manière certaine qu'au temps de Charlemagne dans les capitulaires. Un capitulaire [4] défend aux enfants incestueux d'hériter de leurs parents, et le père et la mère sont déclarés infâmes. Le capitulaire 59 du 7e livre, tout en reconnaissant l'existence du concubinat qui était entré profondément dans les mœurs, oppose les enfants de l'épouse à ceux de la concubine, et ne laisse qu'aux premiers le droit de succéder. *Non omnis mulier viro juncta est viri, itaque aliud est uxor, aliud concubina, neque omnis filius hæres est pa-*

---

1. Art. 154, 155, 156. Canciani, I, p. 73.

2. *Leges Lomb.*, II, 8, § 6.

3. Kœnigswarter, *Histoire de l'origine de la famille*, p. 142. — Michelet, *Origines du droit français*, p. 11.

4. Lib. 6, 410.

tris. Le capitulaire 463 du même livre n'admet que les enfants légitimes au droit de succéder : *Taliter enim et Domino placebunt, et filios non spurios, sed legitimos atque hæreditabiles generabunt.* Remarquons toutefois que ces capitulaires appartiennent au recueil de *Benedictus Levita,* lequel n'a aucun caractère authentique. La formule 52 de l'appendice de Marculf[1] nous apprend que, d'après une ancienne coutume, il était permis d'instituer les enfants naturels héritiers universels, mais seulement à défaut de descendants légitimes.

La condition des enfants naturels a subi, dans la législation coutumière, non seulement l'influence du droit germanique, mais encore celle du droit canonique. L'Église toléra d'abord le concubinat[2] comme une transaction entre le *stuprum* et le mariage. Cependant, dès 655, le neuvième concile de Tolède déclare les bâtards des prêtres serfs des églises desservies par leurs pères ; mais c'est dans la collection des *Decretales* du pape Grégoire IX qu'apparaît manifestement la volonté de l'Église de combattre énergiquement le concubinat en frappant d'incapacités ceux qui en sont issus, et elle parvint à son but, au moins dans les pays coutumiers, car dans le Midi, même au temps de Barthole et de Paul de Castres, le nom de bâtard n'avait rien d'odieux. Les *Decretales* qualifient les enfants naturels de *spurii,* de *filii ex fornicatione nati*[3] ; elles les excluent de la succession paternelle[4], et probablement aussi, étant donné l'esprit du droit canonique, de la succession maternelle. Au dixième siècle, l'irrégularité de la naissance est une cause d'incapacité pour entrer dans les

---

1. Canciani, t. II, p. 266.
2. Giraud, *Essai sur l'histoire du droit français au moyen âge,* t. I, p. 296. Ce point est contesté par les canonistes. La discussion porte sur le canon 17 du premier concile de Tolède.
3. Lib. I, tit. 18, *cap.* 5.
4. *Decret.,* *Qui filii sint legitimi, cap.* 10.

ordres, et cette règle, d'abord applicable seulement aux bâtards des clercs et aux ordres sacrés, finit par être étendue à
tous les bâtards et à tous les ordres[1]. L'inhabilité des bâtards
cessait par une dispense du pape, par la profession religieuse et par la légitimation. Le droit canonique avait emprunté au droit romain deux de ses modes de légitimation,
celui par mariage subséquent et celui par rescrit du prince,
et c'est grâce à son autorité, jointe à celle du droit romain,
que la légitimation s'introduisit dans la législation coutumière.

Au moyen âge, les bâtards[2] étaient généralement serfs[3].
On les voit, en effet, fréquemment assujettis aux droits de
chevage, de formariage, à l'incapacité de tester pour plus
de cinq sols, et ces dispositions se trouvent même rapportées
dans le procès-verbal de la coutume de Laon, cité par Laurière[4]. Mais quoique en pensent Coquille, Laurière, d'Aguesseau, il ne semble pas que le servage était une conséquence
directe de la qualité de bâtard. Si les bâtards étaient le plus
souvent serfs, cela résultait, soit de ce que la mère était serve,
soit de ce que l'un des auteurs était serf dans les pays où l'on
suivait la règle germanique « en formariage le pire emporte
le bon », soit des abus des seigneurs, soit des mêmes coutumes locales qui asservissaient l'aubain. En principe, le bâtard issu de deux auteurs francs, était franc dans la plupart
des coutumes[5]. Beaumanoir affirme que, pour démontrer en

1. *Decret.*, *De filiis præsb.*, *cap. Si quis.* 8.

2. Bâtard est un terme générique qui comprend tous les enfants nés hors
mariage. Parmi les coutumes rédigées, les coutumes de Bretagne (art. 477)
et de Valenciennes (art. 122) seules distinguent l'enfant naturel simple de
l'enfant adultérin ou incestueux.

3. D'après d'Aguesseau (t. VII, p. 404), qui s'appuie sur un passage de
Witikind, le servage aurait été, dès Clovis, la condition commune des
bâtards.

4. *Gloss.*, V° bâtardise.

5. MM. Lefebvre, de Valroger, à leurs cours. — En sens contr. Amiable,
Rev. hist., t. X.

justice qu'on n'est pas serf, il suffit de prouver qu'on est bâtard, si les deux auteurs sont francs et même, par une exception spéciale au Beauvoisis, si la mère est serve ; il approuve
cette décision basée sur ce qu'un bâtard ne pouvant rien
recevoir de ses parents, il ne serait pas juste de leur imposer
leur condition, si elle entraînait servage [1]. Les assujettisse-
ments précités s'expliquent par le désir des seigneurs de garantir l'acquisition par eux de la succession du bâtard, et le
droit de bâtardise a son origine, non pas dans le droit de
mainmorte, ce qui impliquerait servage, mais dans le droit
de garde. Les bâtards, ne se trouvant sous la garde de personne, étaient à la garde du seigneur. « Du droit de garde
au droit de succéder, dit M. Kœnigswarter [2], il n'y a qu'un
pas. »

L'adoption définitive de la règle *partus ventrem sequitur* diminua le mombre des bâtards serfs, elle est en pleine vigueur
sous saint Louis. Le livre de Justice et de Pled s'en explique expressément ; si la mère était franche au moment de la conception ou l'a été à un moment quelconque de la gestation, l'enfant
est franc, « quar la chaitivité de la mère ne doit pas nuire à
« celi qui est en son ventre [3] ». De plus, sous l'action du roi,
les servitudes personnelles imposées au bâtard vont, dès le
treizième siècle, chaque jour en s'affaiblissant, et, lors de la
rédaction des coutumes, il jouit d'un plein état civil ; elles lui
permettent, en général, de donner, de léguer, de vendre,
d'acheter, comme s'il était légitime. Les Établissements de
saint Louis [4] paraissent les premiers constater un adoucissement dans la condition du bâtard, il peut aumôner ses meubles, et sa femme est autorisée à prendre son douaire sur sa
succession mobilière. Ce ne fut pas sans une vive résistance

1. *Coutumes de Beauvoisis*, ch. 215, tit. 2, § 16.
2. *Rev. de dr. fr. et étr.*, p. 495.
3. Ch. VIII.
4. Liv. I, ch. 97.

des seigneurs que le droit de tester fut reconnu aux bâtards ;
mais deux arrêts du Parlement de Paris, l'un de 1270 rapporté par la Thaumassière, l'autre de 1327 qui figure dans le
Stile du Parlement, validèrent les testaments des bâtards [1]. Au
quatorzième siècle, cette doctrine est à peu près admise. « Bastard, si fet testament, dit Jean des Mares [2], ce est tant seulement de meubles et conquests, car, puisqu'il ne succède, il n'a
point d'héritage. » La plupart des coutumes [3] se prononcèrent
en ce sens, et Boërius écrivait sur la coutume de Berry [4], qui
permettait au bâtard de disposer de ses biens tant entre vifs
que par testament. *Hæc consuetudo est generalis in toto re-
gno Franciæ quod bastardi possunt testari et de bonis suis
disponere.* Cependant certaines coutumes, tout en acceptant
le principe, y apportèrent des restrictions. Les coutumes d'Anjou (art. 345), du Maine (art. 355), ne laissent le bâtard disposer
que de ses meubles et de la tierce partie de ses immeubles,
et, s'il n'a point d'immeubles, de la moitié de ses meubles ;
d'après la coutume du Poitou (art. 299), il n'a à sa disposition
que le tiers de ses biens. Celle de Bretagne (art. 479) limite
la règle par rapport à l'intention du testateur qui ne doit pas
faire de legs en haine de la seigneurie à qui ses biens sont
attribués, et exclut les *avoultres*, c'est à dire les enfants
adultérins ou incestueux ; les coutumes du Hainaut (art. 85),
du Bourbonnais (art. 184), font également des réserves ; enfin
la coutume de Clermont (art. 153) se singularise en défendant complètement au bâtard de tester. Mais ce n'étaient là
que des exceptions, et Loysel a pu dire avec raison « Bastards
peuvent acquérir et disposer de leurs biens tant entre vifs
que par testament [5]. »

1. Laurière, *Gloss.*, Vᵒ bâtardise.
2. 24ᵉ décision.
3. Meaux, art. 29 ; Mantes, art. 175 : Amiens, art. 249 ; Tours, art. 321 ; Étam
pes, art. 128 ; Reims, art. 336 ; Valenciennes, art. 122, etc.
4. Art. 7, tit. Des testaments.
5. *Inst. cout.*, liv. I, tit. I, règle 42.

La liberté d'acquérir signalée par Loysel n'était au quator-zième siècle qu'une faveur accordée par le pouvoir royal. En 1329, Philippe de Valois concéda cette faculté à deux frères qui n'étaient pas nés de loyal mariage, mais ils ne devaient acheter que « cent livrées et non plus. » Dans les coutumes, il ne reste pas trace de cette incapacité, si ce n'est pour dé-clarer qu'elle n'existe plus. Les coutumes de Sens (art. 28), d'Auxerre (art. 31), de Châlons (art. 11), permettent au bâ-tard de posséder des immeubles, des fiefs, des rotures ; d'a-près la coutume du Nivernais (art. 20, tit. des fiefs), il peut tenir fief, mais il lui faut congé du seigneur féodal. Le droit de formariage avait également disparu ; les coutumes de Laon (art. 7), de Reims (art. 338), l'abolissent formellement ; quant au droit de chevage, il s'était éteint de lui-même, sauf dans le bailliage de Vermandois où, au dire de Bacquet, il était encore perçu au seizième siècle.

Le droit de bâtardise, ou droit de recueillir les biens du bâtard décédé *ab intestat*, subsista seul ; à l'origine, il ap-partenait au seigneur ; de seigneurial il se transforma en droit royal. Les bâtards affranchis se déclaraient hommes du roi pour échapper aux revendications des seigneurs et se placer sous sa protection ; cet usage s'était répandu partout, grâce à l'influence royale, et les Établissements de saint Louis le considéraient comme obligatoire : « Mais bastard ne puet faire autre seigneur que le roy en son obéissance [1]. » Il résulte d'un arrêt du Parlement rendu sous saint Louis et rapporté dans le *Recueil des Olim* [2] que, d'après la coutume de Bourges, tous les bâtards étaient hommes du roi. De là, depuis saint Louis, des contestations sur le point de savoir à qui devaient revenir, à titre de souveraineté, les succes-sions des bâtards. Par un édit de mars 1301, Philippe le Bel ordonna une enquête qui fut favorable à la royauté. On abou-

1. Liv. II. ch. 30.
2. T. I, n° 15.

lit à une transaction qui est indiquée dans le Grand Coutumier de Charles VI ; pour que les seigneurs haut justiciers
recueillent la succession, « il convient qu'il y ait trois choses
concurrentes ensemble : 1° Que les bastards ou bastardes
soyent nés en leurs terres ; 2° qu'ils y soyent demeurans ;
3° qu'ils y trespassent ; *alias non audientur* [1]. » Cette préroga-
tive royale, bien qu'elle fût généralement reconnue au quinzième siècle, ne fut jamais admise universellement. Boutei-
ler [2] semble attribuer exclusivement aux seigneurs les biens
des bâtards, et les anciennes coutumes du Bourbonnais, de
l'Anjou, du Maine, n'hésitaient pas à affirmer le droit seigneurial. La transaction mentionée par le Grand Coutumier
n'est regardée par Coquille [3] que comme une prétention de
gens du roi, bien qu'il y ait eu en 1545 un arrêt rendu en
leur faveur. Au seizième siècle, elle tend de plus en plus à
prévaloir ; elle est adoptée par un grand nombre d'auteurs [4],
et dans les coutumes qui sont muettes, elle est appliquée
comme principe de droit commun. Cependant plusieurs coutumes, lors de leur rédaction, avaient accepté les prétentions
seigneuriales. Les unes, n'envisageant que la condition du
bâtard pendant sa vie, accordent au seigneur les biens du
bâtard, s'il est né dans sa justice d'une de ses femmes, serve
de corps, et s'il y est décédé (Meaux, art. 31), ou simplement
s'il y est né (Vitry, art. 1), ou elles exigent la naissance, le
décès, la situation de ses biens dans la justice du seigneur
pour lui en adjuger la succession (Mantes, art. 177). Les
autres ne s'attachent qu'à la situation des biens ; en Ponthieu
(art. 17), ils appartiennent au seigneur sur la seigneurie duquel ils se trouvent ; en Normandie (art. 147), le seigneur a

1. Liv. I, ch. 3.
2. *Somme rurale*, liv. I, tit. 103.
3. Sur l'art. 24 du ch. 34 de la coutume du Nivernais.
4. Bacquet, *Droit de bâtardise*, ch. 14. —Loyseau, *Traité des seigneuries*,
ch. 12, n° 10.

les immeubles, le roi a les meubles. Certaines coutumes se
basent sur la qualité du seigneur ; en général, c'est le seigneur haut justicier qui succède; mais, en Bretagne (art. 473),
c'est le moyen justicier ; dans l'Anjou (art. 41), dans le Poitou (art. 299), c'est le bas justicier. D'après la coutume de
Bourgogne (art. 86), si le bâtard est revêtu de l'ordre de la
prêtrise, ses immeubles passent au roi, et ses meubles à son
évêque.

Le droit de bâtardise reçut des restrictions importantes.
On l'écarta d'abord dans le cas où le bâtard aurait laissé des
enfants légitimes, bien qu'il n'eût pas fait de testament en
leur faveur. S'il n'a à sa naissance *nec genus, nec gentem,
nec domum,* il a pu se créer une famille par le mariage, et
les enfants qui sont nés de lui sont tenus pour ses héritiers
naturels. *Item, se bastards ha enfans de loïal mariage, ou
enfans de ses enfans, etc. eux lui succèdent,* disait Jean des
Mares [1]. L'ordonnance de 1383 avait consacré ce tempérament équitable, et toutes les coutumes, à l'exception de
celle de Saint-Pol (tit. II, art. 27) s'y conformèrent, soit implicitement, soit par des dispositions expresses [2]. De plus, le
roi était exclu par le conjoint survivant. Lorsque le bâtard
avait été marié, sa femme devenue veuve pouvait, au dire de
Bouteiller [3], prendre la moitié des meubles que son mari pos-
sédait à son décès ; l'autre moitié allait au seigneur, qui devait payer les dettes du défunt, et sur cette moitié même la
femme avait un droit d'usufruit. La jurisprudence finit par
admettre l'exclusion du fisc pour le tout au profit du conjoint survivant. Enfin d'Aguesseau [4] pense que dans les cou-

---

1. Décisions, n° 24.

2. Melun, art. 300, Troyes, art. 177 ; Tours, art. 320 ; Étampes, art. 127;
Bretagne, art. 481 ; Amiens, art. 250 ; Berry, tit. 19, art. 29; Bourbonnais,
art. 186.

3. *Somme rurale,* ch. 95, p. 537 édit. Charondas le Caron.

4. *Dissertation sur les bâtards,* t. 7, pp. 448 et 449.

tumes « singulières » du Nord, qui appelaient le bâtard à la succession de sa mère et de ses parents maternels, ceux-ci venaient à sa succession par voie de réciprocité ; la coutume de Saint-Omer était formelle en ce sens. Mais, en principe, la succession du bâtard n'était dévolue ni à ses ascendants même quant aux biens par eux donnés, ni à ses collatéraux ; ils n'avaient pas plus de droits sur sa succession qu'il n'en avait sur la leur [1]. Si l'on songe qu'indépendamment de ces héritiers *ab intestat*, le bâtard avait la faculté de se donner un héritier testamentaire, il est facile de voir que le droit de bâtardise, d'abord droit absolu d'appropriation des biens du bâtard par le seigneur ou par le roi, changea de nature, et devint simplement un droit de deshérence, aussi le Nouveau Denisart au dix-huitième siècle le définit-il exactement, en disant qu'il n'est plus que « le droit de recueillir les biens qu'un bâtard laisse à sa mort, lorsqu'il n'en a point disposé, et qu'il n'a point d'héritier (en ligne descendante) capable de les recueillir [2] ».

Le bâtard n'appartient à aucune famille, ni à celle de son père, ni à celle de sa mère ; la parenté civile ne dérive que du mariage. La puissance paternelle, conséquence du mariage, n'existe pas au profit du père du bâtard ; celui-ci, tant qu'il est mineur, a besoin, pour se marier, du consentement de son tuteur et de son conseil de famille, mais nullement de celui de ses parents [3]. L'éducation est confiée, en général, à la mère, mais ce n'est pas un droit résultant d'un lien de famille, et la jurisprudence se reconnaissait toute liberté pour statuer selon l'intérêt de l'enfant [4]. Le bâtard est émancipé à quinze ans ; jusqu'à ce qu'il ait atteint cet âge, l'ad-

---

1. Brodeau sur Louet. Lettre V, n° 13.

2. V. *Bâtardise*.

3. Arrêt du Parlement de Paris du 1er février 1662 rapporté dans le *Journal des Audiences*.

4. Denisart, V. *Bâtardise*, n° 37.

ministration de son patrimoine est confiée à un tuteur nécessairement datif. Ainsi, tandis que les enfants légitimes n'étaient émancipés qu'à l'âge de vingt et un ans pour les hommes et de dix-huit ans pour les femmes, le bâtard était « hors de pain dès qu'il avait l'âge de discrétion [1]. »

Cependant, de même que certains droits résultant d'un simple fait ou d'une relation purement naturelle subsistaient en droit romain après la *minima capitis minutio*, le lien du sang qui attachait le bâtard à ses auteurs n'était pas sans effets. Il lui donne le droit de poursuivre l'assassin de ses parents, comme le pouvaient faire d'ailleurs les enfants légitimes, lors même qu'ils n'héritaient pas ; il crée des empêchements au mariage et des causes de reproche pour le témoignage en justice ; enfin il entraîne le droit aux aliments. « Qui fait l'enfant doit le nourrir », dit Loysel [2]. Cette obligation était de droit commun, quoique en général les coutumes ne se fussent pas expliquées sur ce point. La plus explicite était celle de Bretagne (art. 478) : « Si aucun avait enfans bastards jeunes et non puissans d'eux pour user de leur corps, ils doivent être pourvus sur les biens de leurs pères ou de leurs mères. » Bacquet [3] pense même que, la dot n'étant que la représentation des aliments dus, une fille bâtarde a le droit d'exiger une dot. Le père et subsidiairement la mère devaient à l'origine les aliments ; à la fin du dix-huitième siècle, la jurisprudence les répartit entre les deux parents selon leurs ressources. Les enfants adultérins ou incestueux, bien qu'en principe la faculté de recevoir de leurs père et mère toute espèce de legs leur fût refusée, avaient droit aussi à des aliments. Le droit canonique, sous l'inspiration duquel cette disposition avait été adoptée par la juris-

---

1. Laurière sur la règle 41, liv. I, tit. i, de Loysel.
2. Loysel, liv. I, tit. i, règle 41.
3. *Droit de bâtardise,* ch. V, § 31.

prudence coutumière, s'était montré moins rigoureux que le droit romain du Bas-Empire.

Les enfants naturels ne succèdent à leurs parents ni en ligne directe ni en ligne collatérale. « Bastards n'ont point de ligne », dit Bouteiller ; « Bastards ne succèdent point », dit Loysel [1]. Cette incapacité de succéder est déjà constatée par les Établissements de saint Louis [2] ; par Beaumanoir [3] : « Bien sacent tuil cil qui sont bastarts..... qu'ils n'ont droit en nul descendement » ; par le Grand Coutumier de Normandie [4] : « Bastard ne peut être héritier d'aulcun héritage » ; et un grand nombre de coutumes contiennent cette règle [5]. De cette incapacité découlent deux conséquences ; la première, c'est qu'elle entraîne celle d'exercer le retrait lignager [6] ; la seconde, c'est que sa naissance ne porte pas atteinte aux donations faites par son père. Il y avait plusieurs dérogations au principe. La première était générale dans le royaume. Le bâtard, qui n'avait pas de famille en remontant, pouvait en avoir une en descendant ; il venait à la succession de ses enfants légitimes [7]. Certaines restrictions se trouvaient dans la coutume de Senlis (art. 172), qui n'appelait le bâtard qu'aux meubles et acquêts, et dans la coutume d'Auxerre (art. 32), qui ne lui allouait les propres qu'à défaut de collatéraux. La seconde était toute locale ; quelques coutumes du Nord permettaient au bâtard de succéder à sa mère. Déjà les Assises de Jérusalem [8] portaient que les bâtards succédaient à leur mère, qu'elle eût des enfants légitimes ou qu'elle n'en

---

1. Liv. I, tit. 1, règle 45.

2. Liv. I, ch. 98.

3. Coutumes de Beauvoisis, ch. 18, n° 19.

4. Ch. 27.

5. Melun, art. 297 et 301 ; Bretagne, art. 476 ; Blois, art. 146 ; Normandie, art. 147 et 175 ; Bourbonnais, art. 185 ; Paris, art. 158, etc.

6. Coquille, *Cout. du Nivernais*, retr. lig. § 1.

7. Troyes, art. 117 ; Mantes art. 178, Nivernais, ch. 34, art. 22, etc.

8. Cour des Bourgeois, ch. 60, p. 285.

eût pas, qu'ils fussent simplement naturels ou adultérins ; même à cette époque c'était une disposition exceptionnelle. Parmi les coutumes du Nord, les unes avaient pris pour maxime que « nul n'est bastard de par sa mère », et, comme la coutume de Valenciennes (art. 121), faisaient concourir l'enfant naturel simple avec les enfants légitimes dans la succession de la mère et des parents maternels ; selon les autres, comme la coutume d'Aire (tit. Ier, art. 9), il ne succédait qu'à défaut d'enfants légitimes ; d'autres, comme la coutume de Saint-Omer, ne décidaient pas s'il pouvait y avoir concours, mais il résultait de leur esprit qu'elles l'admettaient [1]. Dans les pays de droit écrit, les parlements de Bordeaux, de Toulouse et d'Aix repoussaient la règle romaine ; au contraire, le Parlement de Grenoble l'appliquait [2]. Enfin, en troisième lieu, si le bâtard était marié, la jurisprudence, dans le silence des coutumes, l'appelait, au détriment du fisc, à la succession de son époux prédécédé en imitation de la *bonorum possessio unde vir et uxor* du droit romain.

Cette incapacité de succéder eût été facilement éludée, s'il eût été permis de faire en faveur des bâtards des dispositions universelles ; il y eut toutefois, quant à la mesure des donations et des legs qu'il était possible de leur faire, de grandes divergences. Les Assises de Jérusalem [3] autorisent le père des enfants naturels à disposer en leur faveur de toute sa fortune, s'il n'a ni enfants légitimes, ni père, ni mère ; mais s'il a son père ou sa mère ou des enfants légitimes, il ne peut, sans leur assentiment, rien laisser à ses enfants naturels ; cette disposition contient un mélange de principes romains et de principes germaniques. « Len doibt savoir, dit le Grand Coutumier de Normandie [4], que aulcun ne peut donner à son

---

1. D'Aguesseau. *Dissertation sur les bâtards*, p. 426.
2. Henrys. *OEuvres complètes*, liv. VI, ch. iii, quest. 7.
3. Cour des Bourgeois, ch. 78, p. 119.
4. Ch. 36.

filz bastard aucune chose de son héritage ne vendre né engai-
ger ne mettre en aulcune manière à sa main que les hoirs ne
puissent rappeler dedans l'an et jour que le père sera mort. »
D'après Beaumanoir [1], le père et la mère n'ayant pas d'enfants
légitimes peuvent disposer en faveur de leurs bâtards comme
en faveur d'étrangers de leurs meubles, de leurs conquêts et
du quint de leurs propres ; mais, en présence d'enfants légitimes, ils ne peuvent recevoir que des aliments. Guy Coquille [2]
pense également qu'à défaut d'enfants légitimes « il est loisible aux père et mère de donner à leurs bastards tant qu'ils
voudront de leurs biens, selon que la coutume permet à toutes
autres personnes ». Loysel [3] est plus rigoureux : « M⁰ Martin
Doublé tenait que bastards ne pourraient recevoir legs ni
de père ni de mère. Ce qui se doit entendre de legs excédant
leur nourriture. » D'après Dumoulin [4], la maxime générale de
la jurisprudence était, de son temps, que le bâtard *non est in-
capax donationis vel legati particularis, non infraudem.* Mais
le Parlement de Paris s'écarta de cette règle pendant un temps
considérable et reconnut que les père et mère avaient le droit
de faire à leurs bâtards comme à des étrangers toutes donations et tous legs universels [5] ; cependant, s'il existait des
enfants légitimes, le bâtard ne pouvait pas être plus avantagé
que le moindre des enfants légitimes. Au milieu du dix-
septième siècle un nouveau revirement se produisit dans
la jurisprudence ; selon Ricard, c'est en 1656 qu'intervint le
premier arrêt du Parlement de Paris déclarant les bâtards
incapables de recevoir à titre universel. Cette incapacité, admise par d'Aguesseau [6], est considérée comme certaine par

1. Coutumes de Beauvoisis, ch. 18, n° 20.
2. Sur l'art. 24, du ch. 34, de la coutume du Nivernais.
3. *Instit. coutumières,* liv. I, tit. i, règle 43.
4. Sur l'art. 12, de la coutume de Lille, ch. I.
5. Arrêts du Parlement de Paris des 17 mars 1854, 6 mars 1648, cités par
Ricard, *Des don. par.* I, ch. iii, sect. 8.
6. P. 431, *op. cit.*

Pothier [1] et par les auteurs du Nouveau Denisart [2]. Certaines coutumes avaient des dispositions spéciales. La coutume de Melun (art. 198) prohibait les donations et les legs immodérés ; celle du Poitou (art. 297) n'accordait au bâtard qu'une pension alimentaire ; celle de Normandie (art. 447) excluait les donations d'immeubles ; les coutumes d'Anjou (art. 345) et du Maine (art. 357) interdisaient toute disposition testamentaire en sa faveur, mais permettaient de l'avantager par donation. La prohibition n'existait qu'à l'égard du père et de la mère ; les étrangers, comme les parents du père et de la mère, pouvaient lui faire toute espèce de libéralités. Quant à l'aïeul, il y eut controverse. D'Argentré [3], Ricard, Lebrun, soutenaient qu'il devait être compris dans la prohibition ; d'après d'Aguesseau [4], l'opinion contraire était la plus universellement reçue. La jurisprudence qui était d'abord de ce ce dernier avis changea au dix-huitième siècle, et le Parlement de Paris, dans un arrêt du 19 février 1731, rapporté par Merlin [5], décida que cette incapacité s'étendait à l'aïeul.

Le bâtard, quoique citoyen, a une certaine infériorité sociale ; il ne peut entrer dans les ordres sacrés, ce qui lui ferme l'accès aux bénéfices. Mais, dans la société laïque, la tache de sa naissance ne le faisait pas exclure des offices et dignités. La question avait été discutée. « Nous voyons en France, dit Bacquet [6], que les bastards, encores qu'ils ne soient légitimés par le Roy, tiennent tous estats et offices royaux tant de judicature, des armes, des finances, qu'autres. » Pasquier au seizième siècle, Denisart au dix-huitième admettent également qu'il peut les occuper. Les partisans de cette opinion s'appuient sur le droit romain et sur le silence des coutumes qui ne contien-

---

1. *Traité des personnes et des choses,* n° 116.
2. V. *Bâtard,* n° 6, § 4.
3. Sur l'art. 266 de la coutume de Bretagne.
4. P. 434, *loc. cit.*
5. V. *Bâtard,* sect. I, n° 4.
6. *Droit de bâtardise,* part. I, ch. II, § 5.

nent aucune interdiction à cet égard. Chopin [1], d'Aguesseau et d'autres auteurs, qui invoquent l'autorité du droit canonique, se prononcent, au contraire, pour l'inadmission du bâtard aux offices, mais leur opinion ne prévalut pas.

Le bâtard avait le droit de porter le nom de celui de ses parents vis-à-vis duquel sa filiation était constatée ; si elle l'était vis-à-vis de ses deux auteurs, il prenait le nom de son père, et même malgré lui, si la constatation de la paternité avait été judiciaire ; mais il n'héritait pas de la noblesse paternelle. A l'origine, la condition des bâtards des rois et des princes était la même que celle des enfants légitimes, et nous voyons dans l'histoire des bâtards succéder au trône de France [2]. Ce fut Hugues Capet qui, d'après Bacquet [3] et Brodeau [4], exclut le premier les bâtards de la succession du royaume, et les princes imitèrent l'exemple royal ; mais les bâtards des personnes nobles continuèrent à jouir du privilège de la noblesse [5]. « Bastard avoué, dit Loysel [6], retenait le nom et la noblesse de la maison de son père avec les armes d'icelle barrées à gauche. Mais, par l'ordonnance du roi Henri le Grand, il leur faut lettres. » En effet, Henri IV abolit l'ancienne règle qui avait été consacrée par un arrêt de la Cour des Aides de 1597, et obligea ces bâtards à payer la taille comme les roturiers ; dans un édit de mars 1600 (art. 26, il décida que les bâtards, quoique issus de pères nobles, n'auraient pas le titre et la qualité de gentilshommes, s'ils n'ob-

1. *Traité du domaine*, liv. II, tit. ɪ, n° 12.

2. Thierry, fils naturel de Clovis Ier ; Louis et Carloman, fils naturels de Louis le Bègue.

3 *Droit de bâtardise*, ch. 3. L'opinion de Bacquet est, d'ailleurs, contestable ; la défense faite, selon lui, par Hugues Capet au bâtard de porter l'armoirie, « tant fût-elle barrée », suffit à la rendre discutable.

4. Brodeau sur Louet, Lettre D, n° 1.

5. Voir cependant les coutumes de Tours (art. 320) ; d'Anjou (art. 344) ; du Maine (art. 350).

6. *Inst. cout.*, liv. I, tit. ɪ, règle 44.

tenaient des lettres d'anoblissement « fondées sur quelques grandes considérations de leur mérite ou de leurs pères, et vérifiées où il appartient. » Cet édit fut confirmé par l'ordonnance de janvier 1629, article 197, qui les contraignit à porter une barre dans leurs armes de famille, et à ne prendre le nom paternel ou maternel qu'avec le consentement des intéressés. Les bâtards des grands seigneurs prétendirent ne pas être atteints par les ordonnances, qui ne parlaient que des gentilshommes ; ceux des rois étaient princes, ceux des princes étaient gentilshommes. Une coutume faisait exception au principe, c'était celle d'Artois dont l'article 201 était ainsi conçu : « Baslards issus de noble génération de par père, et leurs enfants, sont réputez nobles, et jouissans du privilège de noblesse en toutes choses. »

En somme, dans le dernier état du droit coutumier, la condition du bâtard s'était notablement améliorée. C'était là un grand progrès, constaté avec orgueil par d'Aguesseau ; il était dû à l'adoucissement progressif des mœurs et à une notion plus large, plus morale des rapports du bâtard avec la famille et avec l'État. Lui refuser la libre disposition de ses biens, restreindre sa personnalité juridique dans des limites étroites dont elle ne pouvait sortir, c'était le rendre responsable d'une faute dont il n'était pas coupable, aussi est-ce à ses parents que la jurisprudence coutumière finit par s'attaquer légitimement, en les frappant dans leur affection par l'interdiction de transmettre à leur enfant la fortune et la noblesse, et la protection due au mariage suffit à justifier les incapacités dont il était l'objet et qu'il subit encore pour partie aujourd'hui.

Ce rapide examen de la situation faite au bâtard dans l'ancien droit était utile pour mieux faire ressortir quels étaient les bienfaits de la légitimation. Celle-ci toutefois ne s'est introduite en France qu'assez tard ; en effet, le Code Théodosien, suivi par l'Église gallicane, ne contenait pas les lois de

Zénon et de Justinien sur cette matière. Au douzième siècle,
de nouvelles idées juridiques se font jour par suite de la renaissance du droit romain ; les lois romaines sur la légitimation sont transcrites par Yves de Chartres. Le droit canonique en adopte l'esprit ; le pape Alexandre III dans une décrétale
de l'an 1172 déclare que le mariage légitime les enfants naturels nés auparavant, et, d'après une autre décrétale de l'an 1190,
l'enfant légitimé par mariage subséquent est assimilé à
l'enfant né légitime. C'est au treizième siècle que ce mode
de légitimation apparaît en France par l'autorité du droit
canonique et du droit romain ; il en est déjà traité par
Beaumanoir et dans le Livre de Justice et de Pled. Une autre espèce de légitimation, moins parfaite dans ses effets,
était admise par le droit coutumier ; c'était la légitimation
par lettres patentes du roi vérifiées en la Chambre des comptes ;
elle ne date que du quatorzième siècle. Naturellement il n'est
plus question de l'oblation à la curie qui avait disparu avec
la curie et les causes qui l'avaient engendrée ; quant à l'a-
doption déjà supprimée par l'empereur Justin comme mode
de légitimation, elle ne renaît pas au moyen âge. On a voulu
voir une troisième espèce de légitimation dans le fait par le
père naturel d'assister au contrat de mariage de son fils naturel, de lui donner le nom de fils, et de lui faire par ledit
contrat quelques libéralités ; mais ce n'était là qu'un dol,
donnant lieu au profit de la femme ou des enfants légitimes
du bâtard à un recours en dommages et intérêts contre le
père naturel[1]. Suivant Denisart, la bonne foi de l'un des
époux, qui croit valable un mariage nul, serait une cause de
légitimation des enfants issus de ce mariage ; mais cet auteur
se contredit aussitôt en ajoutant avec raison: « A proprement parler, ces enfants ne sont point bâtards et n'ont pas
besoin d'être légitimés[2]. »

1. Bacquet, *Droit de bâtardise*, ch. 12.
2. Denisart, V. *Légitimation*.

Les coutumes étaient muettes ou très brèves sur ce qui était relatif à la légitimation ; la seconde coutume de Paris ne contenait aucun article sur ce sujet. Les unes ne parlaient que de la légitimation en général, mais leurs dispositions indiquaient suffisamment qu'elles s'appliquaient seulement à la légitimation par mariage subséquent, comme dans la coutume de Melun (art. 197), ou à la légitimation par lettres, comme dans les coutumes de Lille (art. 13), de Calais (art. 135) ; les autres, comme les coutumes de Troyes (art. 108), de Bar (art. 31), traitaient expressément de la légitimation par mariage subséquent, ou, comme la coutume de Normandie (art. 147), de la légimation par lettres ; d'autres enfin, comme les coutumes d'Auxerre (art. 33), de Sens (art. 31), visaient les deux modes de légitimation tout en semblant confondre leurs résultats.

Le silence ou la brièveté des coutumes s'explique par ce motif que, bien que les décrétales ne fussent pas obligatoires, leurs règles étaient principalement observées à cause de leur équité. La base de l'ancien droit sur la légitimation était le droit canonique ; il avait servi à former une sorte de droit commun auquel on se reportait en l'absence de dispositions écrites, et l'ancienne législation était arrivée, en cette matière, à une uniformité presque complète.

Le droit canonique avait, à l'origine, un grand domaine d'application ; la cour d'Église pouvait être compétente, soit à raison de la personne de l'une des parties en cause, les clercs, par exemple, qui étaient exempts du for séculier, soit à raison de la nature de la demande ; or sa juridiction s'étendait à toutes les causes se rattachant au for spirituel et notamment au mariage et aux questions de légitimité ou d'illégitimité des enfants [1]. Mais l'autorité ecclésiastique, ébranlée par les appels comme d'abus, diminua peu à peu devant l'au-

1. Voir, sur la compétence des officialités, l'ouvrage de M. Fournier : *Les officialités*, p. 64.

torité royale, et fut contrainte d'abandonner une partie de sa compétence, spécialement dans les causes accessoires du mariage. Beaumanoir nous apprend que déjà, en Beauvoisis, la cour féodale était compétente, si la question de légitimité était préjudicielle à un procès touchant la succession à un fief. Bacquet[1] affirme que les contestations sur la légitimation des bâtards, étant incidentes à des actions en pétition d'hérédité qui relèvent des lois civiles, sont de la compétence des juges laïques, « combien que suivant la disposition du droit canon on tient que *causa natalium* qui est de filiation et légitimation se doit premièrement porter par-devant juge d'Église ». C'était l'opinion générale. D'Aguesseau disait plus tard : « Les questions de légitimité doivent, suivant le droit canonique, se porter devant les juges d'Église, quoiqu'elles soient incidentes à des questions de succession. Mais cette disposition n'a point d'authenticité parmi nous, où les questions de légitimité sont regardées comme purement civiles. [2] Pothier[3] reconnaît également que les décrétales n'ont aucune autorité en France, « surtout sur une matière telle que la légitimation des enfants qui appartient à l'ordre politique, et n'est en aucune manière de la compétence ecclésiastique » ; mais il ajoute : « L'équité et la faveur que ces principes renferment nous les ont fait embrasser. »

1. *Droit de bâtardise,* ch. 9.
2. *Dissert. sur les bâtards*, p. 405.
3. *Contr. de mar.*, n° 412.

CHAPITRE II

« Quant uns hons, dit Beaumanoir [1], a compaignie à une fame hors le mariage, et il l'espouse après el tans qu'elle est grosse, li enfez qu'elle a el ventre devient loiax par la vertu du mariage. ». Et, dans le même chapitre, il spécifie les formes et les effets de cette légitimation. « Chil qui né sont fors bastards tout seulement pueuvent estre fait loïal hoir par estre mis sous le poile à l'espouser, et ensuite, se li enfans sont mis dessous le drap, lequel drap est accoutumé de mettre sur chaux qui se marient solemnellement en sainte église, sont loïal puisque il i sont mis avec le père et la mère le mariage fesant, et puis lors ne sont pas li enfant bastard. » Loysel s'exprime ainsi : « Enfants nés avant le mariage, mis sous le poile, sont légitimés [2]. »

La première condition, pour que la légitimation par mariage subséquent soit possible, résulte du passage de Beaumanoir ; il faut que l'enfant soit simplement naturel, c'est-à-dire qu'il soit issu de parents qui, lors de la cohabitation, pouvaient licitement contracter mariage, n'étant liés ni par le mariage ni par des vœux de religion ni par les ordres sa-

1. Coutumes de Beauvoisis, ch. 18.
2. *Instit. cout.*, liv, I, tit. I, règ. 40

crés autres que la cléricature. La coutume de Troyes (art. 108) avait une disposition formelle. « Les enfants, nés hors le mariage de *soluto et soluta,* puis que le père et la mère s'épousent l'un l'autre, succèdent et viennent à partage avec les autres enfants, si aucuns il y a. » Il en était de même de la coutume de Sens (art. 92). Coquille cependant semble ne pas accorder le bienfait de la légitimation à tous les enfants naturels simples ; par un souvenir du concubinat romain, il exige que les concubins aient vécu comme mari et femme et n'admet pas la légitimation des enfants nés d'une prostituée [1]. « Je croy, dit-il dans ses questions, que le subséquent mariage ne ferait pas légitime l'enfant né durant la paillardise. » Cette opinion n'est pas exacte en principe ; en fait, elle contient une idée vraie ; l'enfant né d'une prostituée n'a pas le plus souvent de père connu, et, sa filiation n'étant pas certaine, il ne pourra être légitimé.

Le bénéfice de la légitimation était donc refusé aux enfants adultérins qui, selon Lebrun, sont « l'opprobre de la famille », et à ceux issus de prêtres, car ils sont assimilés aux enfants adultérins. Plusieurs arrêts avaient été rendus en ce sens ; Brodeau sur Louet en rapporte un du Parlement de Grenoble du 16 janvier 1669, et Lebrun cite un arrêt du Parlement d'Aix du 6 juin 1676. Il en était de même des enfants incestueux. Telle était également la disposition du droit canonique [2]. Cette décision était à la fois conforme à la morale et à la logique ; en effet la légitimation reposait sur cette fiction (à laquelle il ne faut pas d'ailleurs attacher une trop grande importance), à savoir que lors de leur commerce les parents avaient eu l'intention de s'unir par le mariage et que le concubinage n'avait été qu'une anticipation du mariage ; or cette intention n'avait pu exister que si aucun empêchement irrémédiable ne s'opposait au mariage.

1. Cout. de Nivernais, ch. IV, art. 20.
2. *Corp. jur. canon.* lib. IV. tit. XVII, cap. 6.

Mais à quelle époque devait-on se placer pour déterminer la condition du bâtard? D'après Lebrun[1], il fallait avoir égard au temps qui lui était le plus favorable et considérer soit le temps de la conception, soit le temps de la naissance, soit le temps intermédiaire entre la conception et la naissance ; si à un moment quelconque de la grossesse les parents n'avaient pas été mariés l'un et l'autre, l'enfant n'était pas adultérin. Plusieurs canonistes, Molina, Fachinæus, invoquant la règle romaine qui déclarait ingénu l'enfant né d'une mère esclave lors de la conception et devenue libre lors de la naissance, décidaient que, si les parents mariés lors de la conception étaient libres lors de la naissance, l'enfant était naturel simple. Cependant l'opinion suivie par la majorité des civilistes et par le Parlement de Paris était que l'on devait envisager uniquement l'époque de la conception. Tel était l'avis de Bacquet : « Si, lorsque la mère conceut, le père estait encores marié à sa première femme, combien qu'il fust veü auparavant la naissance, etc. », l'enfant est adultérin[2]. Tel était celui de Ferrière[3], de Furgole[4], de Pothier[5]. La loi 5 au *Dig. de statu hominum*, sur laquelle s'appuie Lebrun, n'était pas susceptible d'être invoquée par analogie ; elle était relative à l'enfant né d'une femme esclave et n'avait d'autre but que de résoudre équitablement contre l'esclavage une hypothèse délicate. Mais, dans l'espèce, ainsi que le remarque Pothier, c'est la qualité du commerce charnel dont est né l'enfant qui doit être examinée, car c'est d'elle que dépendent l'étendue de la faute et la qualification à donner à cet enfant ; or, c'est la conception seule qui crée l'adultère ou l'inceste, et non la naissance, laquelle n'en est que la

---

1. *Des successions*, liv. I, ch. II, sect. 1, *Distinct.* I.
2. *Droit de bâtardise*, ch. 9.
3. Introduction à la pratique.
4. *Traité des testaments*, ch. VI, sect. 2, n° 181.
5. *Contrat de mariage*, n° 417.

conséquence et ne peut en effacer la tache. De ce que l'é-
poque de la conception est celle qui fixe la condition de l'enfant, il résulte que l'enfant conçu avant et né après le mariage de ses père et mère, est légitimé et non légitime ; si la
conception est adultérine ou incestueuse, l'enfant est adultérin ou incestueux, bien que sa naissance ait été précédée du
mariage de ses parents. Merlin [1] cite plusieurs arrêts rendus
en ce sens dans le dernier état du droit.

Si l'empêchement au mariage résultait soit de l'impuberté,
soit du défaut de consentement des parents, soit de la différence de religion, les concubins pouvaient par un mariage
contracté postérieurement d'une manière régulière légitimer
leurs enfants. Il en était autrement si, lors de leurs relations,
il existait entre eux un lien de parenté à un degré prohibé
pour le mariage, puisque l'obstacle au mariage subsistait
toujours. Toutefois, cet empêchement pouvait être levé dans
certains cas, au moyen d'une dispense, et l'on s'est demandé
si l'enfant né de relations incestueuses était légitimé par le
mariage de ses parents contracté grâce à une dispense. Certains canonistes soutenaient l'affirmative, se référant uniquement
ment à la dispense de la Cour de Rome qui portait ordinairement une clause spéciale autorisant la légitimation. Mais
cette clause était abusive et ne produisait en France d'autre
effet que de permettre au bâtard d'entrer dans les ordres sacrés et de posséder des bénéfices. *In terris ecclesiæ papa potest liberos illegitimos legitimare ; in terris vero alienis non,
nisi ex causis multum arduis, vel nisi spiritualibus* [2]. Le texte
de la décrétale du pape Alexandre III, *tanta est vis sacra-
menti* prêtait à la discussion ; il est ainsi conçu : *Si autem
vir vivente uxore sua aliam cognoverit et ex ea prolem susce-
perit, licet post mortem uxoris emdem duxerit, nihilominus
spurius erit... quoniam matrimonium inter se contrahere*

1. Merlin. V. légitimation, p. 270.
2. *Corp. juris canon.*, lib. IV, tit. XVII, cap. 13.

non potuerunt. Selon quelques civilistes, le mariage, en l'espèce, emportait légitimation, parce que la décrétale ne visait que le cas où le mariage était absolument impossible, or à l'époque de la conception il était possible sauf dispense, et la dispense, survenue plus tard, faisait disparaître le caractère incestueux des premières relations[1]. D'autres argumentaient des derniers mots de la décrétale, omis dans la collection grégorienne et rapportés par Pothier d'après d'anciennes compliations, bien qu'ils ne parussent concerner que les enfants adultérins, et, généralisant par une extension trop grande cette exception, ils déclaraient que la tache de la naissance imprimée à l'enfant était indélébile et que le crime commis ne pouvait être effacé par un événement postérieur[2].

Les Parlements, ainsi que la majorité des jurisconsultes, acceptaient ou repoussaient la légitimation selon les cas et le degré de parenté. Le droit canonique défendait le mariage entre parents jusqu'au quatrième degré canonique, c'est-à-dire, selon le mode actuel de computation, au huitième degré. Toutefois, parmi ces empêchements, les uns n'étaient pas l'objet de dispenses ; les autres l'étaient après examen, *cognita causa* ; d'autres étaient levés dès qu'une dispense était demandée. Les Parlements finirent par tenir pour nuls les empêchements pour lesquels l'Église octroyait des dispenses *sine inquisitione*, et admirent que le mariage légitimait les enfants issus de ces relations simplement irrégulières. Mais ni la jurisprudence ni les auteurs n'ont précisé ces différentes sortes d'empêchements. Pothier[3] se prononce pour la légitimation si la dispense est facile à obtenir, par exemple lorsqu'il s'agit de cousins. Les Parlements décident en fait ; si l'enfant est né de beau-frère et belle-sœur, ils lui

---

1. Lebrun, liv. I, ch. II, sec. 1,
2. Furgole, ch. VI, sect. II.
3. *Contr. de mariag.*, part. no 181. V, ch. II, no 414.

refusent la légitimation (arrêt du 11 décembre 1664) ; s'il est né de cousins, ils la lui accordent (arrêt des 12 mai 1665, 20 août 1711) [1].

L'engagement dans les ordres sacrés ou la profession de vœux solennels de religion fut, à partir du douzième siècle, un empêchement dirimant au mariage ; mais le prêtre ou le religieux qui voulait se marier pouvait se faire relever de ses vœux par le pape. La permission de l'Église ne lui rendait pas la vie civile ; il ne la recouvrait que par l'autorisation du roi, et encore si son mariage devenait légal il ne produisait aucun effet civil. Aussi, bien que quelques doutes aient été soulevés sur ce point par les canonistes, il est certain que ce mariage n'avait pas la force de légitimer le bâtard né avant sa célébration, lequel d'ailleurs était considéré comme adultérin. Il en était autrement si le bâtard était issu d'un simple clerc ou d'une religieuse novice. Le clerc, fût-il pourvu d'un bénéfice, était capable de contracter mariage aussi bien que la religieuse novice lors du commerce charnel dont l'enfant est né, mais il perdait son bénéfice en se mariant ; la profession solennelle seule créait l'incapacité [2].

Les enfants conçus sur la foi d'un mariage dont l'une des parties ignorait la nullité sont légitimes. Telle était la disposition du chapitre XIV aux Décrétales, titre : *Qui filii sint legitimi*, appliquée par les civilistes et par la jurisprudence. *Si conjugatus vivente prima in facie Ecclesiæ contrahit cum secunda, hoc ignorante, legitima erit eorum proles.* En effet, « l'on remarque moins ce que les enfants sont que ce que les parents auraient voulu qu'ils fussent [3]. » Mais si un homme marié a des relations avec une femme qui croit vivre simplement en concubinage et non entretenir un commerce adul-

---

1. Merlin, *Rép.*, V. légitimation, sect. II, §, 2, n°9. — Denisart, V. Légitimation.

2. Pothier, *Contr. de mariag.*, n° 414.

3. D'Aguesseau, 47e plaidoyer, *aff. Fiorelli*, t. IV, p. 280.

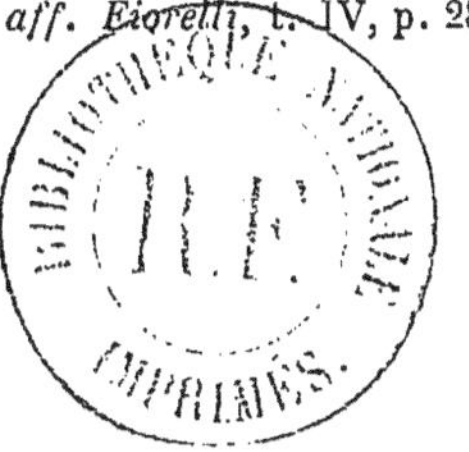

térin, le mariage survenu après le décès de la femme légitime du concubin aura-t-il pour effet de légitimer les enfants issus de cette union illicite ? Le droit romain comme le droit canonique et les coutumes de Troyes et de Sens refusent la légitimation à l'enfant conçu *ex conjugato et soluta* ou réciproquement ; un texte formel pourrait seul donner à la bonne foi la force de légitimer l'adultère. Or, la difficulté venait précisément du texte du droit canonique cité plus haut qui, d'après Antoine de Rosselio, Louis de Surdis, aurait compris notre hypothèse parce que, si le mariage eût été contracté à l'époque de la conception de l'enfant, il eût à raison de la bonne foi rendu cet enfant légitime. L'analogie cependant n'existe pas ; dans le premier cas, la femme est innocente, et sa cause est favorable, car il y a eu intention de créer des enfants légitimes ; dans le second, elle est coupable parce que, si elle croit ne pas commettre un adultère, elle sait du moins qu'elle commet un acte illicite. Barthole disait avec raison : *Quandocumque coïtus fit sine colore matrimonii, tunc indistincte punitur, secundum illud quod est in veritate, non secundum id quod putabat, quoniam dabat ab initio operam rei illicitæ.* Tel était aussi l'avis du cardinal de Palerme : *Quia contrahens matrimonium dat operam rei licitæ, ideo ignorantia sua excusatur ; sed admittens virum sine matrimonio dat operam rei illicitæ ; ideo ignorantia sua non est probabilis, nec debet inde consequi præmium, et danti operam rei illicitæ imputantur omnia quæ sequuntur præter voluntatem suam.* La décision du droit canonique relative aux enfants nés d'un mariage putatif constituait un privilège, lequel n'était pas susceptible d'extension. Le Parlement de Paris adopta cette opinion dans l'affaire Fiorelli sur les conclusions de d'Aguesseau, le 4 juin 1697, et Pothier cite dans le même sens l'arrêt Jean Maillard du 15 mars 1674 [1].

______

1. *Contr. de mariag.*, n° 419.

Les descendants d'un enfant naturel décédé étaient-ils légitimés par le mariage de leurs aïeul et aïeule naturels ? La majorité des auteurs, Barthole, Pothier [1], Lebrun [2], Tiraqueau [3] se prononçaient pour l'affirmative ; ils s'appuyaient par analogie sur ce qu'en droit romain un homme qui n'avait pas de fils pouvait adopter un enfant en qualité de petit-fils. Le caractère illicite des relations primitives disparaît par suite du mariage contracté postérieurement ; le vice de la naissance de l'enfant naturel est purgé par ce mariage, et sés enfants doivent être également considérés comme les descendants légitimes de leurs aïeul et aïeule. La légitimation est une faveur accordée non seulement aux enfants nés de l'union que les parties ont eue avant leur mariage, mais encore à tous ceux qui en sont descendus. Le contraire était soutenu par Chasseneux, par Balde, qui prétendaient que le fils n'ayant pas joui de la faveur de la légitimation, les petits-fils venaient par un milieu inhabile. Nous supposons légitimes les enfants du bâtard décédé, car s'ils étaient eux-mêmes bâtards, il ne saurait être question de légitimation, puisque aucun lien civil ne les unit aux auteurs de leur père, même si leur filiation est prouvée à l'égard de ce dernier.

Le père d'un enfant naturel contracte un premier mariage, lequel est dissous par la mort de sa femme, et ensuite il épouse sa concubine de laquelle il a eu cet enfant, le second mariage légitime-t-il le bâtard ? Le doute venait de ce qu'on faisait reposer la légitimation sur cette fiction que le mariage était censé avoir été célébré lors de la conception de l'enfant, or le mariage intermédiaire rendait la fiction impossible. Mais Pothier fait remarquer que la fiction de cette rétrogradation n'est pas absolument nécessaire [4] ; le mariage inter-

---

1. *Contr. de mariag.* n° 413.
2. *Des successions*, liv. I, ch. II, sect. 1, *Distinct*. I.
3. *Droit d'aînesse*, quest. 34, nomb. 64.
4. *Contr. de mariag.*, n° 421.

venu avec une autre personne dans le temps intermédiaire
n'empêche pas de présumer, et cette présomption est suffisante, que les parties ont eu le dessein, à l'époque de la
conception, de ratifier leur commerce, dessein que l'une
d'elles a d'abord abandonné, mais qu'elles ont ensuite
exécuté.

Beaumanoir et Loysel nous apprennent que le mariage
était accompagné d'une cérémonie qui était probablement de
leur temps une condition nécessaire pour la validité de la légitimation. Les enfants naturels étaient mis sous le poêle en
même temps que leurs parents, et cela, d'après Laurière,
pour deux raisons : la première purement religieuse, c'était
afin de les faire participer aux prières du prêtre ; la seconde
juridique, c'était afin qu'on ne pût contester leur état rendu
public par cette cérémonie; en d'autres termes, c'était une
sorte d'aveu public de leur filiation et un témoignage de leur
changement d'état. Au dix-septième siècle, cette formalité
tombait en désuétude, et en 1697, dans un procès où l'on
invoquait son inaccomplissement, d'Aguesseau [1] répondait
« que quoique cet usage soit fort ancien en France, quoiqu'il
s'observe presque partout, on ne peut pas dire que son omission puisse donner atteinte à l'état des enfants ». Au temps
de Pothier, elle n'était certainement plus obligatoire : « Cette
cérémonie, dit-il, est une reconnaissance solennelle que les
parties contractantes font de ces enfants, mais qui n'est pas
nécessaire lorsqu'elles les ont reconnus pour leurs enfants,
de quelque autre manière que ce soit, soit avant, soit depuis
leur mariage, et en un mot, lorsque ces enfants peuvent, de
quelque manière que ce soit, justifier leur état [2]. » Il ressort
de cette phrase de Pothier, que la reconnaissance de l'enfant
ne devait pas forcément, à la différence de la règle actuelle,
précéder ou accompagner le mariage. Pour profiter du ma-

1. 47e plaidoyer, t. IV.
2. *Contr. de mariag.*, n° 422.

riage de ses parents quant à la légitimation, il fallait que
la filiation de l'enfant fût certaine ; mais il pouvait, même à
l'égard du père, la prouver à toute époque et par quelque
moyen que ce fût. Toutefois l'aveu des parents était souvent
concomitant au mariage et se trouvait consigné soit en
marge du registre où s'écrit l'acte de célébration, soit dans
le corps même de cet acte, soit dans le contrat de mariage
ou dans un acte spécial annexé à la minute du contrat. Quelquefois il était antérieur au mariage, mais cette hypothèse
était plus rare, car il eût imprimé à l'enfant la tache de la
bâtardise avec toutes les incapacités qui en dérivaient et notamment celle de recevoir de son père des libéralités, la reconnaissance telle que nous la concevons aujourd'hui
n'existant pas dans l'ancien droit ; mais au cas de mariage de
ses père et mère, le bâtard avait le droit de se prévaloir de la
consignation de l'aveu soit dans son acte de baptême, soit
dans tout autre écrit judiciaire ou extrajudiciaire, authentique ou sous seing privé.

La légitimation était subordonnée par les civilistes à la
réalisation d'une troisième condition : bien qu'en règle générale un contrat de mariage ne fût pas essentiel au mariage,
il devait en être dressé un pour que le mariage légitimât les
bâtards. Le contrat de mariage était exigé comme preuve de
ce que le père naturel n'avait consenti à son mariage qu'à
bon escient. Cette formalité avait son origine dans le droit
romain, lequel, selon beaucoup d'interprètes, aurait prescrit
la rédaction d'un *instrumentum dotale*. Bacquet [1], Chopin
le regardaient comme nécessaire, et la jurisprudence était
conforme à cette opinion ; Chopin dans son *Commentaire* sur
la coutume d'Anjou rapporte en ce sens un arrêt du
23 août 1577 [2]. D'après le droit canonique, le contrat de mariage n'était pas requis ; en effet l'intervention du clergé

1. *Droit de bâtardise*, ch. 9.
2. Liv. II, art. 41, nomb. 7.

semblait aux canonistes une garantie suffisante de la régularité du mariage et de la validité du consentement. L'observation de cette condition n'est plus obligatoire au dix-septième siècle ; Lebrun n'en parle que comme d'un ancien usage.
Lorsque l'ordonnance de 1639 eut enlevé aux mariages clan-
destins ou *in extremis* la force de légitimer, la nécessité d'un
contrat de mariage perdit sa raison d'être, car c'est dans ces
circonstances qu'il était surtout à redouter qu'une pression
ne fût exercée sur la volonté du père naturel pour le déterminer au mariage.

Enfin, le mariage n'emportait légitimation que s'il était régulièrement contracté et s'il produisait des effets civils. Elle
n'en résultait donc pas si, dans la suite, il était annulé pour
l'une des causes prévues par la loi, l'insanité d'esprit, la violence, l'erreur, la séduction, le défaut de consentement des
parents, etc. De même, il ne suffisait pas qu'il y eût fian-
çailles *per verba de futuro* ou *per verba de præsenti ;* au reste
l'article 44 de l'ordonnance de Blois avait interdit aux notaires, à peine de punition corporelle, de constater les fian-
çailles par paroles de présent.

Le mariage devait être célébré en la forme ordinaire devant
l'église ; toutefois ce principe n'était pas universellement reconnu au seizième siècle. Bacquet et d'autres auteurs qui s'appuyaient sur le droit romain soutenaient qu'un mariage clan-
destin ou *in extremis* légitimait les bâtards, « quoique tels
mariages, dit Bacquet [1] *non sunt legitima* pour avoir les effects
civils et coutumiers ». Plusieurs arrêts avaient été rendus en
ce sens, et Lebrun rapporte qu'il en a encore été jugé ainsi
par arrêt du 29 mars 1599. C'était aussi l'opinion des canonistes qui n'envisageaient le mariage que *ad effectum fœderis
et vinculi.* Coquille était d'avis contraire : « Selon nos lois
françaises, le mariage désire la solemnisation accoutumée en
face d'Église, pour ce que c'est sacrement, et pour ce que

1. *Droit de bâtardise*, ch. 9.

nos coutumes désirent cette marque par témoignage public,
et que ce soit vray mariage [1]. » Mais l'ordonnance de 1639 fit
cesser le débat, en déclarant incapables de toutes successions
les enfants nés de mariages qu'on a affecté de tenir secrets
jusqu'à la mort de l'un des conjoints (art. 5) ; ceux nés
de femmes que les pères ont entrenues et qu'ils épousent
lorsqu'ils sont à l'extrémité de la vie (art. 6) ; les enfants
procréés par ceux qui se marient quoique morts civilement.
L'édit de mars 1697, confirmant quant à la seconde catégorie
des enfants la déclaration de 1639, étendit l'incapacité aux
enfants nés de femmes qui épousent *in extremis* un homme
avec qui elles ont eu un commerce criminel. Ces mariages
étaient privés des effets civils et le droit de succéder était refusé aux enfants qui en étaient nés ; à plus forte raison ne
pouvaient-ils légitimer les enfants naturels et leur attribuer
des droits successoraux.

Était réputé *in extremis* le mariage contracté lorsque l'une
des parties était au lit, malade d'une maladie qui avait un
trait prochain à la mort, quoiqu'elle ne fût morte que quelques mois après. Les arrêts toutefois admettaient un tempérament dans le cas où la personne malade avait fait, étant en
bonne santé, tout ce qui était en son pouvoir pour se marier
et en avait été empêchée par les oppositions formées. De plus,
d'après Lebrun, la jurisprudence regardait comme valable la
légitimation par mariage *in extremis,* si le mari étant d'un
rang élevé, la femme était de condition inférieure et si c'était
elle qui fût à l'extrémité de la vie, et il pense qu'il en serait
de même, par analogie, si c'était une femme de qualité qui
eût entretenu un homme de bas lieu, et si c'était lui qui fût
à son lit de mort [2]. Cette exception peut s'expliquer. Ce qui
avait motivé la rigueur de la loi, c'était la crainte que le ma-

1. Question 28ᵉ.

2. Lebrun, liv. I, ch. II, sect. 1, *Distinct.* II, cite en ce sens des arrêts
de mai et de septembre 1675.

riage ne fût contracté sous l'empire des obsessions dont le malade aurait été l'objet et par suite ne fût que le résultat d'une volonté affaiblie ; or, lorsque la personne malade était celle qui causait la mésalliance, il était à présumer que le concubin n'avait consenti qu'à bon escient à s'unir à une personne de condition inférieure.

Le mariage putatif, quoiqu'il produisît des effets civils en faveur des enfants à naître, ne légitimait pas ceux déjà nés, même si, laissant de côté la controverse sur l'influence de la bonne foi à l'époque des relations primitives, nous les supposons naturels simples. « Si on donne, disait Pothier [1], à ce mariage putatif les effets civils, afin que les enfants qui en sont nés aient le titre et les droits d'enfants légitimes, c'est qu'ils sont nés d'un commerce innocent au moins de la part d'une des parties ; mais ceux nés d'un commerce que les parties ont eu avant le mariage putatif ne méritent pas qu'on s'écarte des règles en leur faveur. » Accorder la légitimité aux enfants déjà nés et à ceux à naître, ce serait accumuler deux privilèges, ce qui, d'après Lebrun, était contraire à la loi ; il était plus équitable de réparer le mal fait de bonne foi que celui qui avait été fait de mauvaise foi. Le droit actuel est moins rigoureux que ne l'était l'ancien droit : le mariage *in extremis*, et, selon la majorité des auteurs, le mariage putatif produisent la légitimation.

La légitimation s'opérait par le seul fait du mariage sans que le consentement du père et de la mère dût intervenir spécialement : *Tanta est vis matrimonii ut qui antea sunt geniti post contractum matrimonium legitimi habeantur* [2]. Il n'était pas au pouvoir des parents de priver leurs bâtards du bénéfice de la légitimation qui était la conséquence forcée du mariage. Mais les bâtards pouvaient-ils, en protestant par écrit, empêcher le mariage de leurs père et mère

1. *Contr. de mariag.*, n° 419.
2. *Corp. jur. canon.* liv. IV, tit. xvii, cap. 6.

d'entraîner à leur égard la légitimation ? La question n'était de nature à s'élever que dans les pays de droit écrit où la *patria potestas* du droit romain avait conservé toute sa rigueur; dans les pays de droit coutumier, l'enfant n'avait aucun intérêt à refuser la légitimation, car le père n'avait sur lui qu'une puissance limitée « pouvoir de direction, disait Bourjon, tempéré par la piété paternelle et qui ne va pas au delà selon nos mœurs. » Les uns soutenaient que, la légitimation étant une faveur faite aux enfants, elle ne devait pas être retournée contre eux et qu'ils avaient le droit d'y renoncer si elle avait pour effet de les léser dans leurs avantages pécuniaires ; ils invoquaient l'équité et la novelle 89 (*cap.* 2), où Justinien déclare effectivement qu'un père ne peut légitimer ses enfants contre leur volonté [1]. Les autres, et c'était vraiment la solution juridique, s'appuyaient sur le droit canonique dont l'autorité dominait en cette matière même dans les pays de droit écrit ; or, selon les Décrétales, la légitimation s'effectuait « par la seule force et efficace du mariage », et, quoiqu'elle ait été établie principalement dans l'intérêt des enfants, elle l'avait été aussi dans l'intérêt des parents qui ne sauraient être privés, par l'opposition des enfants, des droits que la légitimation leur confère sur eux ; ils la considéraient avec raison comme une institution d'ordre public, dont les effets ne devaient pas être subordonnés à l'agrément des enfants.

La légitimation par mariage subséquent a pour résultat *plena restitutio natalium ;* l'enfant légitimé a les mêmes droits, les mêmes prérogatives que l'enfant né légitime ; toutes les incapacités qui frappent le bâtard et que nous avons énumérées disparaissent. Tous les bâtards issus des deux époux sont légitimés par le mariage ; la faveur de la légitimation ne peut être divisée et restreinte à quelques-uns d'entre eux. « Le mariage, disait Lebrun, est un

1. Fachin., *Controv.*, liv. III, ch. LIV.

baptême, dont les eaux étant appliquées sur le chef répandent également leur vertu sur tous les membres [1]. »

Contrairement à ce qui avait lieu, d'après Laurière, et ce qui a encore lieu en Angleterre [2], où la légitimation ne produit que des effets spirituels sans aucun effet civil, elle semble, dès son introduction en France, avoir fait succéder les enfants légitimés dans la même proportion que les enfants légitimes. « Voire se il en avait plusieurs enfants nés avant que il l'épousast, et la mère et li enfant à l'épouser était mis sous le poile en sainte église, si devenraient-ils loyaux hoirs et seraient ahérité comme loyal hoir en toutes manières de descendement ou d'esqueance de costé », dit Beaumanoir [3]. Et le livre de Justice et de Pled : « Un ot, enfant de sa meschine, il la prit à fame ; quant il fit mors, li cosin volaient tolir as enfans l'iretage au père comme as bastars, et l'en défent qu'il ne le face [4]. » De même, la coutume de Troyes (art. 108) appelle les enfants légitimés à la succession de leurs père et mère. Ils ne peuvent être exhérédés que pour l'une des causes admises par le droit coutumier, ont droit à la légitime et exercent le retrait lignager [5]. Dans les coutumes du Bourbonnais et de la Bretagne où la fille mariée et dotée était exclue de la succession, si le père après le mariage de sa fille la légitimait par son mariage avec la mère, la fille soutenait avec raison qu'elle ne devait pas être exclue, attendu que, si elle avait été mariée comme enfant légitime et non comme enfant naturelle, elle aurait reçu une plus forte dot ou

1. *Des successions*, liv. I, ch. II, sect. I, *Distinct*. I.

2. La législation anglaise ne reconnaît que la légitimation par acte du Parlement. M. Glasson, *Histoire du droit et des institutions politiques civiles et judiciaires de l'Angleterre*, t. VI, p. 294. M. Lehr, *Eléments de droit civil anglais*, pp. 112 et 120.

3. Coutumes de Beauvoisis, ch. 18.

4. Passage cité par Laurière, sur la règle 40, liv. 1, de Loysel.

5 Dumoulin, sur l'art. 158 de la coutume de Paris.

même aurait été réservée et rappelée à la succession paternelle.

Les enfants légitimés font partie de la famille ; aussi leur
légitimation fait-elle défaillir dans les substitutions la condition *si sine liberis decesserit* (ordon. de 1747, art. 23),
et sont-ils compris dans le nombre des enfants appelés à
les recueillir. Les donations antérieures sont révoquées
pour cause de survenance d'enfants ; en effet les bâtards ne
sont considérés par le père comme des héritiers légitimes
que du jour où il a contracté mariage avec sa concubine.
C'était la jurisprudence du Parlement de Paris[1] ; elle fut
confirmée par l'ordonnance de 1731 (art. 39).

La légitimation a-t-elle un effet rétroactif ou dévolutif ? La
discussion portait surtout sur les textes du droit romain ;
mais, logiquement, la tache de la naissance ne saurait être
anéantie à ce point que le bâtard fût censé avoir toujours été
légitime. La légitimation ne fait que mettre un terme aux
incapacités qui dérivent de la bâtardise ; le bâtard ne rentre
pas dans ses droits, il les obtient par la légitimation, et le
mariage de ses père et mère qui crée sa capacité ne peut
engendrer des effets qui lui soient antérieurs. C'est principalement à propos du droit d'aînesse que la question s'élevait.
Il n'y avait pas de difficulté dans le cas où le père naturel
épousait comme première femme sa concubine dont il avait
eu plusieurs enfants ; tous sont nés à la vie civile par le mariage ; il est donc équitable d'avoir égard à l'âge de chacun.
Mais, si dans le temps intermédiaire du concubinage, duquel
un enfant est né, et du mariage de ses père et mère qui l'a
légitimé, le père contracte un premier mariage et a aussi un
enfant, quel sera l'aîné ? Bouteiller[2] rapporte que, la question s'étant présentée devant la chatellenie de Lille, on n'osa
pas trancher le débat, et l'on se référa au Conseil à Paris qui

---

1. Ricard, *des Donat.* 13e part., ch. IV, sect. 4.
2. *Somme rurale*, liv. I, ch. 95.

accorda à chacun des deux frères une part égale dans le fief litigieux ; c'était supprimer le problème et non le résoudre. Charondas [1], Dumoulin [2], se prononcent pour l'enfant du premier mariage, et, d'après d'Aguesseau [3], de son temps l'exactitude de cette opinion n'était même plus discutée au Palais. Mais Dumoulin explique sa décision par ce motif que la légitimation ne peut rétroagir au préjudice des droits acquis ; or cet enfant, se trouvant en possession du droit d'aînesse avant le second mariage, ne doit pas être dépossédé. A quoi Lebrun, qui est à peu près le seul auteur qui ait soutenu la cause de l'enfant légitimé, objecte que les donations antérieures à la légitimation sont révoquées par elle et que le droit d'aînesse tn'est pas plus acquis que le droit de succéder pendant la vie du père [4]. Aussi vaut-il mieux défendre la première opinion qui nous semble préférable en disant avec Pothier que, quoique les enfants légitimés soient venus au monde avant les enfants du premier mariage, « ils ne sont néanmoins nés à la famille de leur père qu'après eux, par le second mariage que leur père a contracté avec leur mère. Ce second mariage qui les a légitimés les fait réputer enfants de ce second mariage. Or il serait absurde que des enfants du second mariage fussent les aînés de ceux du premier [5]. »

De même la légitimation ne rend le bâtard capable de succéder que pour l'avenir ; elle n'a pas l'effet de lui faire acquérir les successions échues pendant que son incapacité subsistait encore [6].

---

1. *Annotations sur la somme rurale.*

2. Sur l'art. 8 de la coutume de Paris. — V. aussi Le Maître, t. XV, ch. i, p. 459.

3. *Diss. sur les bâtards*, p. 438.

4. Liv. II, ch. ii, sect. 1.

5. Pothier, *Contr. de mariag.*, no 425.

6. Domat, *lois civiles*, liv. 1, tit. i, sect. 2.

CHAPITRE III

DE LA LÉGITIMATION PAR LETTRES

Le second mode de légitimation est celui par lettres patentes du roi ; c'est la légitimation par rescrit du droit romain. Dès le treizième siècle, le droit canonique l'avait reproduite ; le pape pouvait au point de vue spirituel effacer la tache de la naissance, et par le moyen d'un rescrit élever aux dignités ecclésiastiques l'enfant naturel simple et même adultérin, et lui donner accès aux bénéfices. Mais son pouvoir était restreint dans ces limites ; la légitimation émanée du pape n'avait aucun effet au point de vue civil. Pierre Pithou, dans son vingt et unième article sur les libertés de l'Église gallicane, prend soin de dire : « Le pape ne peut légitimer bastards et illégitimes pour les rendre capables de succéder ou de leur estre succédé, ni pour obtenir offices et estats séculiers en ce royaume, mais bien les dispenser pour estre pourveus aux ordres sacrez et bénéfices. »

En France, lors de la renaissance des études juridiques, la novelle 74 de Justinien est connue et expliquée, mais ce n'est qu'au quatorzième siècle que ce mode de légitimation apparaît par la double influence du droit canonique et du droit romain. Le roi, en vertu de son autorité souveraine, *de plenitudine et auctoritate regiæ potestatis*, s'arroge, dans le domaine civil, le droit de relever le bâtard des incapacités attachées à sa qualité de bâtard. Du Cange rapporte des lettres de légitimation à la date de 1317 et de 1393 [1]. Ces dernières sont accordées par le roi Jean à un bâtard dont le père s'était marié et dont la mère était devenue religieuse. Il n'y a pas à conclure de cet exemple que la légitimation par lettres n'ait été admise que dans le cas où le mariage entre les parents était impossible ; la jurisprudence coutumière n'a pas fait cette distinction qui existait dans le droit romain [2]. Selon Lebrun [3], c'est en 1393 qu'intervint le premier arrêt reconnaissant la validité de ce mode de légitimation.

Le roi seul accordait des lettres de légitimation. « Au roy seul, dit le Grand Coutumier de Charles VI [4], et pour le tout appartient faire et donner légitimations en et par tout son royaume indifféremment. » Les seigneurs hauts justiciers n'avaient pas ce pouvoir ; quelques-uns prétendirent se l'attribuer. M. Kœnigswarter [5] rapporte un arrêt du Parlement de Toulouse du 28 mai 1412, lequel condamna Jean Navare, chevalier et comte palatin, à l'amende honorable et à demander pardon au roi pour avoir, au préjudice de l'autorité royale, octroyé des lettres de légitimation. La question de savoir si les ducs de Bretagne pouvaient exercer ce droit dans leurs états avait été discutée ; mais, bien qu'ils en eussent joui pendant trois siècles et qu'ils n'en eussent été privés par aucune ordonnance, l'opinion commune des auteurs s'était fixée en ce sens qu'il était un privilège exclusif du roi.

---

1. *Gloss.*, V. légitimation.
2. Bacquet, *Droit de bâtardise*, ch. 12.
3. *Des successions*, liv. I, ch. ii, sect. 1, dist. 2.
4. Liv. I, ch. iii.
5. *Rev. de dr. fr. et étr.*, 1842, p. 499. Opuscules tirés des mémoires de Loysel.

La légitimation par lettres avait pour effet indiscutable de permettre au bâtard d'aspirer aux dignités publiques et de remplir toutes charges et tous offices ; selon l'expression de Laurière, elle lui rendait les honneurs, à savoir le rang de sa famille et le nom de son père ; si les lettres le qualifiaient de noble, elles emportaient anoblissement[1]. Les auteurs qui, comme Bacquet, constatent que la bâtardise n'est pas un obstacle pour l'obtention des offices, reconnaissent cependant que c'est par le fait de la légitimation qu'il pourra les occuper. L'antinomie n'est qu'apparente ; il est probable que le bâtard non légitimé ne parvenait aux dignités que par simple tolérance ou en vertu d'une dispense royale ; les lettres de légitimation lui en faciliteront l'accès au même titre que s'il était légitime. Le roi pouvait même relever de toute incapacité *quantum ad honores* les enfants adultérins ou incestueux et ceux issus de prêtres ; à ce point de vue ce mode de légitimation est plus étendu que celui par mariage subséquent ; mais le père devait déclarer au roi la tache de la naissance. La concession des honneurs à cette classe d'enfants ne fut pas sans soulever de vives réclamations ; d'Argentré [2] la trouve dangereuse : « *Periculosum est,* dit-il, *ex damnatis complexibus natos æquari legitimis honore.* » Et Papon rapporte que « plusieurs s'ébahirent pour le mauvais exemple qui en sort en raison de l'adultère qui est partout et toujours odieux [3] ».

Le bâtard légitimé par lettres avait-il le droit de recueillir *ab intestat* la succession de ses père et mère et celle de ses parents en ligne collatérale? La jurisprudence a subi, quant aux effets de cette légitimation vis-à-vis de la famille, des variations nombreuses. Pendant les quatorzième et quinzième siècles, le roi peut, en vertu des lettres, introduire le bâtard dans la fa-

---

1. Chopin, sur la coutume d'Anjou, liv. III, ch. i.
2. Sur l'art. 456 de la coutume de Bretagne.
3. Liv. XXI, tit. iii.

mille, et le faire participer, sans autres formalités, à toutes successions tant directes que collatérales. Le roi, de qui émane toute justice, a l'autorité la plus absolue dans les affaires privées comme dans les affaires publiques, et le Parlement n'hésite pas à admettre que les lettres, même dans le silence de la disposition royale, créent des droits successoraux. C'était assimiler la légitimation par lettres à la légitimation par mariage subséquent ; confusion qui semble exister encore dans le texte des coutumes d'Auxerre et de Sens, bien qu'en fait, dans ces pays mêmes, elles eussent des résultats différents. Une réaction se fait bientôt contre cette attribution d'une parenté civile par l'unique volonté du roi, et déjà, du temps de Bouteiller[1] qui constate que le bâtard légitimé est appelé à succéder comme s'il eût été légitime, la faculté pour le roi d'accorder des droits successoraux est contestée. Au seizième siècle, les auteurs sont généralement d'accord pour déclarer qu'il serait injuste de laisser, par l'effet de simples lettres royales, le bâtard prendre part à une succession affectée par la nature et par la loi aux enfants légitimes.

Voici le système qui prévaut au seizième siècle. Pour que le bâtard soit habilité à succéder, il faut d'abord que les lettres contiennent une clause expresse portant autorisation de succéder, clause qui d'ailleurs était d'usage et se trouve développée dans la formule de lettres rapportée par Bacquet[2]. Si elle n'est pas insérée, les lettres sont réputées n'avoir eu d'autre but que de conférer les honneurs. En outre, le bâtard ne succédera à ses père et mère qui si les lettres ont été obtenues avec leur agrément ; leur consentement seul suffit pour qu'il soit appelé à leur succession. Celui des plus proches parents habiles à succéder n'est pas requis, et Bacquet qui soutient cette opinion invoque à l'appui les lois sur l'a-

---

1. *Somme rurale,* liv. I, ch. 95.
2. Ch. 10, *loc. cit.*

doption romaine ; au reste, c'était, d'après lui, l'usage et commune observance. Le consentement de la mère n'était évidemment pas exigé dans les coutumes du Nord où le bâtard même non légitimé lui succédait.

Par bâtard capable de succéder par l'effet des lettres, l'on entend uniquement l'enfant né d'un simple concubinage, c'est-à-dire de *soluto et soluta*. Tel est l'avis d'Argentré ; plusieurs arrêts avaient été rendus en ce sens ; Papon en rapporte un du 8 mars 1563[1], et Bacquet en cite un autre du 14 août 1579. Les enfants adultérins et ceux issus de prêtres n'ont droit qu'à une pension alimentaire ; ils sont incapables de succéder même si des lettres avec clause de succéder ont été demandées par les père et mère. Le consentement de ces derniers est présumé n'avoir pas été libre, et d'ailleurs, ainsi que le remarque Lebrun, les prohibitions de donner qui reposent sur des motifs d'ordre public ne peuvent pas être levées par le consentement des particuliers. Si l'enfant adultérin décède sans postérité légitime, le fisc recueille sa succession, à moins qu'il n'ait des frères légitimés comme lui *quantum ad honores*, auquel cas ils se succéderont les uns aux autres, non pas comme héritiers, mais comme ayant été substitués les uns aux autres par suite de l'acquittement du droit fiscal perçu pour l'obtention des lettres.

La volonté du père se manifestait soit par la demande des lettres, soit par le payement du droit fiscal dû au roi, soit par la poursuite de la vérification devant la Chambres des comptes. Elle pouvait intervenir soit avant l'obtention des lettres, soit après, dans son testament ou dans le contrat de mariage de son fils, ou de toute autre manière pourvu que ce fût par écrit ; il était loisible tant au père qu'au fils de provoquer la faveur royale. Mais une ordonnance de Henri III, du 14 novembre 1579, déclara qu'elles ne seraient accordées que si

1. Liv. XXI, tit. 3.

le père faisait connaître au plus tard devant la Chambre des comptes qu'il les avait pour agréables.

D'après plusieurs auteurs, si les père et mère avaient consenti à la légitimation du bâtard, non seulement il leur succédait, mais encore il succédait à tous ses parents collatéraux. C'est ce qui résulte d'un passage de d'Argentré[1] : *Dubitatio est an cum quis de consensu patris legitimatur, patri agnascatur ei tantum an etiam avo et cognatis cæteris, ita ut eis succedat etiam nolentibus.* Et il cite Antoine de Rubrio qui *putat agnasci sive rescripto sive matrimonio.* Brodeau sur Louet rapporte des arrêts en ce sens[2]. Toutefois Bacquet, Coquille étaient déjà d'avis que, si le consentement des père et mère établissait entre eux et le bâtard un lien civil en vertu duquel ils se succédaient réciproquement, il était insuffisant pour le faire succéder aux biens de ses autres parents, aïeuls, frères, sœurs, etc., à moins que ces derniers n'eussent adhéré à la légitimation[3]. *Nemo enim extraneus potest agnasci ei non volenti et consentienti.* Les héritiers ne s'imposent pas. « Les privilèges, dit Coquille[4], ne se doivent estendre au préjudice d'un tiers pour altérer ce qui est de droit civil, comme sont les successions *ab intestat*, qui viennent aux parents desquels la consanguinité est tesmoignée par mariage solemnellement fait ; mais le tesmoignage de la procréation des enfants naturels n'a certitude. Pourquoy je pense que tels légitimez par rescript ne succèdent pas à leurs parents qui n'ont consenty à la légitimation, combien qu'aucuns docteurs pensent le contraire. » Mais la jurisprudence, qui admettait en principe la doctrine précitée, prétendit que les parents, qui n'avaient pas consenti à la légitimation du bâtard, pouvaient lui succéder, bien que

1. Sur l'art. 456 de la coutume de Bretagne.
2. Lettre L, n° 7.
3. En ce sens, arrêt du 10 mars 1572. — Bacquet, ch. 13.
4. Question 180.

de son côté il ne pût leur succéder. Le roi, disait-on, par le
payement du droit fiscal, a renoncé à son droit de bâtardise
en faveur des plus proches parents ; or, si la tache de la
naissance est un obstacle du côté du bâtard qui a d'ailleurs
fait tous ses efforts pour entrer dans la famille, elle n'existe
pas du côté des parents légitimes auxquels la loi réserve les
successions [1]. C'était là un résultat bizarre et contraire au
principe de la réciprocité des successions ; il apparaît déjà
dans Chasseneux dans son ouvrage sur les coutumes de Bourgogne. *In tota Gallia, legitimati per principem non solent
succedere*, ce qui n'était vrai que si les lettres étaient oc-
troyées sans le consentement des parents, *sed legitimatio eis
tantum prodesse debet, quoad jura principis, scilicet ne
princeps eis succedat*. Le roi se trouve donc exclu par les parents, bien que le bâtard ne vienne pas à leur succession.
Cependant certains arrêts se prononcèrent contre la prétention des parents [2].

Quelques doutes s'étaient élevés sur la validité de la légitimation à l'effet de succéder dans le cas où il existait des
enfants légitimes avant l'obtention des lettres. D'Argentré,
d'Aguesseau la tiennent pour nulle ; Guy Coquille résoud
implicitement la question en décidant que la survenance
d'enfants légitimes révoque la légitimation. Mais Lebrun [3]
pense que la clause de succéder devra être exécutée, si les
enfants légitimes ont valablement adhéré à la légitimation,
car ils ont, dit Bacquet [4] « droit acquis en la succession dès
lors de la célébration du mariage duquel ils ne peuvent être
privés en tout ou en partie sans leur consentement ».

Les lettres doivent être entérinées en la juridiction ordinaire, c'est-à-dire au Parlement, pour que l'enfant acquière

1. Arrêts des 4 juin 1575 et 12 février 1586. — Bacquet, ch. 14.
2. Arrêt du 16 septembre 1596 cité par d'Aguesseau.
3. Liv. 1, chap. 11, sect. 1, *Distinc.*, II.
4. Ch. 12.

les droits civils résultant de la légitimation, et vérifiées en la
Chambre des comptes ; cette dernière formalité avait été
rendue obligatoire par un règlement du Conseil d'État du
6 avril 1604. Si le père naturel décède après la demande
des lettres, mais avant leur vérification, les lettres n'étant
pas encore parfaites, le consentement des héritiers du père
est requis pour que le bâtard vienne à sa succession.
Ainsi la concession des lettres n'a pas effet rétroactif au
préjudice des héritiers *ab intestat* du défunt et laisse
subsister tous droits acquis à des tiers.

Au dix-septième siècle, l'usage des lettres de légitimation
est vivement combattu, comme contraire à l'honnêteté publique qui veut que le père répare sa faute par le mariage.
Le Roi ne relève le bâtard que de l'incapacité *quantum ad
honores ;* le droit de succéder n'est plus la conséquence des
lettres royales, et la légitimation est bien, suivant l'expression de Coquille, par grâce et dispense. Brodeau sur Louet
dit que les derniers arrêts ont jugé que les enfants naturels légitimés par lettres sont incapables des successions
actives et passives, quand même il y aurait une clause contraire, parce qu'elle devrait être rejetée comme contraire
aux bonnes mœurs [1]. Et d'Aguesseau les approuve, attendu
que « le Prince n'est jamais censé avoir rien voulu accorder
qui ne soit conforme aux principes du droit [2] ». Tout contrat intervenu à l'effet de succéder entre le bâtard et ses
parents est considéré comme illicite par certains auteurs.
Cependant le droit du Roi d'autoriser par ses lettres le
bâtard à succéder à ses parents avec leur consentement
avait été établi, ainsi que le remarque Lebrun, par un
ancien arrêt de 1393 ; il avait été reconnu, au moins implicitement, par le pape Innocent III dans sa décrétale de
l'an 1213 ; il l'était par tous les anciens auteurs, par Chas-

1. Arrêts de 1628, 1630, 1640, 1646. — Brodeau sur Louet, lettre **L**, n° 7
2. T. VII, p. 168.

seneux, par Bacquet, par Loysel, par d'Argentré et par plusieurs coutumes, celle de Normandie (art. 147), celle d'Auxerre (art. 34), celle de Sens (art. 32) ; il n'avait jamais été aboli.

D'Aguesseau, en présence des hésitations de la jurisprudence, adopte un système rigoureux mais concordant, et fait dépendre l'efficacité des lettres quant au droit de succession du consentement de tous les intéressés. Il part de ce principe que le mariage seul forme des liens civils de parenté. Le bâtard légitimé par lettres n'entre pas dans la famille, même vis-à-vis des père et mère, et si les lettres ont été obtenues avec leur consentement ; il ne leur succède pas et ceux-ci ne viennent pas à sa succession. L'incapacité de recevoir des libéralités universelles ou à titre universel est seul levée, et encore ce point est-il contesté, notamment par Ricard [1], qui prétend « que les lettres n'effacent pas les raisons de morale et de politique pour lesquelles on a jugé à propos de modérer les donations qui leur sont faites par leurs père et mère ». Toutefois d'Aguesseau admet des droits de succession réciproques, même au regard des parents autres que les père et mère, si les lettres ont été obtenues du consentement, non seulement des père et mère, mais encore des héritiers présomptifs de ceux-ci. Il fonde ces droits non sur la création d'un lien de parenté, ce qui serait contraire à son principe, mais sur un contrat réciproque. C'est en quelque sorte une reconnaissance successive du bâtard par chacun des membres de la famille. Le consentement de tous les intéressés est déjà exigé par la coutume de Normandie (art. 147 et 279) d'après laquelle « le bâtard ne peut succéder à père, mère, aucuns, s'il n'est légitimé par lettres du prince, appelé ceux qui pour ce faire seront à appeler. » Il l'est aussi par d'Argentré « *ita ut*, disait-il, *nullus quempiam rescripto legitimare possit, non vocatis, imo non consentien-*

────────

[1]. *Des donations*, 1ᵉ part., chap. III, sect. VIII.

tibus hæredibus præsumptis. Quod si plures eodem gradu sint, his tantum fit præjudicium qui consensere ; sin, quum prior gradus consenssisset, evenit ut secundus mortuo priori succederet, tempus spectandum est mortis ejus cui succeditur ad dejudicandum capacitatem aut interesse successoris [1]. » D'après Dumoulin [2], le rescrit du prince ne légitime jamais pleinement, d'où il résulte que la légitimation ne recevait sa dernière perfection que du consentement de tous les parents.

« Bastards ne succèdent pas, dit Loysel, ores qu'ils soient légitimés : si ce n'est du consentement de ceux qui y ont intérêt [3], » c'est-à-dire, selon le *Commentaire* de Laurière, avec l'adhésion de ceux de la succession desquels il s'agit et de leurs héritiers. Mais remarquons que d'après ces auteurs il était nécessaire que la volonté du roi se joignît à celle des intéressés.

Par héritiers dont le consentement est requis, il faut entendre les héritiers ordinaires et non les héritiers extraordinaires tels qu'un mari et une femme. Les enfants naturels, issus d'un même père et d'une même mère, se succédaient les uns aux autres, sans qu'ils eussent exprimé leur consentement, en vertu de la légitimation qui était leur titre commun. Ce n'était pas, du reste, une exception à la règle, car ils étaient appelés, non comme héritiers, mais comme étant au lieu et place du roi.

Le système de d'Aguesseau ne prévalut pas de tous points. On admet, dans le dernier état du droit, que la légitimation obtenue par le bâtard avec le seul agrément de ses père et mère, suffirait à établir entre eux des droits réciproques de succession. Ce mode de légitimation, très critiqué et très restreint au dix-septième siècle, reprend quelque faveur au dix-huitième ; il ne paraît pas cependant qu'au point de vue de la faculté de

---

1. Sur l'art. 456 de la coutume de Bretagne.
2. Sur l'art. 8 de la coutume de Paris.
3. *Inst. cout.*, liv. I, tit. I, règ. 45.

succéder il ait été très usité, ni surtout que la volonté du roi ait été une condition indispensable à la vocation du bâtard. Pothier nous dit que « les lettres de légitimation avec la clause de succéder ne sont plus d'usage [1] ». Aussi le Code civil, qui d'ailleurs attribue aux enfants naturels les mêmes droits politiques et civils, sauf vis-à-vis de la famille, qu'aux enfants légitimes, a-t-il fait, comme le remarque M. Giraud [2], en supprimant cette sorte de légitimation, une innovation beaucoup moins importante qu'on ne le suppose généralement.

La légitimation par lettres est donc moins complète dans ses effets que celle par mariage subséquent. Le bâtard légitimé porte le nom de son père et les armes de sa maison avec une brisure de gauche à droite, mais il n'a pas le droit d'aînesse, qu'il ait été légitimé avant ou après la naissance des enfants légitimes, et quelque clause que contiennent les lettres. C'est un principe qu'il ne peut être même traité que le dernier des enfants légitimes [3]. Coquille estime avec raison qu'il n'exerce le retrait lignager qu'au préjudice de ses parents qui ont consenti à sa légitimation, puisque, pour avoir droit au retrait, il faut être successible au propre vendu [4]. L'ordonnance de 1747 (art. 23), tranchant une ancienne controverse encore pendante du temps de Lebrun, déclare que cette légitimation ne fait pas défaillir dans les substitutions la condition *sine liberis*, et, selon l'ordonnance de 1731 (art. 39), elle ne révoque pas les donations pour cause de survenance d'enfants. On discutait sur le point de savoir si le bâtard légitimé par lettres tombait sous la puissance paternelle : les partisans de l'affirmative invoquaient les lois romaines et l'intérêt public qui veut que les enfants soient

1. *Des successions*, ch. I, p. 550.
2. *L'Ancien droit coutumier*, p. 16.
3. Sur l'art. 8 de la coutume de Paris.
4. *Inst. Cout.*

soumis à cette puissance ; les partisans de la négative répondaient que cette légitimation ne le faisait pas entrer dans la famille comme en droit romain, et qu'elle avait un caractère exceptionnel [1].

Dans les coutumes où la fille dotée par son contrat de mariage est exclue par les mâles, elle ne l'est pas par l'enfant naturel légitimé soit avant soit après la donation. Dans le premier cas, on n'a pu à son préjudice légitimer le bâtard ; dans le second, elle n'est pas présumée, même en donnant son consentement à la légitimation, avoir voulu s'exclure elle-même. *Legitimatus per rescriptum*, dit Dumoulin [2], *non habet beneficium statuti excludentis feminas, sed succedit æqualiter cum filia ; legitimatus autem per subsequens matrimonium excludit feminas.*

Si un père, dans les coutumes d'égalité comme celle du Maine, a, avant la légitimation, avantagé un enfant légitime, et que ce dernier plus tard renonce à la succession, pourra-t-il être contraint au rapport par le bâtard légitimé par lettres ? Lebrun se prononce pour la négative, il s'appuie [3], sur ce qu'il existe à son profit un droit acquis auquel il n'est pas censé avoir renoncé même en consentant à la légitimation, et qu'en outre ce mode de légitimation, ayant lieu par dispense et grâce, tandis que celui par mariage subséquent « à son effet de droit », n'est pas favorable.

Les seigneurs, qui avaient reçu du roi le droit de haute, de moyenne ou de basse justice, s'étaient approprié comme conséquence de cette concession le droit de déshérence ; ils succédaient dans l'étendue de leur justice aux biens vacants par absence d'héritiers ou de légataires. Le droit de bâtardise, au contraire, appartient en principe, au roi, sauf en cas de réunion des trois conditions indiquées par le Grand Cou-

1. D'Aguesseau, p. 439.
2. Sur l'art. 8 de la coutume de Paris.
3. *Des successions*, liv. I, ch. II, sect. 1, *Distinc.* II.

tumier. Or, si un bâtard légitimé par lettres décède sans héritiers ni légataires, à qui ses biens seront-ils, au seigneur
ou au roi ? Merlin [1] soutient que le roi les recueillera en
vertu du droit de bâtardise ; d'Aguesseau [2] est aussi d'avis
que la succession du bâtard doit être réglée, comme elle
l'aurait été s'il n'avait pas été légitimé, tout en reconnaissant
que l'on pourrait objecter, et non sans motifs, que l'enfant,
par suite de l'obtention des lettres, n'est plus bâtard à l'égard
du roi et se trouve dans la situation de tout regnicole qui
meurt sans laisser de successeurs aux biens ; d'où il résulterait que sa succession serait dévolue au seigneur par droit de
déshérence.

1. Merlin. *Répert.*, V° légitimation.
2. *Dissert. sur les bâtards*, t. VII, p. 469.

DROIT COMMERCIAL

DES APPORTS EN NATURE

DANS LES SOCIÉTÉS PAR ACTIONS

INTRODUCTION

Une société ne présente de garantie sérieuse aux associés
et aux tiers qu'autant que la base de ses opérations est
solide et que les bénéfices sont répartis proportionnellement à la participation de chacun dans l'œuvre commune.
C'est précisément cette règle équitable que les spéculateurs
malhonnêtes mettent le plus d'acharnement à éluder. Un
projet de société émane le plus souvent de propriétaires ou
d'inventeurs, qui, dépourvus d'une fortune suffisante pour
l'exploitation de leurs biens ou de leur découverte, constituent une société, en faisant appel aux souscripteurs, et
lui livrent, à titre d'apports en nature, leurs immeubles ou
leur brevet moyennant l'attribution d'un certain nombre
d'actions. Mais, soit par suite d'illusions très communes
chez les propriétaires, soit par fraude, ils ont eu soin dans
les prospectus ou dans les annonces qu'ils ont prodigués
d'en faire briller l'importance et d'en exagérer le prix pour
attirer les souscripteurs et recevoir un nombre d'actions
libérées d'une valeur supérieure à celle qu'ils ont effectivement fournie. Quelquefois même ces apports sont fictifs;
ce sont des mines situées dans des pays lointains, et d'une
existence incertaine; ce sont des procédés industriels d'une

application impossible ; une étiquette pompeuse sert à déguiser le caractère chimérique de l'entreprise, et, en réalité, le fonds social fait défaut. N'a-t-on pas été jusqu'à évaluer à un haut prix l'autorisation du préfet de police obtenue pour la fondation d'un cercle ? Le public, séduit par l'appât du gain habilement présenté, ébloui par de fallacieuses promesses, se fie trop souvent à des estimations mensongères, et se lance sans réflexion dans des spéculations véreuses, qui n'ont d'autre but que de permettre au syndicat créateur de réaliser, après l'émission, de gros bénéfices. En effet, comme le faisait remarquer M. Langlais[1] dans le rapport déposé au nom de la commission sur le projet de loi de 1856, « les actionnaires généralement souscrivent plutôt sous la foi d'un prospectus qu'après examen et sur le vu des statuts. Or, le prospectus qui exagère la valeur de l'apport social dissimule, au contraire, celle des avantages. Le contrat se forme ainsi sans contradiction. »

Il y avait dans l'exagération des apports avant la loi de 1856 qui la première a réglementé la matière des apports en nature, et il y a encore (car les dispositions préventives de la loi de 1867 sont fréquemment éludées) un germe de mort pour ces sociétés à capital fictif ou insuffisant. Le gage des créanciers et des obligataires est restreint ou nul ; les cessionnaires d'actions ne reçoivent que de la monnaie fausse ou insignifiante ; la règle de l'égalité entre les actionnaires n'existe pas, et la société se trouve entravée dans son fonctionnement. Les fondateurs sauront, en temps opportun, se débarrasser de leurs actions, et, si la société, viciée dès l'origine, fait faillite, c'est avec l'argent des souscripteurs qui auront été trompés que seront payés les créanciers. En présence de ce danger, le législateur a cru de son devoir de prémunir, dans les sociétés de capitaux, les associés contre les entraînements de la première heure,

1. Tripier, *Comm. légis.*, n° 126.

et de prescrire des mesures destinées à exiger la représentation réelle et intégrale du capital annoncé.

C'est, en effet, seulement dans les sociétés de capitaux que l'exagération des apports en nature est à craindre. Dans les sociétés de personnes, les associés, généralement peu nombreux, peuvent facilement s'éclairer sur leur moralité respective et sur la valeur de leurs apports, et les tiers sont sauvegardés dans leurs intérêts par la responsabilité personnelle et solidaire des associés. Dans la société en commandite par actions et dans la société anonyme, les souscripteurs, au contraire, inconnus les uns aux autres, étaient dépourvus de tous moyens de contrôle pour vérifier la valeur de l'apport telle qu'elle était indiquée dans le projet de statuts rédigé à leur guise par les promoteurs de l'affaire ; de plus, dans la société anonyme, chaque actionnaire n'est tenu envers les tiers que jusqu'à concurrence de sa mise, et si, dans la société en commandite par actions, les tiers ont une garantie dans la responsabilité personnelle des gérants, cette garantie souvent n'est pas sérieuse, soit que les gérants n'aient aucune fortune personnelle, soit que le développement de la société engendre des obligations sociales considérables.

Aussi, dès 1838, lorsqu'on songea à entourer de formalités sévères la création des sociétés par actions, l'attention du législateur fut-elle éveillée sur les abus et les désastres dont ce genre d'apports avait été la source. Mais le difficile était, le mal étant constaté, de trouver le remède, et le moyen d'empêcher, selon les expressions du rapporteur, M. Legentil, la violation du « principe de droit qui veut qu'il n'y ait de conventions formant loi entre les parties que celles qui sont consenties avec liberté et en connaissance de cause ». Plusieurs opinions furent émises.

Selon les uns, des actions ne devraient pas être allouées en échange des apports faits par les gérants ; procédé singulier qui eût désintéressé du pacte social les gérants principalement intéressés à son succès, transformé les associés en vendeurs, et forcé à entamer pour leur payement le capital destiné à la mise en activité de la société. Selon les autres, il eût fallu distinguer entre les apporteurs des choses mobilières ou immobilières appréciables en argent, et les apporteurs de meubles incorporels qui n'ont qu'une valeur d'opinion ; les premiers auraient des actions dites de capital ; les seconds, des actions industrielles donnant droit au partage des bénéfices nets, et ne prenant part, lors de la liquidation, que dans l'excédent du fonds social. Cette distinction ne reposait sur rien ; les valeurs corporelles peuvent, aussi bien que les valeurs incorporelles, donner lieu à une exagération frauduleuse. Enfin, dans une troisième opinion, les actions représentant les apports en nature ne seraient devenues négociables que lorsque les inventaires ou l'existence de la société pendant un certain laps de temps auraient prouvé l'honnêteté du pacte social. C'était nuire à la société, en soustrayant à la circulation un grand nombre peut-être de ses titres, et punir les innocents autant que les coupables.

Aucun de ces projets ne fut adopté par la commission de 1838 ; ils avaient le tort grave d'éluder la difficulté au lieu de la résoudre. Le législateur croyait nécessaire de mettre les souscripteurs en garde contre la fraude, mais il ne devait pas enrayer le développement des sociétés et paralyser leur crédit. La commission se rallia à un système plus équitable, plus juridique, en ce sens que la loi ne se substituait pas aux associés, mais les laissait eux-mêmes défendre leurs intérêts. La loi belge de 1873 l'a reproduit au moins quant à l'idée première, et peut-être est-il regrettable qu'en 1867 on n'ait pas considéré ses garanties comme suffisantes.

Voici ce système. L'acte de société devait être dressé préalablement devant notaire, à titre de simple projet, par les

soins de ceux qui proposaient la formation de la société ; il
comprenait toutes les énonciations propres à dissiper les
craintes des souscripteurs ; l'estimation faite par experts des
apports en nature ; s'il s'agit de mines, leur étendue et leur
richesse ; s'il s'agit d'immeubles, l'établissement de la propriété avec les prix successifs d'acquisition ; il indiquait, en
outre, le délai dans lequel serait passé l'acte définitif de société. Convoqués au cours de ce délai, les souscripteurs
étaient appelés devant le notaire à délibérer sur les statuts
de la société. Puis, procès-verbal était dressé par le notaire ;
il devait être signé par un certain nombre d'actionnaires
ayant versé d'avance le cinquième de leurs actions. Le contrat n'était définitivement formé que par la signature de la
majorité des souscripteurs ayant pris part à la délibération,
et réunissant plus de la moitié de la commandite en numéraire. L'intervention des actionnaires était donc collective et
simultanée, elle était à la fois mieux éclairée et plus forte ;
elle entraînait, de plus, discussion et examen préalable du
pacte social. Ajoutons toutefois que, comme complément de
garantie, les actions attribuées en échange des apports en
nature devaient avoir une valeur minimum de 5,000 francs.
Cette singulière exigence semble une concession faite aux
partisans des mesures restrictives qui avaient été proposées ;
elle eût sans doute disparu si le projet de loi eût abouti.

En 1856, la combinaison fut tout autre. Le projet du
Gouvernement armait tout intéressé d'une action en réparation du dommage causé par l'exagération des apports. D'a-
près l'article 7, tout intéressé « pouvait demander, contre celui qui avait fait l'apport, la réparation du dommage à lui
causé par l'exagération de cet apport, sans préjudice de toute
autre action pour fait de dol. » En outre, le gérant qui avait
accepté l'apport pouvait être déclaré solidairement responsable du montant des condamnations prononcées, mais la demande n'était plus recevable après l'expiration de deux an-

nées à compter de la publication de la société. L'article 7 n'était applicable que si la valeur de l'apport avait été exagérée de plus de moitié. La lésion est, il est vrai, admise en matière de vente et de partage entre cohéritiers, mais pourquoi étendre une exception contre laquelle économistes et civilistes se sont élevés avec force? Cet expédient était contraire à ce principe de droit, que la convention tient lieu de loi entre les parties, et que les majeurs ne peuvent demander la rescision d'un contrat; de plus, il était impraticable. Comment, en effet, lorsqu'une société aurait vécu et fonctionné deux ans, évaluer exactement une chose apportée à son début? Ce projet ne s'attaquait pas à « la source mère » des désordres redoutés; il écartait toute contradiction de la part des souscripteurs; au lieu de prévenir les manœuvres frauduleuses, on attendait pour les combattre qu'elles fussent consommées, et encore n'étaient-elles atteintes qu'en cas de lésion de moitié.

La commission législative de 1856 le comprit. M. Schneider [1] disait avec raison : « On ne peut réduire les actionnaires à l'état de mineurs ou d'interdits. On doit les traiter comme des hommes raisonnables et se contenter de les mettre en état de contracter en parfaite connaissance de cause. » Dans la commandite par intérêts, tout se fait en présence et avec le concours de tous les intéressés; il fallait qu'il en fût de même dans la commandite par actions. C'est dans ce but que furent prescrites par l'article 4 de la loi de 1856 toutes les formalités concernant la vérification et l'appréciation des apports en nature et des avantages particuliers. Les souscripteurs réunis dans deux assemblées générales successives, sont appelés à statuer sur la valeur des apports en nature.

Le principe consacré par la loi de 1856 a été appliqué par la loi du 23 mai 1863 aux sociétés à responsabilité limitée; il

_____
1. *Moniteur* du 1er juillet 1856.

a été reproduit par l'article 4 de la loi du 24 juillet 1867 pour les sociétés en commandite par actions et par l'article 24 pour les sociétés anonymes. Toutefois, la loi de 1867 contient plusieurs différences dans les détails du mode de vérification des apports, selon qu'il s'agit d'une société en commandite par actions ou d'une société anonyme. Ainsi, la majorité exigée pour la validité des délibérations de l'assemblée constituante n'est pas la même dans la première que dans la seconde ; la loi prévoit le cas où, dans la société anonyme, l'assemblée constituante ne réunirait pas la majorité légale ; elle ne contient aucune indication sur la même hypothèse dans la société en commandite. Ces différences proviennent de ce qu'en 1856 et en 1863 le législateur n'a pas réglé la matière des apports en nature d'une manière tout à fait identique, et de ce qu'en 1867 on s'est reporté pour la société en commandite à la loi de 1856 et pour la société anonyme à la loi de 1863, mais, juridiquement, elles sont inexplicables et devaient disparaître d'une œuvre d'ensemble sur les sociétés par actions. Aussi, la commission sénatoriale, chargée d'étudier le nouveau projet de loi sur les sociétés par actions, a-t-elle avec raison assimilé complètement, au point de vue de la vérification des apports en nature, la société en commandite par actions à la société anonyme [1].

Nous étudierons successivement :

1° Quels sont les apports soumis à vérification et dans quels cas cette vérification doit avoir lieu ;

2° Le mode de cette vérification ;

3° La constitution des sociétés dont le capital se compose exclusivement d'apports en nature ;

4° La nature des actions attribuées en échange de ces apports.

---

1. Art. 46 du projet de loi.

5° La nullité de la société dont les apports en nature n'ont pas été vérifiés ou l'ont été irrégulièrement ;

6° La responsabilité des gérants, des membres du conseil de surveillance et des apporteurs dans les sociétés en commandite par actions ; celle des fondateurs, des administrateurs et des apporteurs dans les sociétés anonymes, lorsque l'annulation a eu pour cause la violation des articles 4 et 24.

CHAPITRE PREMIER

Tout associé doit faire un apport à la société, mettre en
commun une chose qui soit soumise aux chances sociales,
qui lui donne le droit de participer aux bénéfices et entraîne
pour lui une obligation corrélative de contribuer aux pertes
qui pourraient être encourues ; sans quoi la société ne serait
pas contractée dans l'intérêt commun ; elle serait léonine. Une
mise sociale est de l'essence de toute société ; l'article 1832
du Code civil définit la société : un contrat par lequel deux
ou plusieurs personnes conviennent de mettre quelque chose
en commun, dans la vue de partager le bénéfice qui pourra
en résulter ; et la loi dans l'article 1833 dispose que chaque
associé devra y apporter, ou de l'argent, ou son industrie, ou
d'autres biens. En un mot, tout ce qui est susceptible de
propriété ou de jouissance, voire même des choses incorporelles, peut faire l'objet d'un apport social.

Dans les sociétés par actions, les apports sont divisés en
deux grandes classes : les uns sont faits en espèces, les autres, désignés sous le nom d'apports en nature, sont, suivant

les expressions de l'article 4 de la loi de 1867, tous ceux qui
ne consistent pas en numéraire [1]. La liste de ces derniers est
donc très variée ; elle comprend tous les biens meubles ou
immeubles, corporels ou incorporels, tels qu'un fonds de
terre ou de commerce, un brevet d'invention, la concession
d'une mine, l'exploitation d'une usine, le travail. Leur valeur
est incertaine, aléatoire ; or il importe que la mise de chacun
soit déterminée, pour que les actionnaires prennent dans les
bénéfices une part proportionnelle, et que les tiers puissent
compter sur un capital qui soit une réalité. C'est au moyen
d'une évaluation, faite par les deux assemblées générales dont
les articles 4 et 24 prescrivent la réunion, que sera fixé d'une
manière irrévocable le prix des apports en nature.

Le mot « numéraire » n'est pas pris par la loi dans un
sens absolument restrictif. Les motifs mêmes qui ont inspiré le législateur indiquent qu'il faut assimiler au numéraire « tout ce qui peut être réputé argent comptant [2] », les
billets de la Banque de France, par exemple, les bons du
Trésor payables à vue, les chèques et tous papiers-monnaie,
en tant qu'ils sont d'un recouvrement immédiat et certain.
La mesure de la vérification ne serait même pas applicable à
l'apport fait en effets de commerce, en valeurs de crédit ou
de portefeuille ; car, ainsi qu'il résulte d'un arrêt de la Cour
d'Agen [3], elles se distinguent « de celles dont s'occupe
l'article 4 de la loi, qui, à cause de leur valeur incertaine et
variable, doivent être préalablement soumises à la vérification
et à l'approbation des actionnaires en assemblée générale ».
Le versement du quart exigé de tout souscripteur ne serait
pas valablement effectué au moyen de leur remise, car il
n'appartient pas au gérant ou aux fondateurs d'accepter, au

1. Ces expressions se trouvent déjà dans l'article 4 de la loi de 1856 et
dans l'article. 5 de la loi de 1863.

2. Cass. 11 mai 1863. — Sir. 63, 1, 284.

3. 6 décembre 1860. — Dall., 61, 2, 60.

lieu de numéraire, des valeurs dont le recouvrement sera peut-être difficile et occasionnera des frais ; mais, pour le surplus de la souscription, ces valeurs seraient valablement acceptées sans estimation préalable pour un prix égal à leur énonciation, sauf encaissement.

Lorsque les membres d'une société dissoute apportent à une société en voie de formation la part d'actif qui leur revient dans la liquidation de l'ancienne, ils font un véritable apport, lequel, ne consistant pas en numéraire, tombe sous l'application de l'article 4. C'est ce qu'a admis avec raison la Cour de cassation [1]. Dans l'espèce, le capital social avait été constitué par les commanditaires et les créanciers d'une précédente association dissoute et mise en faillite uniquement au moyen de valeurs provenant de cette faillite. La Cour déclara que les nouveaux associés n'étaient pas affranchis de l'obligation de verser le montant total du capital annoncé au public, alors que les valeurs apportées à la société n'avaient pas été appréciées et approuvées en assemblée générale. Cependant, étant donné le but poursuivi par le législateur, la vérification ne nous paraîtrait pas nécessaire, ainsi que l'a décidé la Cour de Dijon [2], lorsque l'apport provenant de sommes versées à une société dissoute est déterminé ; que l'actionnaire a pris l'engagement de garantir la société nouvelle contre toute perte causée par la liquidation de la précédente, et que l'assemblée générale a, le jour même de la signature du pacte social, reconnu la sincérité des versements constatés par cet acte. En pareil cas, en effet, la mise de l'associé n'est pas aléatoire, puisqu'il s'oblige à maintenir son apport au chiffre fixé.

Il ne faut pas confondre la vente avec le contrat d'apport ;

---

1. Cass. 10 mai 1869. Sir. 70, 1, 391. — Cour de Paris, 28 avril 1883. — *Journ. des Sociétés*, 1883, p. 412.

2. 16 février 1881. — Dall., 82, 2, 109.

la vérification n'est ordonnée que s'il y a apport. Si celui qui
livre ses biens à une société qui se constitue doit recevoir en
échange des actions et devenir associé aux bénéfices et aux
pertes de la société, c'est un un contrat d'apport, et l'article 4
est applicable. Si, au contraire, un immeuble est entré dans
l'actif de la société aux termes des statuts, mais à titre de
vente ferme, si cette transmission s'est effectuée, non pas
moyennant une part de droits sociaux, mais moyennant une
somme d'argent, c'est simplement une vente qui sera soumise à l'assemblée des actionnaires. Le propriétaire se trouve
vis-à-vis de la société dans la situation d'un vendeur vis-à-vis
d'un acheteur, et notamment il jouit du privilège du vendeur.

Cette distinction est importante, non seulement au point de
vue civil et commercial, mais encore au point de vue fiscal ;
elle a été très bien posée dans un arrêt rendu en audience
solennelle par la Cour d'Orléans saisie par la Cour de cassation après cassation d'un arrêt de la Cour de Paris. La société
des eaux minérales d'Enghien abandonnait différents meubles
et immeubles à la société des Thermes, dans laquelle elle
s'absorbait, à la charge par celle-ci de rembourser, en l'acquit
de celle-là, des obligations s'élevant à une somme déterminée
et, en outre, moyennant l'attribution d'un certain nombre
d'actions de la société nouvelle. L'acte de société déclarait qu'il
y avait eu apport, et de fait, les immeubles avaient été vérifiés,
évalués, approuvés conformément à l'article 24 ; c'est sur ces
motifs qu'on s'appuyait pour contester à la société des eaux le
privilège du vendeur. La Cour de Paris le lui reconnut cependant, mais parce que ces faits « n'étaient que des apparences
cachant sous une fausse qualification la vérité des choses. »
Il résultait des documents du procès dans lesquels se trouvait
a révélation de l'intention des parties, qu'il y avait eu entente entre les représentants des deux sociétés pour la cession
des immeubles moyennant une somme fixe qui devait être
garantie à la société des eaux : moitié à payer aux obligataires,

moitié en actions qui seraient remises en espèces. D'après la Cour de Paris, il était donc évident que c'était une vente qui, sous forme d'apport, s'était réalisée entre les parties.

Cet arrêt fut cassé ; il contenait une erreur de droit ; les documents qui relataient la convention secrète intervenue entre les parties n'étaient rien autre chose qu'une contre-lettre; or, d'après l'article 1321 du Code civil les contre-lettres n'ont d'effet qu'entre les parties contractantes, et n'en ont pas contre les tiers, voire même contre les créanciers chirographaires. Il était antilégal de faire prévaloir les clauses de ces documents sur les stipulations du contrat ostensible. C'est alors que la Cour d'Orléans, « considérant que l'abandon que fait un tiers à une société d'immeubles lui appartenant ne constitue pas une vente, mais un contrat d'apport en société, lorsque ce tiers doit recevoir, comme équivalent de la valeur de ses immeubles, des actions de ladite société, et qu'il ne lui est alloué ni retour ni bénéfice indépendant du bénéfice commun ; qu'il apporte en effet dans ce cas des immeubles à titre de mise sociale et qu'il se trouve de la sorte participer à une communauté d'intérêts dont la prospérité peut seule le rémunérer de la valeur qu'il y a engagée ; mais qu'il en est autrement lorsque le tiers reçoit le prix de cet apport ou l'équivalent du prix au moyen d'une somme d'argent payée à lui-même ou à ses créanciers ; que dans ce cas il y a vente jusqu'à concurrence de la somme payée », établit, d'après les énonciations même de l'acte, une distinction entre ses stipulations et décida qu'il y avait eu apport pour la somme en représentation de laquelle des actions libérées avaient été attribuées, et vente pour la somme à payer aux obligataires. Mais, comme les parties avaient distingué, en l'espèce, dans la somme devant servir au payement de ces obligataires la portion du prix applicable aux meubles et celle applicable aux immeubles, le privilège du vendeur (art. 2103 § 1) ne s'étendait sur les immeubles que jusqu'à concurrence de la fraction du prix reconnu immobilier par les parties elles-mêmes[1].

Quelquefois les fondateurs reçoivent, en échange des biens qu'ils livrent à la société, des actions totalement libérées et, en outre, des espèces. Ce procédé est légal, à moins qu'il ne serve à dissimuler une fraude. Il n'est pas interdit à la société d'acheter, moyennant une somme d'argent, une partie des valeurs appartenant à ses fondateurs, mais ceux-ci sont vendeurs et non plus apporteurs desdites valeurs[2].

Il résulte de l'expression même « apports » que l'article 4 ne vise que les biens livrés en échange d'actions à une société en voie de formation ; mais il n'atteint pas ceux qui sont devenus la propriété de la société par un contrat intervenu au cours de ses opérations. Le législateur veut protéger les souscripteurs qui se lancent aveuglément dans des associations sans fondement, et, comme le dit M. Mathieu, ne connaissent du pacte social que le bulletin de souscription au bas duquel ils apposent leur signature. Mais, lorsque la société a été mise en état de fonctionner régulièrement, la protection de la loi serait plutôt nuisible qu'utile à son développement.

Le cas de fraude doit être, bien entendu, réservé. Il est à craindre, en effet, que, profitant de cette liberté laissée par la loi, les gérants n'attendent la formation définitive de la société pour acquérir sans contrôle effectif ce qui doit faire l'objet de la société. Une société en commandite par actions est constituée pour l'exploitation d'une mine qui provisoirement reste entre les mains de son propriétaire. Le fonds social est divisé en actions payables en numéraire, et le propriétaire de la mine en prend un certain nombre. Puis, la société constituée, le gérant achète la mine, et la compen-

---

1. Cass. 29 juin 1881. — Orléans, 11 mai 1882, *Journ. des Sociétés*, 1883, p. 437. — En matière fiscale, Cass. 13 août 1877. Sir. 77, 1, 479.

2. Trib. de comm. de la Seine, 10 mai 1882, *Journ. des Soc.*, 1883, p. 425.

sation s'opère légalement entre le prix de la mine et le montant des actions souscrites par le vendeur. Les tribunaux, en
vertu de leur pouvoir souverain d'appréciation, examineront,
d'après les circonstances de la cause, si le retard apporté à
l'acquisition de la mine est le résultat d'une entente frauduleuse entre le propriétaire et le gérant pour éluder les dispositions de l'article 4, ou si la mine est entrée dans l'actif de
la société par suite d'une vente ferme consentie au gérant
et non à titre d'apport. Si, en réalité, il y a eu soustraction
d'un apport à la vérification préalable, les tribunaux prononceront la nullité de la société pour fraude à l'article 4 [1].

L'apport doit être déterminé, transmis ou promis à la société au moment de sa constitution. Si l'apport avait un
caractère purement éventuel et que des actions eussent été
attribuées immédiatement à son propriétaire, la société serait
nulle pour violation de l'article 1er qui exige la souscription intégrale du capital social ; il est, en effet, contraire à la loi de
soumettre la réalisation du capital social à des conditions qui.
pourraient le faire disparaître en partie et avec lui les sûretés
matérielles qui lui sont attachées, sauf aux tribunaux à juger
si l'apport est véritablement conditionnel. Dans une espèce
soumise à la Cour de Paris [2], un associé avait fait un apport
consistant dans l'actif d'une société précédente, lequel était
grevé d'un certain passif laissé, d'après les statuts, à sa
charge personnelle ; cette situation avait été connue et acceptée par les assemblées générales d'actionnaires convoquées en conformité avec l'article 4, et il avait été convenu que
le dépôt dans la caisse d'un certain nombre des actions qui
avaient été accordées à l'associé servirait à garantir le payement du passif. On demanda la nullité de la société par ce
motif que le dépôt avait eu pour effet de modifier l'apport,
en lui donnant un caractère éventuel, et que, par suite, le ca-

1. Cass. 14 juillet 1873, Dall. 76, 1, 160.
2. 28 avril 1883, *Journ. le Droit* du 12 mai 1883.

pital social n'avait pas été souscrit en totalité et d'une manière définitive. Mais la Cour rejeta cette demande avec raison, car la remise en garantie n'avait pu avoir lieu qu'après que l'attribution des actions était devenue définitive, à une époque où ces titres étaient la propriété de l'apporteur qui était libre d'en disposer ; et, si la promesse de cette garantie avait été insérée dans les statuts, la réalisation en était subordonnée, comme celle des autres clauses statutaires, à l'existence de la société et notamment à l'acceptation des apports par l'assemblée générale.

La transmission de la propriété de l'apport en nature se fait par l'acte même de la constitution de la société ; celle-ci en devient de suite propriétaire. Celui qui a effectué l'apport n'a pas le droit de le reprendre à la dissolution de la société ; il est devenu une valeur sociale figurant à ce titre dans les inventaires annuels. La transmission opérée, la chose est aux risques de la société, et, si elle vient à périr fortuitement, le contrat n'est pas rompu, à moins qu'elle ne soit essentielle à l'existence de la société ; ainsi, il y aurait dissolution au cas de perte totale de l'usine que la société avait pour but d'exploiter (art. 1867, C. civ.). En cas d'éviction, l'apporteur est tenu de l'obligation de garantie conformément aux règles admises en matière de vente (art. 1845, C. civ.). La société commerciale est une personne morale distincte de la personne des associés ; l'article 69, § 6 C. pr. la reconnaît lorsqu'il permet au demandeur qui l'assigne de dénoncer sa demande au siège social. Par suite de cette personnalité, l'acte de société qui contient un apport immobilier doit être transcrit au bureau des hypothèques ; la transmission de la propriété ne sera opposable aux tiers ayant des droits sur l'immeuble qu'à compter du jour de la transcription. C'est l'application de la règle générale insérée dans la loi du 23 mars 1855 ; mais la transcription n'est pas une forme de publicité destinée à porter les statuts à la connaissance des intéressés et dont l'inobservation entraîne la nullité de la société. Ce point a été résolu en ce sens par la Cour de cassation [1]. De même la cession d'une universalité de droits doit être notifiée aux débiteurs des créances dépendant de cette universalité.

Que la société comprenne exclusivement des apports en nature ou tout à la fois du numéraire et des apports, les mesures protectrices de vérification sont toujours applicables. Une seule dérogation est formellement prévue par le paragraphe 8 de l'article 4 ; elle est relative au cas où les fondateurs, sans faire appel aux capitaux étrangers, constituent le fonds social avec des apports qui sont leur propriété indivisée, et se repartissent entre eux les actions de la société. Le bénéfice de cette exception doit être également acquis, d'après le rapport de la commission de la loi de 1867, à des associés qui, après avoir formé entre eux une société en nom collectif ou en commandite simple, jugent à propos de transformer cette société en une société de capitaux, et, en conséquence, divisent le fonds social en actions qu'ils s'attribuent proportionnellement à la part de chacun d'eux dans la société primitive. A raison de l'importance que présente la disposition exceptionnelle du paragraphe 8 de l'article 4, nous l'étudierons dans un chapitre spécial où il sera traité de la constitution des sociétés dont le capital se compose exclusivement d'apports en nature.

La composition du capital social n'est pas sans avoir de l'influence sur le crédit de la société, et il est utile aux tiers de connaître, non seulement la forme de la société, mais encore le chiffre des valeurs réalisables sur lesquelles ils peuvent compter, et celui du capital immobilisé pendant le cours de la société. Aussi d'après le paragraphe 2 de l'article 58, l'extrait de l'acte constitutif, publié dans le mois de la constitution de la société dans l'un des journaux désignés pour recevoir les annonces légales, doit-il, pour les sociétés anonymes,

____

[1]. *Aff. du batelage de Saint-Pierre.* Sir. 81, 1, 1.

énoncer « le montant du capital social en numéraire et en autres objets ». Ces objets autres que le numéraire sont évidemment les apports en nature, dont l'évaluation spéciale devra être indiquée dans l'extrait ; c'est en ce sens que le rapporteur de la loi, M. Mathieu, interprète cette disposition.

D'après l'article 57, l'extrait énoncera, dans les sociétés en commandite, « le montant des valeurs fournies ou à fournir par les actionnaires ou commanditaires ». Ces expressions ont permis de contester l'obligation d'insérer la proportion dans laquelle les apports en nature font partie du capital social, et l'on a jugé [1] qu'il n'est pas nécessaire, dans le cas où la commandite peut être fournie autrement qu'en numéraire, de faire connaître cette faculté dans l'extrait, et de déterminer exactement dans quelle mesure le numéraire peut être remplacé par des apports en nature. Il y a, à l'appui de cette opinion, un puissant argument de texte. « Le montant des valeurs », dit la loi, ce qui ne comporte qu'un seul chiffre pour le tout, le chiffre de la commandite totale. Cette énonciation générale ne nous semble pas toutefois suffisante. Le but de la publicité donnée à l'acte de société en commandite, c'est d'établir le crédit du gérant de la société. Or, si la commandite a été réalisée par la cession d'un fonds de commerce, d'un brevet d'invention ou de tout autre objet, les tiers, pour apprécier les garanties qui leur sont offertes, doivent en être informés, sans quoi ils seraient induits en erreur sur les éléments de leur propre sécurité, et le but de la publication serait manqué. L'article 57 n'est que le corollaire de l'article 4 ; il ne suffit pas que les apports en nature soient évalués ; il faut que cette évaluation soit portée à la connaissance des tiers. Les formalités de vérification sont obligatoires dans la commandite comme dans la société anonyme ; il en résulte que la publication de la valeur reconnue aux apports l'est aussi. L'article 57 ne diffère pas, sauf quant à la forme, de

1. Cour de Bordeaux, 12 avril 1879, *Journ. des Soc.*, 1880, p. 109.

l'article 58, § 2.; si les termes ne sont pas identiques, c'est que le législateur voulait préciser sa pensée, attendu que la reproduction dans l'article 57 des expressions mêmes de l'article 43 du Code de commerce, spécial aux commandites, aurait été de nature à faire naître des doutes sur l'extension de la règle aux sociétés anonymes ; mais l'article 58, § 2, doit servir à interpréter l'article 57. Cette théorie est conforme à la tendance générale qui porte les économistes à réclamer pour la publicité un plus grand rôle dans les sociétés. C'est ainsi que, dans un projet de loi déposé à la Chambre le 28 février 1882, M. Waldeck-Rousseau propose avec raison l'addition au paragraphe 1er de l'art icle 64 des mots « en spécifiant la part du capital qui ne consiste pas en numéraire », de manière à ce que les actes, écritures, annonces, publications et autres documents imprimés ou autographiés rappellent la composition du capital.

La loi du 24 juillet 1867 prononce la nullité de la société pour inobservation des formalités ordonnées par les articles 55 et 56, mais elle ne formule aucune condition relative à l'omission dans l'extrait de l'une des énonciations prescrites par les articles 57 et 58. Le mode de publicité visé par ces derniers articles doit être complet, se suffire à lui-même et porter à la connaissance des tiers tout ce qu'ils ont intérêt à connaître. Cependant il y a lieu, selon nous, de distinguer entre les clauses et mentions substantielles, normales, et celles qui sont secondaires, accidentelles, les unes pourvues de la sanction de la nullité, les autres simplement non opposables aux tiers. Les tribunaux, en vertu de leur pouvoir discrétionnaire, décideront si l'omission a été de nature à rendre inefficace la publication de l'acte social, ce qui équivaut au défaut de publication, et à causer aux tiers un notable préjudice [1].

1. Conf. Vavasseur, *Traité des sociétés civiles et commerciales*, no 1016 *bis*, 3e édit. — Pont, *Traité-commentaire des sociétés civiles et commerciales*, no 1225. — Note dans Dall., 79, 2, 198.

Or, l'indication de la composition du capital nous paraît être à raison de son importance une mention obligatoire ; si elle restait secrète, les tiers seraient trompés sur le véritable état de la société, et ignoreraient la nature du gage qui leur est fourni ; l'acte de société tout entier serait nul, car cette omission, vis-à-vis des tiers pour lesquels l'extrait seul existe, porterait atteinte à l'essence même de la société. Si un immeuble apporté à la société est hypothéqué, cette restriction devra être insérée dans l'extrait, quand bien même il eût été estimé moins cher à raison de cette charge. Dans le cas où la réserve de l'hypothèque n'aurait pas été spécifiée, la conséquence forcée serait la nullité de la société. Cette solution s'impose, quelle que soit l'opinion admise quant à la sanction des articles 57 et 58, et eût-onp osé en principe que les clauses non publiées sont seules nulles et non avenues à l'égard des tiers, et que ceux-ci, n'étant pas liés par elle, sont placés dans la situation qui leur est créée par l'extrait tel qu'il a été publié [1]. Comment, en effet, dans notre hypothèse, le même immeuble pourrait-il être considéré par les tiers comme libre vis-à-vis d'eux, et comme grevé d'hypothèque envers le créancier hypothécaire ? Peu importe que le fait de la réserve de l'hypothèque ait été notoire ; les tiers d'après la loi ne sont tenus de s'en rapporter qu'à l'extrait [2].

Le travail peut être l'objet d'un apport social ; l'article 1833 du Code civil le dit formellement pour la société civile qui est le type primordial de toutes les autres sociétés, et la généralité des termes de l'article 4 de la loi de 1867 le laisse entendre. Cet apport se réalisera successivement par la participation à l'exploitation de l'entreprise commune ; il est promis lors de la constitution de la société, mais il ne se complétera qu'au cours de l'existence de la société. Le caractère futur du travail ne fait pas obstacle à ce qu'il soit

1. Lyon-Caen et Renault, *Précis de droit commercial*, no 306.
2. Voir toutefois l'arrêt de la Cour de la Réunion, 16 juin 1876 ; Sir. 77, 2, 1.

commanditaire ou actionnaire, puisque, d'après l'article 57, l'apport consiste « en valeurs fournies ou à fournir ». Il n'est pas douteux que l'extrait doive mentionner l'apport industriel au même titre que celui en numéraire. Mais doit-il être estimé et l'estimation doit-elle en être publiée ? « La loi, dit M. Vavasseur, ne veut pas l'impossible ; le supposer, c'est faire injure au législateur. Je suis donc d'avis, jusqu'à démonstration contraire, que la loi nouvelle, comme la loi ancienne, n'exige que le chiffre du capital en numéraire et celui des apports en nature ; quant aux travaux à venir, ils seront énoncés dans l'extrait, sans estimation, par l'indication de leur nature et des conditions auxquelles ils doivent être exécutés[1]. » Qu'une évaluation soit difficile, je ne le nie pas, mais elle n'est pas impossible ; elle sera basée, non sur la valeur de tous les travaux à exécuter pendant la durée de la société, mais sur la nature de l'industrie, son mode d'exécution, le profit que la société est appelée à en retirer. Le législateur a regardé cette mise sociale comme ayant une valeur intrinsèque réelle et susceptible d'appréciation ; en effet, dans les sociétés civiles, l'associé industriel doit lui-même estimer son apport, et c'est pourquoi, s'il ne prend pas ce soin, l'article 1853 l'assimile à l'associé qui a le moins apporté. L'apport de travail est évidemment un apport en nature ; or l'article 4 ne fait aucune distinction, et assujettit tous les apports de cette sorte à l'évaluation et à l'approbation par les assemblées générales ; elle est nécessaire pour fixer la proportion dans laquelle le travailleur participera aux bénéfices et contribuera aux pertes. Ce principe posé, pourquoi ne pas en admettre la conséquence, c'est-à-dire l'obligation de mentionner dans l'extrait la valeur de cet apport reconnue par les assemblées générales ? Le législateur l'ordonne dans les sociétés anonymes par ces mots « en autres objets » ; le travail rentre dans la catégorie

1. Vavasseur, *Sociétés*, n° 1019.

de ces autres objets, et il n'y a pas de motifs pour établir une distinction entre les sociétés anonymes et les sociétés en commandite par actions [1]. C'est surtout en matière fiscale que la question s'est posée. La loi du 28 février 1872 a substitué le droit gradué au droit fixe en ce qui concerne les actes de formation et de prorogation de société, et la quotité de ce droit est calculée sur le montant total des apports mobiliers ou immobiliers, déduction faite du passif. Quelques tribunaux ont décidé que l'apport industriel ne devait pas subir le droit gradué, en se fondant précisément sur ce que cet apport « considéré comme apport de jouissance ne serait pas susceptible d'évaluation » ; mais la majorité des tribunaux a repoussé cette opinion.

Nous n'avons envisagé jusqu'ici que la fondation de la société ; mais le contrat social, en voie d'exécution, peut recevoir des modifications qui atteignent la société, soit quant à sa durée, soit quant à la composition du fonds social, soit quant à sa forme. La difficulté est de distinguer celles qui en altèrent l'essence, la renouvellent et entraînent formation d'un nouvel être moral soumis aux formalités initiales de la loi de 1867, et notamment à l'article 4.

Une société prorogée est, en principe, une société continuée et non créée. C'est ce qui est reconnu universellement par la jurisprudence. Le pacte social ne repose pas sur des bases différentes ; il est le même et la volonté des parties ne fait qu'en retarder la cessation. La prorogation implique intention de prolonger l'existence de la société, mais non d'en changer les principaux éléments. Il ne saurait donc être question, au cas de prorogation pure et simple, d'appliquer les prescriptions relatives aux apports en nature, à moins que, sous le nom de prorogation, on eût dissimulé la reconstitution de la société. Si la prorogation était accompagnée de conventions substituant, sans que cette substitution eût été

____

1. Bédarrides, loi de 1867, n° 605.

prévue par les statuts, à l'entreprise primitive des entreprises
tout à fait distinctes, l'ancienne société, par suite de l'abandon complet de l'objet social, ferait place à une société nouvelle, et l'article 4 devrait être observé dans le cas où elle
comprendrait des apports en nature.

L'extension des affaires d'une société la force à augmenter
son capital ; des immeubles sont utiles à son exploitation ;
elle les paye avec de nouvelles actions qu'elle émet. Ces immeubles devront-ils être vérifiés conformément à l'article 4 ?
Si, ce qui est le plus fréquent, l'augmentation du capital a été
autorisée par les statuts, M. Pont [1] se prononce pour la négative. C'est alors un fait normal, conforme au développement
de la société, prévu dès l'origine par les actionnaires qui ont
adhéré au pacte social, et par les tiers qui en ont été avertis
par la publication des statuts ; elle ne modifie pas le contrat
social ; elle en est, au contraire, l'exécution. La société subsiste identique, et continue de fonctionner ; elle ne se recon-
stitue pas. Les biens achetés et payés avec les actions de la
nouvelle émission doivent être considérés comme étant entrés
dans l'actif de la société au cours de son existence ; ils ne sont
pas, à proprement parler, des apports. Par application de
cette idée, la cour d'Aix a décidé qu'un immeuble, acquis par
une société moyennant un certain prix dont partie devait être
payée au moyen d'actions à créer en vue de l'augmentation
du capital social, n'était pas assujetti à la vérification, attendu
que l'augmentation du capital avait été autorisée par les
statuts et par suite n'entraînait pas dissolution de l'association [2]. Si, au contraire, les statuts n'ont pas expressément
réservé cette faculté d'augmenter le capital, c'est un fait nou-

---

1. *Sociétés*, nos 876 et 1089. — D'après M. Vavasseur (no 378), si l'augmen
tation a lieu par voie d'apports en nature, l'article 4 ne devrait pas être appliqué, en principe, à moins qu'en fait il ne s'ensuivit création d'une nouvelle
société.

2. 9 avril 1867. — Arrêt de rejet du 11 mai 1870. Dall., 70, 1, 401.

veau imprévu, qui modifie la société dans son objet par l'extension du fonds social et dans son personnel par l'adjonction de nouveaux actionnaires. Ce n'est pas en vertu du contrat primitif que les anciens actionnaires ont consenti à l'admission d'autres actionnaires ; une société différente se fonde et succède à la précédente. Les apports en nature devront donc, selon les articles 4 et 24, être estimés pas les assemblées constitutives.

L'observation des formalités initiales nous paraît cependant nécessaire dans tous les cas, sans qu'il y ait lieu de s'arrêter à la distinction proposée [1]. Sans doute, si une clause spéciale a été insérée dans les statuts, cette société qui s'accroît selon le but de son institution ne se renouvelle pas, elle reste la même ; mais il n'en résulte pas que le capital complémentaire ne doive pas être soumis aux mêmes prescriptions que le capital originaire. L'augmentation du capital équivaut à une constitution partielle de la société ; dès qu'elle a été votée par l'assemblée générale réunie conformément aux statuts, le capital social n'est plus entier ; la société est, pour ainsi dire, en suspens et n'est plus définitivement constituée. La période de fondation est réouverte, et les règles applicables pendant cette période sont en vigueur ; cette situation provisoire ne prendra fin que par la réunion du nouveau capital régulièrement formé, et, s'il comprend des apports en nature, évalué selon l'article 4. Les mêmes dangers ne sont à craindre que lors de la création de la société, ils nécessitent les mêmes précautions légales.

On objecte que la loi a entendu proscrire les sociétés mort-nées, se constituant hâtivement avec un capital insignifiant, mais non entraver celles qui ont fait leurs preuves, fonc-

---

1. Cette distinction toutefois est exacte, lorsque la société, dont le capital est augmenté, a été fondée avant la promulgation de la loi de 1867, car, d'après l'article 46, les sociétés anonymes alors existantes restent soumises aux dispositions qui les régissent.

tionné loyalement et sont déjà connues par leurs opérations. M. Pont ajoute à cet argument qu'une société qui se fonde étant tenue de s'abstenir de tout fonctionnement, il est impossible d'exiger cette abstention au cas de simple augmentation du capital. Les rapports présentés au Corps législatif en 1856 et en 1867 semblent, en effet, indiquer l'intention du législateur de ne régler que la formation des sociétés par actions ; mais il existe entre la constitution d'une société et l'augmentation de son capital de tels rapports d'analogie que, si l'on consulte l'esprit et la portée de la loi, il est difficile de ne pas leur imposer les mêmes règles. Le nouveau capital est peut-être destiné à déguiser la perte de l'ancien, et c'est avec lui seul que la société continuera ses opérations, or il importe, dans l'intérêt du crédit de la société, que les tiers soient assurés que ce nouveau capital n'est pas un trompe-l'œil et que des actions de la nouvelle émission n'ont pas été attribuées en échange d'apports en nature sans consistance. Ne pas réglementer l'augmentation du capital, ce serait donner prise à des manœuvres frauduleuses ; il suffirait de créer une société avec un capital dérisoire, puis, grâce à une autorisation insérée dans les statuts, de l'augmenter par des émissions successives et d'acheter, au cours de la société, les éléments nécessaires à son fonctionnement qui se trouveront de la sorte échapper aux formalités de l'article 4. Il est vrai, ainsi que le remarquait M. Langlais [1], que « c'est surtout à l'origine des sociétés qu'il faut saisir l'agiotage, car c'est alors que le charlatanisme agit avec succès ». Mais, s'il est dangereux qu'une société entre en exercice sans avoir le capital indispensable pour subvenir à son entreprise, il l'est autant qu'elle se lance dans de nouvelles spéculations avec un capital imaginaire [2]. Rien ne force la société à suspendre ses

1. Rapport 1856, Dalloz, no 110.

2. Dalloz, *Rép.*, V. sociétés, no 1183 ; — Alauzet, *C. de comm.*, t. I, no 448 ; — Beudant, *Rev. crit.*, t. XXXI, p. 124.

opérations pendant la période de formation du capital complémentaire. On comprend qu'une société ne doive pas fonctionner tant qu'elle n'est pas définitivement constituée ; mais, lorsqu'elle existe déjà, elle continue de vivre avec son capital originaire jusqu'à ce que le projet d'augmentation se soit valablement réalisé. L'inobservation de la loi n'entraîne pas la nullité originelle et rétroactive de la société, et de ses actes faits lorsqu'elle était régulière. Ce qui est nul, c'est seulement l'augmentation du capital ; la société reste ce qu'elle était auparavant, et l'on a comparé avec raison cette nullité à celle de l'article 61 qui, lorsque publicité n'a pas été donnée à une modification survenue pendant le cours de la société et de nature à altérer les rapports de cette société avec les tiers, n'atteint que cette modification [1].

La commission sénatoriale chargée d'examiner le projet de loi sur les sociétés s'est prononcée en ce sens. L'article 32 du projet déclare que « les formalités et conditions prévues par la constitution de la société sont applicables à toute augmentation du capital social ». Cette disposition est sanctionnée par le paragraphe 2 de l'article 40 ainsi conçu : « Sont également nuls tous actes et délibérations ayant pour objet l'augmentation du capital social effectuée contrairement à l'article 32 ». Par ce texte, toute discussion sur le point de savoir si la nullité des actes et délibérations relatives à l'augmentation du capital social rétroagit sur l'ensemble de la société se trouve écartée.

La modification porte souvent aussi sur la forme de la société. La loi, nous l'avons vu, statue implicitement sur un cas de transformation d'une société préexistante, c'est celui où une société en nom collectif ou en commandite sans actions se transforme, pour des motifs d'ordre purement intérieur, de société de personnes en société de capitaux, sans avoir recours à une souscription publique. La commission du

1. Article de M. Buchère, *Journ. des Sociétés*, 1883, p. 523.

Corps législatif a affranchi cette transformation des règles de l'article 4 ; c'est là une exception qui doit être restreinte strictement à l'hypothèse telle qu'elle a été soumise à la commission. Mais toute société est apte à revêtir une forme nouvelle, et, par exemple, une société en commandite par actions peut se convertir en société anonyme. Cette conversion non prévue par les statuts opère-t-elle création d'une société nouvelle ? Le principe posé dans un arrêt de la Cour de Besançon [1], c'est qu'une société reste la même, lorsque les personnes et les choses ne changent pas. La Cour, il est vrai, l'applique mal, en soutenant que la transformation d'une commandite en anonymat ne modifie pas la société quant aux personnes et quant aux choses. Est-ce qu'en effet le changement ne porte pas, non pas seulement sur la forme, mais encore sur le fond même de la société ? Dans la société en commandite, il y a deux sortes d'associés, les commandités tenus solidairement et *in infinitum* de toutes les dettes sociales ; les commanditaires obligés seulement jusqu'à concurrence de leur mise ; dans la société anonyme, au contraire, il n'y a qu'une seule classe d'associés lesquels ne sont tous passibles que de la perte du montant de leur intérêt dans la société ; l'une est contractée à la fois *intuitu personæ*, et *intuitu pecuniæ*, l'autre uniquement *intuitu pecuniæ* ; aux gérants engagés personnellement et régissant la société sans un nom social succèdent des administrateurs investis de fonctions temporaires ; leur nom, leur personne sortent de la société et y sont remplacés par des capitaux. Une nouvelle personnalité juridique apparaît donc, et les apports en nature qui faisaient partie de l'ancien fonds social devront être appréciés conformément à l'article 24, pour que la constitution de la société anonyme qui succède à la société en commandite soit régulière. La conséquence de notre système, c'est

1. 15 juin 1869. Sir., 70, 2, 105. — La question se posait sur l'article 1 de la loi.

qu'à raison des modifications profondes que la transformation opère dans les éléments essentiels de la société, elle devra être délibérée, non pas par l'assemblée générale ordinaire, mais par l'assemblée générale extraordinaire composée d'après l'article 27, § 2, de tous les actionnaires ; leur adhésion unanime sera une condition nécessaire pour que la transformation ait lieu. Sinon, la société anonyme serait nulle, et cette nullité entraînerait la responsabilité des membres du conseil de surveillance devenus, conjointement avec les gérants de l'ancienne société, fondateurs de la société nouvelle. Il serait injuste, en effet, et c'est cependant le résultat auquel aboutit la doctrine contraire, que la simple majorité pût attacher la minorité à une association qui n'est plus celle sur laquelle les actionnaires avaient compté lors de leur souscription [1].

M. Vavasseur [2] soutient qu'il ne faut pas songer à une estimation contradictoire des apports. « Il n'y a pas, dit-il, d'apports nouveaux, et d'ailleurs la contradiction serait impossible comme dans le cas où la société est fondée par ceux-là seulement qui sont propriétaires par indivis des apports. L'exception consacrée par le dernier alinéa de l'article 4 de la loi de 1867 serait donc ici applicable. » Mais à qui appartenaient les apports en nature? A la société, personne morale ; ils n'étaient pas indivis entre les associés. Il y a eu non pas un simple changement de forme, mais dissolution de la commandite, et constitution d'une société anonyme ; la souscription intégrale du capital, le versement du quart, la déclaration notariée sont obligatoires ; les immeubles faisant partie de l'ancien fonds social sont versés à titre d'apports à la société anonyme ; une estimation est nécessaire.

---

1. Lyon, 6 février 1868, Sir. 68, 2, 165. — Cour de Paris, 16 août 1879. *Journ. des soc.*, 1880, p. 119. — Trib. de com. de Reims, 19 juin 1878, *Droit*, du 14 septembre.

2. *Sociétés*, n° 459.

Sans quoi, leur valeur ayant subi des modifications, comment déterminer le chiffre du nouveau capital qui, conformément à la loi, doit être publié et inscrit sur les factures et autres documents sociaux, comment savoir si le capital est intégralement souscrit? Le capital nominal doit correspondre au capital réel non seulement à l'époque où la société primitive s'est fondée, mais encore à l'époque où elle s'est transformée. Autrement les tiers seraient induits en erreur en voyant une société anonyme se constituer avec un capital qui serait en partie fictif.

Qu'on n'objecte pas que les articles 55 et 61, § 3, distinguent, sous le rapport de la publicité, la formation d'une société nouvelle de la conversion d'une société en commandite en société anonyme. L'article 61, § 3, se réfère à l'article 19, c'est-à-dire à une hypothèse où la conversion avait été prévue par les statuts. Les statuts des sociétés en commandite antérieure à la loi de 1867 pouvaient avoir été rédigés en vue d'une transformation en sociétés anonymes autorisées ; mais, l'autorisation et les garanties sur lesquelles les associés avaient compté ayant été supprimées, la question était de savoir si ceux-ci étaient encore liés par les statuts. Le législateur admit dans l'article 19 que, si elle avait été expressément désignée dans le pacte social, la conversion en sociétés anonymes dans les termes de la loi de 1867, c'est-à-dire en sociétés libres, pourrait avoir lieu en vertu du vote de la majorité fixée par les statuts. Il faut décider par analogie qu'en toute hypothèse, si le mode de transformation a été nommément spécifié dans les statuts, la société continue d'exister sous une autre forme, mais qu'elle ne se renouvelle pas. La transformation, votée par l'assemblée générale, composée conformément aux conditions établies par le pacte social, ou, si celui-ci est muet, selon l'article 31, opère une reconstitution *ex antiqua causa* et non pas *ex nova causa*, et ni les tiers qui ont été prévenus de cette éventualité par la publication du contrat social, ni les souscripteurs qui ont adhéré aux statuts n'ont à se plaindre de ce changement de forme dont ils ont été informés à l'avance.

Le traité de fusion, au moyen duquel deux ou plusieurs sociétés conviennent de se réunir, est placé dans le domaine de la liberté des conventions, il n'est assujetti à aucune forme spéciale, et peut être passé devant notaires ou sous signatures privées. Les statuts des sociétés autorisent généralement la fusion, et stipulent en même temps quelle est la majorité exigée pour y consentir. L'assemblée de chaque société délibère séparément, et donne pouvoir à des mandataires pour débattre les conditions du traité. La fusion de deux sociétés s'accomplit de différentes manières :

Si l'une vient s'annexer à l'autre en s'y absorbant, et se livre à elle corps et biens, il y aura pour la société survivante un simple accroissement de capital, et, d'après notre système qui étend à l'augmentation de capital les formalités prescrites pour la constitution de la société, les apports en nature faisant partie du nouveau capital devront être vérifiés selon l'article 4.

Les deux sociétés continuent d'exister, simplement modifiées dans leur existence : des entreprises distinctes, pour simplifier la marche de leurs affaires, ont un centre commun d'opérations sans perdre leur individualité respective. En admettant la légalité de cette combinaison basée sur la liberté des conventions et que la jurisprudence[1] d'ailleurs paraît portée à reconnaître, il n'y aurait de changé que leurs conditions d'existence, et leur personnalité issue de leur constitution propre resterait distincte. Il ne saurait être question d'apports en nature à faire approuver par les assemblées générales, puisque le capital total est la réunion de deux capitaux subsistant de la même manière qu'avant la fusion.

---

1. Cass. 8 février 1861. Rejet d'un pourvoi formé contre un arrêt du 24 août 1860. *Journ. du Palais*, 1862, p. 346.

Enfin, les deux sociétés s'absorbent et une société nouvelle naît de la fusion. Les apports en nature, provenant des deux anciennes sociétés dissoutes, devront être évalués selon l'article 4 ; sinon, la société serait nulle. Nous reviendrons d'ailleurs sur cette question dans un chapitre spécial consacré aux sociétés dont le capital comprend exclusivement des apports en nature.

Les sociétés anonymes étrangères [1], et les sociétés non anonymes, mais soumises à l'autorisation dans leur pays, qui ont été habilitées par la loi du 30 mai 1857, ou par un décret rendu en exécution de l'article 2 de cette loi après avis du Conseil d'État, ou par un traité, à exercer leurs droits en France et à y agir en justice, sont-elles obligées d'observer les prescriptions de l'article 4? La difficulté vient de ce que la loi de 1857 et les décrets ne les admettent à jouir de cette faculté qu'autant qu'elles se conformeront aux lois françaises.

La formule de la loi est évidemment trop large. Le législateur a entendu ne pas fermer l'accès du territoire français aux associations étrangères et en même temps protéger les intérêts de nos nationaux qui traitent avec elles. Aussi le gouvernement a-t-il le pouvoir de leur accorder une sorte de naturalisation, mais seulement si les règles qui président à leur création présentent des garanties sérieuses. Par le fait même de l'autorisation, il reconnaît qu'elles offrent toute sécurité. Exiger d'elles l'application des mesures rigoureuses prescrites par notre loi, ce serait leur retirer le bénéfice de l'autorisation. Si, ainsi que le décide la jurisprudence, les dispositions des articles 1 à 5 de la loi 1867 sont d'ordre public, ce n'est que pour les sociétés françaises. Pour celles-ci, en effet, comme le dit M. Lyon-Caen [2], « elles ont été substituées en quelque

____

1. Les sociétés ont la nationalité du pays dans lequel elles ont leur principal établissement, leur centre d'exploitation.

2. *De la condition légale des sociétés étrangères en France*, n° 46.

sorte à l'autorisation préalable dont la nécessité était fondée sur des raisons d'ordre public. Mais, pour les sociétés étrangères, elle ne peuvent avoir ce caractère ; le législateur avait pour elles remplacé l'autorisation préalable par une autorisation générale considérée comme un équivalent. Cette autorisation générale continue à être exigée. » Les lois françaises, auxquelles ces sociétés doivent se conformer d'après la loi de 1857, ce sont les lois qui régissent la propriété immobilière, les lois de police et de sûreté, les lois de procédure et de compétence, et, en général, les lois touchant les grands principes d'ordre public consacrés en France ; elles régissent les personnes morales comme les individus.

Les sociétés en commandite par actions non autorisées dans leur pays et qui peuvent librement agir en France ne sont pas tenues non plus de suivre les règles de la loi française. Si elles ont observé leur loi nationale, aucune autre condition n'est obligatoire ; *locus regit actum.* Avec les divergences qui se rencontrent dans les législations étrangères, ce serait restreindre fatalement le cercle des affaires d'une société à son territoire et entraver le développement des relations commerciales que de la forcer à accommoder sa constitution aux exigences des lois de chaque pays. Il en résulte que les sociétés constituées librement dans un pays où la vérification des apports en nature ne leur est pas imposée sont reconnues comme valables en France, tandis qu'une société française serait en pareil cas menacée de la nullité.

Le projet de loi soumis actuellement aux délibérations du Parlement est plus clair sur la nature et les effets de l'autorisation du gouvernement français. Aux termes de l'article 90, toutes les sociétés étrangères par actions, sans distinguer si elles sont ou non soumises à l'autorisation dans leur pays, constituées conformément à leurs lois nationales, peuvent exercer en France tous les droits accordés aux étrangers, lorsqu'un décret rendu sous la forme de règlement d'administration publique aura, par mesure générale, permis aux sociétés de ce pays d'exercer tous leurs droits et d'ester en justice en France.

CHAPITRE II.

DU MODE DE VÉRIFICATION DES APPORTS EN NATURE

La constitution d'une société par actions est subordonnée à l'accomplissement de cinq conditions énumérées dans les articles 1 à 5, 23, 24 et 25 de la loi de 1867.

Ces conditions sont : 1° la souscription intégrale du capital social ; dans les sociétés anonymes, le nombre des associés ne doit pas être inférieur à sept ;

2° Le versement par chaque actionnaire du quart au moins des actions par lui souscrites ;

3° La constation régulièrement faite par les fondateurs ou par les gérants de la souscription de la totalité du capital et du versement du quart ;

4° La vérification et l'approbation des apports en nature et des avantages particuliers par deux assemblées générales d'actionnaires ;

5° Enfin, pour compléter l'organisation de la société, la nomination d'un conseil de surveillance, s'il s'agit d'une société en commandite par actions ; l'acceptation des fonctions d'administrateurs, s'il s'agit d'une société anonyme.

La société n'est définitivement formée qu'après l'observation de cette série de formalités. Dans la première phase de la constitution, les souscripteurs restent isolés les uns des autres ; la loi veut qu'avant d'être liés définitivement par le contrat ils se réunissent pour examiner en commun et apprécier la valeur des apports en nature. Dans les deux assemblées générales successives, dont le législateur a considéré la réunion comme nécessaire pour sauvegarder les intérêts des associés et ceux des tiers, des éclaircissements réciproques seront échangés ; les gérants et les fondateurs feront entendre leurs explications ; les actionnaires pourront se communiquer leurs impressions, discuter le mode d'exploitation et les chances de l'entreprise ; enfin, ils vérifieront l'estimation proposée des apports en nature, et détermineront le nombre d'actions à allouer en échange de ces apports. Mieux éclairée, plus forte. la majorité rejettera les prétentions des apporteurs, si elles sont exagérées, ce que n'oserait peut-être faire l'initiative particulière d'un seul.

Mais à quel moment précis de la période de fondation de la société doit avoir lieu la vérification des apports en nature ? Le § 2 de l'article 4 ne fait plus dépendre la constitution de la société que de la vérification des apports ; il considère donc comme antérieure la déclaration notariée attestant la souscription de tout le capital et le versement du quart ; ce n'est, en effet, que par cette déclaration qu'est close irrévocablement la liste des souscripteurs appelés aux assemblées générales. D'un autre côté, l'article 25 ne place nécessairement au dernier rang que la seconde assemblée chargée de nommer les premiers administrateurs, de sorte que la déclaration notariée pourrait être postérieure à la première assemblée, et serait subordonnée par les gérants ou par les fondateurs à l'accueil fait à leur proposition dans cette assemblée. Le défaut d'approbation fait échouer le projet de société ; il est inutile, avant d'entrevoir la décision probable de l'assemblée, d'ajouter aux frais déjà faits ceux d'une déclaration notariée. Tout ce qui résulte des travaux préparatoires, c'est que la vérification doit précéder la constitution de la société. En présence de ces textes contradictoires, le mieux est de laisser aux fondateurs toute liberté quant à l'époque de la vérification, pourvu toutefois que la liste des souscripteurs ait été auparavant arrêtée, sinon officiellement, du moins en fait, et que la déclaration notariée soit dressée avant la réunion de la seconde assemblée [1]. Du reste la tendance de la jurisprudence paraît être de ne pas imposer, en ce qui concerne les formalités initiales, un ordre rigoureux, et de permettre, tant que la société n'est pas formée, la rectification de toute irrégularité réparable. L'essentiel, c'est que la société ne naisse pas sans être viable et dotée de tous ses organes. C'est ainsi que la Cour de Lyon [2] a décidé que le versement du premier quart pouvait être valablement effectué dans une société anonyme, même après la déclaration notariée et jusqu'à l'assemblée constitutive, bien que cependant il fût plus correct et plus conforme au texte de l'article 1er de faire précéder du versement la déclaration notariée.

L'émission des actions est-elle régulière, si elle a lieu avant la vérification des apports? L'émission, c'est la remise à chaque souscripteur des titres définitifs, négociables qu'il a souscrits, et qui représentent sa part d'intérêt dans l'entreprise ; elle est interdite avant l'accomplissement des conditions prescrites par les articles 1, 2 et 3 de la loi de 1867. L'article 13 consacre cette interdiction par une sanction pénale sévère, mais, soit intentionnellement, soit par omission, il ne vise pas l'article 4. Il semble donc que l'émission, opérée avant la vérification des apports, serait valable. Mais que signifierait cette remise de titres, qui, si la société ne parvient pas à se fonder, n'auront jamais rien représenté? Comment une société qui n'existe pas pourrait-elle émettre des actions? Ces titres sont l'expression du capital social ; or le capital so-

---

1. Beudant, *Rev. critique*, t. XXXVI, p. 140.
2. *Revue des Sociétés*, 1883, p. 157.

cial n'est pas encore formé, puisque les apports en nature n'ont pas été vérifiés. L'émission implique négociation, on ne conçoit pas la création d'un titre négociable avant que la société ne soit née. Sans doute l'article 2 de la loi de 1867 porte que les actions ou coupons d'actions sont négociables après le versement du quart, mais cela veut dire que les actions seront négociables après la constitution définitive de la société, pourvu qu'elles aient été libérées du quart. La volonté du législateur est d'ailleurs manifeste ; dans la discussion de la loi, M. Millet présenta un amendement déclarant que « la négociation des actions ou des coupons d'actions est interdite avant la constitution définitive de la société. » L'amandement fut repoussé, mais comme inutile, le rapporteur ayant fai remarquer que « l'économie de la loi dans son ensemble indique cette idée [1]. » S'il était permis aux souscripteurs de trafiquer immédiatement après le versement du quart, par voie de négociation, de leurs parts de souscription, si l'émission n'était pas subordonnée à l'existence de la société elle-même, la loi manquerait son but qui est d'assurer à la société des actionnaires sérieux et de mettre un frein à l'agiotage. Cette solution, qui a été formellement insérée dans l'article 50 § 2, à propos des sociétés à capital variable, est rationnelle ; tant qu'il n'y a pas de société, il ne peut y avoir à proprement parler d'actions [2]. Si l'émission précédait la vérification des apports, ce serait un fait irrégulier, mais elle ne constituerait pas l'infraction prévue par l'art. 13 ; en matière pénale où tout est de droit étroit, il est impossible de suppléer à la loi ou d'y ajouter. Une faute cependant a été commise ; les tribunaux rendraient avec raison ses auteurs civilement responsables.

C'est aux promoteurs de l'entreprise, fondateurs ou gé-

<hr>

1. Séance du 12 juin 1867, *Moniteur* du 13 juin.

2. Mathieu et Bourguignat, Comm. de la loi de 1867, no 28. — Lyon-Caen et Renault, nº 246 *bis*. — Pont, nº 908.

rants, qu'il appartient de remplir les premières formalités, de provoquer l'intervention collective des souscripteurs, et de les réunir dans deux assemblées générales ; les propriétaires des apports ont eux-mêmes un grand intérêt à ce que les formalités de l'article 4 soient observées ; leur responsabilité personnelle y est engagée.

Tous les souscripteurs ont le droit de prendre part à ces assemblées ; tous les intérêts, quelque minimes qu'ils soient sont également respectables. L'article 4, § 1, est général, et c'est répondre au but du législateur que de donner à ce débat contradictoire la plus large étendue. Lors de la discussion de la loi de 1856, la commission avait clairement exprimé « qu'il était impossible de ne pas y admettre tous les actionnaires quelque peu considérable que fût le nombre des actions par eux souscrites. » L'esprit de la loi de 1867 est le même. Les statuts, surtout dans les sociétés anonymes, exigent souvent, pour la participation aux assemblées générales, la propriété d'un minimum d'actions. Cette clause sera prise pour règle dans les assemblées annuelles convoquées pendant le cours de la société, mais ici elle serait lettre morte. Elle serait en opposition avec le principe de la loi qui appelle tous les actionnaires aux assemblées préparatoires pour y débattre les éléments constitutifs de la future société ; en outre « les statuts et leur dépôt ne sont que des actes préliminaires qui accusent le projet d'une société, qui la préparent, mais ne la forment pas [1]». Au moment de ces réunions, les statuts n'obligent personne, ils ne peuvent être ni appliqués ni invoqués, puisque la société n'existe pas encore ; ce n'est que postérieurement qu'ils deviendront réellement des statuts.

Comment les souscripteurs seront-ils convoqués à ces assemblées ? La loi ne précise aucun mode spécial. MM. Beslay et Lauras [2] voudraient que dans les sociétés peu nombreuses

---

1. Cour de Paris, 30 novembre 1881. *Journ. des Soc.* de juillet 1882.
2. *C. de comm.*, t. V, n° 429.

la convocation fût faite par acte d'huissier. D'après M. Fou-
reix [1], il faudrait convoquer individuellement tous les souscripteurs à domicile. Sans croire à la nécessité d'un acte extrajudiciaire, M. Pont [2] propose l'envoi de lettres adressées
personnellement à chacun des souscripteurs ; moyen aisément
praticable puisque dans cette période les titres sont forcément
nominatifs. Mais pourquoi cette rigueur ? Pourquoi créer des
formalités qui ne sont pas dans la loi ? L'article 30, dans une
hypothèse à peu près identique se contente d'avis publiés
dans l'un des journaux désignés pour recevoir les annonces
légales ; aussi serait-il suffisant, croyons-nous, de faire une
insertion plusieurs fois répétée dans la feuille d'annonces
judiciaires de la localité. Dans la pratique, les gérants adres-
sent souvent par la poste une circulaire à tous les souscripteurs sous le nom et au domicile énoncés dans la souscription.
D'ailleurs, ce sont là des questions de fait, laissées, en cas
de contestation, à l'appréciation des tribunaux qui auront à
examiner si les souscripteurs ont été mis à même de connaître la date de la réunion. Quant à régler ce point à l'avance,
comme le recommande M. Vavasseur [3], ce serait une précaution inutile, puisque les statuts ne sont encore qu'à l'état de
projet. En somme, les intéressés feront bien de ne pas éco-
nomiser les frais de publicité, car cette économie pourrait leur
être imputée à faute. D'après le Code fédéral des obligations
(art. 620), en Suisse, ce sont les statuts qui déterminent le
mode de convocation.

Dans la loi française, la date de la convocation de la première
assemblée est abandonnée à l'arbitraire des fondateurs, ce
qui parfois entraînera des lenteurs. Il en est autrement dans
plusieurs législations étrangères. Dans la loi belge de 1873,
article 31, le délai est de trois mois à partir de la souscription ;

1. *Traité des sociétés commerciales*, pp. 207 et 208.
2. *Sociétés*, n₀ 984.
3. *Sociétés*, n° 424.

dans la loi hongroise de 1876, il n'est que de deux mois ;
dans la nouvelle loi italienne, il est de quinze jours à dater du jour où le versement a été effectué sur chaque action
(art. 134.)

La convocation doit indiquer le lieu, le jour et l'heure de
la réunion ; un intervalle suffisant sera laissé entre la convocation et la date de la réunion, pour que les souscripteurs,
désireux d'assister aux délibérations de l'assemblée, aient le
temps de s'y rendre. A ce point de vue, aucun délai ne saurait
être fixé d'une manière uniforme.

La loi du 24 juillet 1867 veut que les deux assemblées
constituantes soient distinctes et successives. Il arrivera quelquefois que les actionnaires, dont la plupart auront pris leurs
renseignements avant de souscrire, se déclareront après un
premier examen éclairés sur l'objet de la société ; l'assemblée générale ne pourra cependant, sous peine de nullité de
la société, se dispenser d'une seconde réunion, et voter,
séance tenante, l'approbation du chiffre des apports. La loi
est formelle ; deux réunions sont nécessaires. Le législateur
a voulu éviter toute surprise en laissant aux actionnaires le
temps de se faire une idée plus précise, une opinion plus
raisonnée des apports sociaux ; il a craint que dans la première assemblée ils ne fussent encore sous l'empire des prospectus et des annonces, et qu'en proie à des illusions chimé-
riques ils ne jouissent pas d'une liberté d'esprit entière.
L'article 4 de la loi du 17 juillet 1856 ne contenait aucune
indication quant à l'intervalle qui devait s'écouler entre les
deux assemblées, aussi la Cour de Douai [1] avait-elle jugé que
rien ne s'opposait à ce que, dans les société en commandite,
les deux réunions eussent lieu le même jour, en effet la loi
se bornait à exiger deux réunions. L'article 5 de la loi du
23 mai 1863 portait que la société ne serait définitivement
constituée qu'après l'approbation dans une autre assemblée

1. 22 mars 1865 ; Sir. 66, 2, 13.

générale, « après une nouvelle convocation ». Le texte était encore de nature à prêter à discussion, bien qu'il fût difficile de réunir deux fois les actionnaires dans la même journée sur convocations distinctes. Mais la loi de 1867 a enlevé toute matière à contestation en décidant que la seconde assemblée ne pourra statuer qu'après un rapport tenu à la disposition des actionnaires cinq jours au moins avant sa réunion. L'article 4 a également tranché, et dans le sens de l'affirmative, une question qui se présentait dans l'interprétation de la loi de 1856, celle de savoir si une convocation spéciale était nécessaire pour chaque assemblée. La Cour de Douai avait jugé qu'il importait peu qu'un souscripteur absent à la première réunion n'eût pas été de nouveau convoqué pour la seconde, si la convocation originaire l'appelait à assister aux délibérations relatives à la constitution définitive de la société. Dans le silence de la loi, cette manière de procéder était licite ; il n'en serait plus de même aujourd'hui.

Le rôle de chacune de ces deux assemblées est distinct et nettement indiqué par la loi. La première ordonne les mesures de vérification ; elle en fixe les formes, et dans cet ordre d'idées elle a une pleine liberté d'action. Mais c'est la seconde seule qui, éclairée par le rapport qui lui a été présenté sur la valeur des apports en nature, statue définitivement et en connaissance de cause sur l'opportunité de permettre ou d'empêcher la constitution de la société.

Sur ces formes de vérification, la loi ne contient aucune disposition impérative ; c'est aux souscripteurs de décider quelles elles doivent être. Dans un amendement soumis au Corps législatif, M. de Saint-Paul proposait de rendre obligatoire la nomination par la première assemblée de trois commissaires pris soit dans le sein de l'assemblée, soit en dehors, et chargés de contrôler les déclarations des fondateurs. L'amendement fut repoussé ; le Corps législatif comprit que les actionnaires seraient les meilleurs juges des moyens à employer, d'après l'objet de la société, pour arriver à une estimation exacte des apports sociaux. C'est donc à tort que, de la nécessité de rédiger et d'imprimer un rapport, quelques auteurs ont conclu à l'obligation de nommer une commission pour recueillir tous les documents et renseignements pour la rédaction de ce rapport. L'expertise est également facultative ; le paragraphe Ier de l'article 4 a été à dessein rédigé dans des termes très généraux. En 1856, le projet de la commission du Corps législatif portait qu'il devrait être adjoint à une commission de contrôle un ou plusieurs experts étrangers à la société, nommés à la requête de la partie la plus diligente par le président du tribunal civil ; le Conseil d'État repoussa cette proposition comme trop exclusive, et en 1856 déjà, le législateur entendit laisser la première assemblée libre dans le choix des mesures qu'elle croyait utile de prendre et dans leur mode d'exécution. L'expertise, si elle est ordonnée, est le fait de la volonté des parties, et non de celle de la loi ; elle est amiable et non obligatoire ; il en résulte que les experts ne seraient pas assujettis à prêter serment.

Le rapporteur est, en général, nommé par la première assemblée, mais ce n'est pas là un principe absolu. Si elle a donné mission à une commission d'opérer la vérification, cette commission pourrait être chargée de désigner l'un de ses membres pour dresser le rapport. Quelques auteurs vont jusqu'à admettre que la désignation du rapporteur pourrait valablement être faite par le gérant, si l'assemblée s'en était remise même tacitement, à ce dernier du soin de s'occuper du rapport[1]. Cette manière de procéder ne serait pas en opposition directe avec les dispositions de la loi qui est muette sur ce point ; mais nous ne saurions l'approuver. Elle serait contraire à son esprit et aboutirait à la suppression presque totale du contrôle que la loi a voulu instituer.

1. Beslay et Lauras, t. V, n° 137.

Le rapport est le compte rendu des travaux de vérification des apports en nature. Cette formalité étant de celles qui sont prescrites sous peine de nullité, mention de son accomplissement devra être insérée dans le procès-verbal. Il doit être rédigé et imprimé, ce qui est une garantie de son exactitude et de son caractère sérieux, et tenu à la disposition des actionnaires cinq jours au moins avant la seconde réunion, pour que les intéressés en prennent connaissance et examinent les appréciations du rapporteur, de manière à les combattre, s'ils le jugent convenable, devant l'assemblée. C'est là une innovation de la loi de 1867, mais la loi ne dit pas comment le rapport sera communiqué aux souscripteurs. Il ne serait pas nécessaire d'en adresser un exemplaire à chacun d'eux avec la lettre de convocation. Le rapporteur de la commission législative, justifiant cette mesure, expliquait qu'en elle-même elle était « identique à celles prescrites par les articles 12 et 35 du projet ». D'après ces articles, tout actionnaire « peut prendre, au siège social, communication du bilan et des inventaires ». Dans la pensée de la loi, il suffit donc que le rapport soit déposé, si non au siège social, la société n'existant pas encore, au moins dans un lieu déterminé que les fondateurs feront connaître aux souscripteurs.

Trop souvent le rapport est fait à la légère, et uniquement d'après les explications fournies par les fondateurs; on simule la réunion de deux assemblées, qui en réalité sont fictives et approuvent sans discussion les conclusions du rapport, et toute garantie disparaît. Or, la loi ne veut pas seulement que les précautions légales semblent avoir été observées, il faut qu'elles l'aient été effectivement; si ces faits venaient à être prouvés, les tribunaux annuleraient la société. Une espèce qui fut soumise au tribunal de commerce du Mans nous fournit un exemple de cette fraude. Il résultait des circonstances de la cause que la première assemblée constitutive de la société anonyme des filatures de l'Ouest ayant été tenue le 28 juillet, le rapport déposé le 29, et la seconde assemblée tenue le 5 août suivant, le commissaire-rapporteur n'avait dû consacrer que quelques instants à l'expertise difficile dont il était chargé, bien qu'il se fût prononcé énergiquement pour l'adoption du projet. De plus, par un subterfuge des fondateurs, les actionnaires n'avaient jamais connu et personnellement approuvé les conclusions du rapport ; en effet, les fondateurs, en recueillant leurs souscriptions, leur avaient fait donner une procuration en blanc, afin de pouvoir, sans les appeler, composer avec quelques comparses les assemblées ordonnées. Le tribunal, dans un jugement qui résume les dispositions précitées de la loi et les devoirs rigoureux du rapporteur, se basant sur ce qu'en fait ni le rapport ni les assemblées constitutives n'avaient eu un caractère sérieux, annula la société [1].

Les délibérations sont prises à la majorité absolue ; toute abstention équivaut à une désapprobation, puisqu'il faut que la majorité des membres présents adhère au contrat. Le mot « présents » ne doit pas être interprété dans un sens restrictif, et, contrairement à l'opinion de M. Bravard [2], il est hors de doute que les souscripteurs ont le droit de se faire représenter par un mandataire. Un texte formel aurait seul le pouvoir d'exclure dans les sociétés le mandat qui, en principe, est permis en toute matière, or l'article 27 applique précisément ce principe, lorsqu'il laisse aux statuts, dans les sociétés anonymes, le soin de déterminer le nombre d'actions qu'il est nécessaire de posséder « soit à titre de propriétaire, soit à titre de mandataire » pour être admis dans les assemblées ordinaires. D'ailleurs le mandant n'est-il pas présent dans la personne de son mandataire ? La doctrine de M. Bravard place les souscripteurs éloignés du lieu de l'as-

1. 26 décembre 1882. *Journ des Sociétés*, 1883, p. 175.
2. *Explication de la loi de* 1856, p. 35.

semblée dans une infériorité évidente et leur en interdit presque l'accès.

Dans les sociétés en commandite, tous les souscripteurs ont un droit individuel et égal ; le vote a lieu par tête. Le vote proportionnel à l'intérêt avait été proposé comme plus équitable, mais cette idée ne fut pas acceptée [1]. C'est le suffrage universel introduit en matière juridique, et, grâce à ce régime égalitaire, les gros actionnaires ne pourront pas imposer leur volonté aux petits actionnaires. S'il eût été permis d'écarter de l'assemblée ceux qui n'ont qu'une seule action, il eût été facile aux fondateurs d'avoir une majorité favorable, car leurs amis, souscrivant en général une grande partie des actions, auraient emporté le vote de l'assemblée. M. de Janzé demandait à ce que dans les sociétés anonymes le mode de votation fût le même ; cependant, dans cette sorte de sociétés, il est d'usage de ne laisser prendre part aux assemblées que les propriétaires d'un certain nombre d'actions stipulé par les statuts. Le législateur s'est conformé à cette coutume dans une certaine mesure et n'a pas ôté tout avantage aux principaux actionnaires. Tous les souscripteurs ont le droit de voter, mais les statuts sont applicables en tant qu'ils proportionnent le nombre de voix au nombre d'actions. Toutefois un souscripteur, quel que soit le nombre d'actions dont il est porteur, ne réunira pas plus de dix voix, même s'il ajoute à ses propres actions celles qu'il détient à titre de mandataire (art. 27, § 1).

Par suite du droit de vote individuel, un abus qu'avait fait remarquer M. de Chasseloup-Laubat dans la discussion de la loi de 1856, est de nature à se présenter. Le souscripteur d'un grand nombre d'actions, qui régulièrement n'aurait qu'une voix ou dix voix au plus dans les sociétés anonymes, les répartit entre les mains d'hommes à sa dévotion et acquiert ainsi une notable influence sur les dé-

---

1. Voir le discours au Sénat de M. Chevalier. *Moniteur* du 20 juillet 1867.

cisions de l'assemblée. Avant la constitution définitive de la
société, la négociation des actions par les voies commerciales est prohibée, mais aucune disposition légale ne s'oppose à ce qu'elles soient l'objet de cessions par des procédés
de droit civil, quoiqu'en pense M. Duvergier [1] qui pour
prévenir l'abus signalé serait porté à décider le contraire. Si
toutefois ce procédé aboutissait à la création frauduleuse
d'une majorité factice, il tomberait sous l'application de l'article 13 de la loi de 1867.

Une clause stipulant dans les sociétés en commandite le
vote proportionnel dans les mêmes limites que dans les sociétés anonymes ne serait pas valable, elle serait en opposition avec le principe de la loi et la volonté formelle du législateur. La proportionnalité du vote à l'intérêt n'a été admise que dans les sociétés anonymes et encore d'une manière
restreinte, et c'est à tort que l'on verrait dans l'article 27
une raison d'analogie, car plus d'une différence a été établie
entre les deux sortes de sociétés par actions [2].

Les propriétaires des apports en nature n'ont pas voix délibérative, l'intérêt qu'ils ont à la décision de l'assemblée leur
enlève toute indépendance ; ils seraient à la fois juges et
parties. Ils ne peuvent voter alors même qu'ils seraient aussi
souscripteurs d'actions payables en espèces ; à raison de leur
première qualité, ils ne peuvent s'affranchir de toute partia-
lité. Le droit de vote ne leur est refusé, selon nous, que dans
la délibération qui porte sur la vérification de leur apport.
L'apporteur, lorsqu'il s'agit d'évaluer les autres apports,
n'est plus suspect, ce n'est pas son affaire personnelle qui
est en jeu ; la prohibition de la loi perd sa raison d'être [3].
On a émis la crainte que, dans les sociétés où les apports
en nature forment une grande partie du capital, une entente

1. Loi de 1856, p. 340.
2. *Contra*, Vavasseur, n° 421.
3. Cass. 14 novembre 1866, *Gazette des Tribunaux* du 15 novembre.

frauduleuse n'intervînt entre les différents apporteurs pour être réciproquement indulgents les uns pour les autres et faire monter le prix de leurs biens respectifs. Sans doute, cette hypothèse est de nature à se présenter, mais l'intérêt particulier sauvegarder a le plus souvent l'intérêt collectif. D'ailleurs les voix des propriétaires des apports ne sont pas, en général, suffisantes pour peser sur la détermination de l'assemblée ; dans les sociétés en commandite surtout où, comme nous le verrons, la majorité doit représenter le quart du capital en numéraire, elles n'exerceront qu'une influence minime. C'est, une fois la société constituée, que la prédominance des apporteurs est légitimement à craindre. Si les fondateurs ont fait des apports en nature représentant, par exemple, les deux tiers du capital social, et reçu en échange des actions libérées pour le tout ou pour partie, ils deviennent les maîtres absolus de la société ; ils ont dans les assemblées ordinaires une majorité incontestable et tiennent sous leur domination les souscripteurs d'actions en numéraire. M. Buchère, qui signalait cet inconvénient dans une étude sur les réformes à apporter à la loi sur les sociétés, pense qu'il serait utile de prescrire une certaine proportionnalité entre le capital-apport et le capital-numéraire [1]. Il nous semble très difficile d'admettre une telle restriction à la volonté des parties.

L'acquéreur, avant vérification des apports, d'un certain nombre d'actions allouées à l'un des fondateurs comme rémunération de son apport, doit être considéré, non comme un apporteur, mais comme un souscripteur ; il peut donc faire partie, en personne ou par mandataire, des assemblées constituantes, et même être commis pour vérifier les apports [2]. La situation de cet acquéreur diffère, en effet, de celle d'un apporteur ; si celui-ci n'était exclu, il serait appelé à statuer

1. *Journ. la Loi* du 27 juin 1883.
2. Cour de Paris, 24 décembre 1880, *Journ. des Soc.* 1881, p. 421.

dans un débat où l'estimation qu'il a donnée de ses biens est en question ; comme aliénateur et comme copropriétaire de l'apport par les actions qui lui sont attribuées, il est doublement intéressé à la détermination de l'assemblée de laquelle dépend le maintien ou la résolution de son contrat. L'acquéreur, au contraire, a fait à ses risques et périls un marché soumis à toutes les éventualités que présente la création des sociétés ; il est devenu, moyennant le payement d'une certaine somme d'argent, simplement copropriétaire des apports sociaux, et comme tel, il doit, de même que les autres actionnaires, veiller à ce que la valeur de ces apports soit réelle et exacte. Il n'y a donc pas lieu de lui étendre une incapacité qui est de droit étroit.

Outre les conditions précitées, la majorité, pour être régulière doit, dans les sociétés en commandite : 1° comprendre le quart des actionnaires. Tous les actionnaires, même ceux dont les apports sont en délibération, comptent pour le calcul de ce quart, la loi n'a fait aucune distinction ; 2° représenter le quart du capital social en numéraire. Une décision, même émanée de la majorité, n'offrirait pas, en effet, beaucoup de garantie, si cette majorité se composait d'actionnaires possédant un capital insignifiant. Les apports en nature ne font pas partie du capital exigé : il faut les déduire et ne tenir compte que du capital-argent. Le calcul des votes se fait non plus par têtes, mais par actions. La constitution de la majorité légale est par fois impossible ; c'est ce qui s'est présenté dans l'espèce suivante sur laquelle la Cour de Dijon a eu à se prononcer le 16 février 1881 [1]. Le capital d'une société en commandite se composait de 700,000 francs, dont 500,000 francs en numéraire ou en valeurs équivalentes apportés par les six associés dans des proportions diverses, et de 200,000 fr. consistant en immeubles apportés par trois des associés copriétaires. Il fallait une vérification, puisqu'il n'y avait pas

____

1. Dall., 1882, 2, 109.

copropriété des immeubles et par suite exception au principe
de l'article 4 ; cependant les propriétaires de l'apport indivis,
en même temps souscripteurs d'actions payables en espèces
n'avaient pas le droit de voter. Les trois autres associés ap-
prouvèrent l'apport en nature, et, bien qu'ils ne représentas-
sent pas le quart du capital social en numéraire, leur approbation fut jugée suffisante. La Cour, « considérant que
l'approbation a été fournie comme elle pouvait l'être et que,
tout ce que veut la loi, c'est que les actionnaires qui ne sont
pas propriétaires ne soient pas trompés », rejeta avec raison
la demande en nullité.

Ces conditions de majorité sont-elles communes aux deux
assemblées ? L'affirmative a été soutenue par plusieurs auteurs, qui s'appuient sur les termes généraux du texte. Le mot
« délibérations » placé dans le paragraphe 4 à la suite de dispositions concernant le rôle des deux assemblées, semble, en
effet, se référer à toutes deux et leur imposer les mêmes
règles. Nous croyons cependant que tel n'est pas l'esprit de
la loi. La mission des deux assemblées est très différente.
La première ne fait que prendre des mesures préparatoires,
des mesures d'instruction qui ne lient personne ; elle déter-
mine les procédés de vérification à employer, mais elle ne
délibère pas dans le vrai sens du mot. C'est la seconde seule,
convoquée spécialement à cet effet, « qui, après s'être éclairée, votera d'une manière définitive et en parfaite connaissance de cause sur l'évaluation des apports en nature ». C'est
ce que faisait remarquer le rapporteur, M. Mathieu, appuyant
et développant l'observation précédemment faite dans la discussion de la loi « qu'il n'y avait pas de vote dans la première
assemblée ». Et il est facile de comprendre qu'à raison de
son peu d'importance on n'ait pas exigé d'elle les conditions
rigoureuses du quart en nombre et en capital. Si la loi emploie au pluriel le mot « délibérations », c'est que plusieurs
apports peuvent avoir été faits à la société et que chacun

d'eux nécessite un vote particulier ; autant d'apports, autant
de délibérations distinctes [1]. De même dans les sociétés anonymes, l'article 30 n'est relatif qu'à la seconde assemblée ; il y
a identité de motifs. Si, dit l'article 30, § 2, « l'assemblée générale » ne réunit pas le nombre d'actionnaires voulu ce qui
indique que ses prescriptions quant à la majorité ne visent
qu'une seule assemblée, évidemment la dernière.

Les conditions auxquelles est soumise la validité des délibérations de l'assemblée constituante ne sont pas les mêmes
dans la société anonyme que dans la société en commandite par actions. Il faut (art. 30) que l'assemblée générale
soit composée d'un nombre d'actionnaires présents par eux-
mêmes ou par mandataires représentant la moitié du capital
social au moins. « Le capital social, dont la moitié doit être
représentée pour la vérification de l'apport, se compose seulement des apports non soumis à vérification. » La jurisprudence et plusieurs auteurs [2] affirment que la loi entend par là la
moitié du capital en numéraire. Le texte est plutôt contraire à
cette affirmation ; il parle du capital social envisagé dans son
intégralité, en apports et en espèces, lequel sera diminué des
apports soumis à vérification. Tout apport, quoique en nature, compte dans le capital, s'il n'est pas actuellement soumis à vérification. Le capital dont la moitié doit être représentée varie avec chaque délibération selon la valeur de l'apport à déduire. La loi se préoccupe de la portion du capital
et non du nombre. Le motif donné par M. Mathieu [3] de cette
différence entre les deux sortes de sociétés par actions, c'est
que dans les sociétés anonymes l'élément financier efface
presque entièrement l'élément personnel. Mais cela ne justifie en rien une distinction d'ailleurs inexplicable ; les com-

1. Lyon-Caen et Renault, n° 420. Pont, n° 1000. — En sens contraire, Ameline, *Rev. prat.* t. XXIV, p. 369. Rivière, loi de 1867, n° 43.

2. Cass. 26 avril 1880, Sir 81, 1, 1. — Mathieu et Bourguignat, *Com. de la
loi de* 1867, n° 190. Alauzet, *Sociétés,* n° 244.

3. N° 118.

mandités qui constituent l'élément personnel ne figurent pas dans les assemblées constituantes, or les actionnaires des sociétés anonymes et les commanditaires qui seuls y sont appelés sont exactement dans la même situation et représentent les uns et les autres l'élément financier.

La création frauduleuse d'une majorité factice dans les assemblées initiales par ceux qui s'y présentent comme propriétaires d'actions ou de coupons d'actions qui ne leur appartiennent pas est un délit (l'idée de fraude qui caractérise le délit et le distingue de la contravention est exprimée deux fois dans l'article 13), puni d'une amende de 500 à 2,000 francs, et, en outre, facultativement selon les cas, d'un emprisonnement de quinze jours à six mois. Du caractère délictueux de cette infraction, il résulte que l'action civile ne se prescrira que par un laps de trois années (art. 637 et 638, C. ins. cr.). La condamnation pourra toujours être modérée par l'admission de circonstances atténuantes conformément à l'art. 463 du Code pénal ; l'article 16 de la loi de 1867 permet de les accorder. Par application du droit commun, la résolution prise par cette majorité serait nulle, et les auteurs de la fraude seraient personnellement et civilement responsables de toutes ses conséquences, si elle a entraîné un préjudice pour la société ou pour les tiers. Ceux qui ont remis les actions pour en faire un usage frauduleux encourront les mêmes peines. Dans la discussion de la loi de 1867, on avait proposé de leur appliquer les peines du faux ainsi qu'aux faux actionnaires, mais cet amendement a été écarté comme trop sévère. Les pénalités de l'article 13, semblent particulières aux assemblées réunies pendant le fonctionnement de la société, mais l'analogie est trop puissante pour qu'elles ne soient pas étendues aux assemblées constituantes. La discussion de la loi ne laisse, du reste, aucun doute à cet égard[1].

1. Tripier, *Comm. législa.*, t. II, p. 549.

Il est possible, bien qu'une telle négligence soit peu vraisemblable au début d'une entreprise, que les souscripteurs ne se présentent pas à l'assemblée dans les conditions de nombre et de capital requises par la loi. L'hypothèse a été prévue pour les sociétés anonymes par l'article 30, qui établit une sorte de procédure par défaut. « Quand un défendeur régulièrement ajourné, dit M. Mathieu dans son rapport, fait défaut, on adjuge au demandeur ses conclusions, si, sur son exposé, elles semblent justes. Mais, pour éviter les surprises, on permet au défaillant de former opposition au jugement qui le condamne et de débattre contradictoirement avec son adversaire. Une procédure spéciale et inspirée par les mêmes principes est suivie quand, de plusieurs défendeurs compris dans le même ajournement, les uns comparaissent et d'autres font défaut. Mais comme il faut sortir du provisoire et de l'incertain, quand les délais d'opposition sont expirés, la décision par défaut devient définitive. » C'est cette idée qui a guidé le législateur. Si l'assemblée générale ne réunit pas un nombre d'actionnaires représentant la moitié du capital social, elle ne peut prendre qu'une délibération provisoire. Dans ce cas une nouvelle assemblée générale est convoquée. Deux avis publiés à huit jours d'intervalle dans l'un des journaux désignés pour recevoir les annonces légales font connaître aux actionnaires les solutions provisoires adoptées par la première assemblée, et ces résolutions deviennent définitives si elles ont été approuvées par un nombre d'actionnaires représentant le cinquième au moins du capital social envisagé dans le sens de l'article 30, §2, et non pas, comme on l'a dit, du capital en numéraire. S'il est impossible de réunir ce cinquième, le projet de société est rompu. Cette abstention persistante est un indice certain de la désapprobation du pacte social.

La loi n'a pas statué sur la même hypothèse dans les sociétés en commandite. M. Mathieu s'efforce de justifier ce silence, en disant que le nombre d'actionnaires dont la présence est nécessaire étant moins élevé dans les commandites que dans les sociétés anonymes, puisqu'il suffit de réunir le quart des actionnaires représentant le quart du capital en numéraire, il n'est pas douteux qu'on arrive à former une majorité. Cette explication est fausse ; ce qui est exigé dans les assemblées constituantes des commandites, c'est une majorité composée du quart des actionnaires représentant le quart du capital en numéraire, de sorte qu'il sera parfois plus difficile de l'obtenir. Quoi qu'il en soit, que décider dans le silence de la loi ? On a soutenu qu'il faudrait essayer d'une nouvelle convocation et que, dans le cas où la nouvelle assemblée réunirait et au delà le nombre d'actionnaires et la somme du capital prescrit par la loi, les tribunaux devraient maintenir la société même à l'égard des actionnaires qui ne se seraient pas rendus à l'assemblée ou qui, participant à la délibération, auraient voté contre le projet [1]. « Il faut, dit M. Vavasseur, qu'il y ait délibération et vote d'approbation ou de rejet ; jusque-là le gérant est lié, les souscripteurs le sont aussi, et les engagements subsisteraient toujours malgré l'influence d'une seconde, d'une troisième réunion. » Mais où s'arrêterait-on dans cette série de réunions ? L'abstention des actionnaires est une telle preuve du peu d'intérêt porté par eux à la formation du contrat qu'elle équivaut à un refus d'approbation. La loi n'a pas ordonné, comme elle l'a fait dans l'article 30, la convocation d'une nouvelle assemblée ; il en résulte par *a contrario*, qu'elle l'interdit dans les commandites et que la non-présence des souscripteurs en nombre suffisant implique la volonté de ne pas adhérer au contrat. La formation de la majorité légale était une condition essentielle de la constitution de la société ; cette condition a fait défaut ; il y a au profit des abstentionnistes un

---

1. Mathieu et Bourguignat, p. 47. — Vavasseur, no 422. — *Contra* Pont, n° 1001. — Lyon-Caen et Renault, n° 421.

droit acquis que ne saurait détruire une assemblée postérieure. Les statuts, n'étant encore qu'à l'état de projet,
n'ont pas à intervenir par une clause contraire. Le législateur, dit-on, n'a pas consenti à prévoir le cas où la souscription, appuyée du versement du quart sur chaque titre, n'en-
gagerait pas les souscripteurs à se rendre à l'assemblée,
mais, si telle a été effectivement sa pensée, comment expliquer autrement son silence que par la volonté de considérer
l'absence des souscripteurs comme un refus d'adhésion à
l'entreprise?

L'assemblée a, d'après l'article 4, deux partis à prendre, elle
approuve ou elle rejette les évaluations qui lui sont présen-
tées. Si elle approuve les apports, le contrat sera parfait après
la nomination du conseil de surveillance ou des administrateurs. Les cas de fraude et de dol sont expressément réser-
vés par la loi ; toutefois les tribunaux ne devraient accepter
qu'avec beaucoup de réserve ces articulations de dol. Car,
outre qu'il est toujours grave de mettre en question l'existence de la société, il ne faut pas que les souscripteurs, s'ils
se sont trompés malgré l'observation de toutes les prescriptions légales, s'en prennent à autrui de la négligence qu'ils
ont mise dans la vérification des apports. L'exagération des
apports ne saurait donc seule constituer un acte frauduleux [1];
elle n'est une cause de nullité que si les fondateurs ou les
gérants ont employé des manœuvres dolosives caractérisées
pour obtenir l'approbation des apports. La nullité de la société ne peut être demandée que par les actionnaires à l'exclusion des tiers, puisque le contrat attaqué n'est autre que
le pacte social auquel ils ont adhéré par suite de déclarations
mensongères ; elle n'est pas opposable aux tiers. Leur action
en dommages-intérêts, conforme à l'article 1116 du Code civil
étant basée sur ce que sans les ruses et artifices dont ils ont

1. 12 avril 1883. Trib. de com. de la Seine. *Revue des Sociétés,* 1883,
p. 561.

été les victimes, ils n'auraient pas contracté, ils seraient fondés à réclamer aux fondateurs le montant de la totalité de la somme versée pour entrer dans la société.

L'article 4, § 7, mentionne le cas de dol et non celui d'erreur; mais la réserve est de droit. L'erreur de calcul, qui, d'ailleurs, n'est guère de nature à se produire, serait susceptible d'entraîner l'annulation de la société pour vice de consentement en tant qu'elle porterait sur la substance même de la chose ; cependant elle ne devrait être considérée comme telle que si elle était assez importante pour atteindre les bases de la société. Quant à la lésion, quelque considérable qu'elle soit, elle ne peut être invoquée par les actionnaires ; ce n'est qu'en faveur des mineurs ou dans des cas exceptionnels limitativement énumérés qu'il est permis d'intenter l'action en rescision pour cause de lésion ; or, malgré la tutelle que la loi lui a imposée, l'associé n'est pas un mineur. Les engagements sont devenus définitifs par l'approbation des apports; l'exercice ultérieur de cette action serait pour les actionnaires un moyen de revenir sur un vote acquis.

Si les chiffres proposés sont exagérés et que l'assemblée les rejette, la condition à laquelle était subordonné le succès du projet ne se réalise pas, la société reste sans effet. Mais des frais ont été faits pour parvenir à un résultat favorable, à qui incombent-ils ? D'après M. Vavasseur [1], ils sont à la charge des fondateurs à moins que la société n'ait pu se former par suite de l'abstention des souscripteurs dans l'assemblée générale ; ceux-ci subiraient les conséquences de leur négligence en remboursant, à titre de réparation, tous les frais d'annonces, de commission et autres qu'ils ont occasionnés. Cette restriction est inutile, car les fondateurs ont lancé l'affaire à leurs risques et périls, c'est à eux d'en supporter les suites; l'abstention est une des éventualités auxquelles ils devaient s'attendre. La société n'a jamais existé,

1. N° 423.

tout est effacé rétroactivement, y compris la souscription ; on
ne peut faire revivre l'acte de société pour imposer aux souscripteurs le payement des frais. A plus forte raison doit être
repoussée l'opinon de MM. Beslay et Lauras [1], qui mettent à
la charge des souscripteurs un *prorata* dans les frais, sauf
dans le cas où la conception de l'affaire aurait été frauduleuse de la part des fondateurs. Une clause statutaire réser-
vant aux souscripteurs le payement des frais légitimes et jus-
tifiés serait sans portée, puisque les statuts ne sont pas
adoptés [2]. Les sommes versées seront remboursées intégralement ; elles ne sont pas, de plein droit, productives d'intérêts, et, selon la règle générale de l'article 1133, les intérêts
ne courront, en cas de retard dans la restitution, que du jour
de la demande.

L'assemblée peut-elle prendre un troisième parti, c'est-à-
dire réduire, d'accord avec les apporteurs, le chiffre des évaluations ? La valeur des apports dont les statuts faisaient
briller l'importance a été la cause déterminante des souscriptions ; les souscripteurs comptaient sur des bénéfices propor-
tionnés à la richesse du fonds social. Si les apports sont d'un
prix moindre, si les ressources sociales ne sont pas telles
qu'elles ont été annoncées, ils sont déçus dans leurs espérances, et ils ont le droit de se montrer défiants envers les
fondateurs dont le premier acte a été une tentative de fraude.
Réduire les appréciations primitives, c'est modifier le contrat
dans son objet, puisque le fonds social n'est plus le même,
c'est substituer une convention nouvelle à la convention originaire. L'unanimité des actionnaires semblerait donc, d'après
les principes, nécessaire pour consentir à cette transaction ;
il s'agit là d'un acte essentiel, constitutif de la société. Si les
faits révélés par la vérification sont tels qu'ils doivent entraîner la réduction de la valeur des apports et par suite porter

1. *Com. du Code de comm.*, t. V, n° 476.
2. Voir cependant Beudant, *Rev. crit.*, t. XXXVI, p. 154.

atteinte au fonds social, il ne saurait être question de mandat ou de pouvoir représentatif. Lorsque la société s'est constituée, la majorité n'a pas une autorité suffisante pour changer les bases fondamentales du contrat ; à plus forte raison doit-il en être de même si c'est la constitution de la société qui se trouve en jeu. S'il y avait opposition d'un seul actionnaire, il serait libre de se retirer de la société, et les statuts qui n'entrent en vigueur qu'après la constitution de la société ne pourraient permettre à la majorité de lier la minorité. Dans le cas où quelques-uns des souscripteurs persisteraient à vouloir exploiter l'objet de l'entreprise, ce serait alors un nouveau contrat qui se formerait entre eux. Il résulte de paroles échangées entre MM. Bara et Reynaert dans la discussion de la loi de 1873 que le législateur belge s'est placé à ce point de vue [1].

Mais les travaux préparatoires et la discussion au Corps législatif prouvent que le législateur français a adopté le système contraire. M. Javal proposait d'ajouter au paragraphe 6 de l'article 4 : « A défaut d'approbation, la société reste sans effet à l'égard de toutes les parties » ces mots qui auraient enlevé matière à toute discussion « à moins qu'elles ne se mettent d'accord sur une évaluation différente ». La Commission, à qui le texte ne paraissait pas ambigu, se prononça contre l'amendement ; elle a pensé, disait le rapporteur, « que la disposition qu'on propose à la Chambre est inutile, car ce serait introduire dans la loi une faculté qui évidemment est de droit commun, et qui appartient, en matière de société commanditaire, comme en toute autre, aux parties contractantes. » Et plus tard le rapporteur ajoutait dans une réponse à M. Javal : « Votre amendement est inutile, puisque l'article dit la même chose. » M. Javal prenait acte de cette déclaration, espérant « que, si les tribunaux étaient appelés à se prononcer sur cette question, les explications sur la manière

1. Guillery, *Sociétés*, n° 538. — Namur, *C. de comm.*, t. II, p. 150.

dont la rédaction a été entendue par le gouvernement et par la commission lèveraient tout malentendu. » La Chambre rejeta l'amendement. La discussion s'éleva ensuite sur l'interprétation du paragraphe 6 de l'article 4 tel qu'il était conçu. D'après le rapporteur, l'article 4 organisait un tribunal investi du droit de rompre les engagements et de les rendre définitifs dans tous les cas, même en réduisant, d'accord avec les apporteurs, leurs prétentions exagérées. A quoi M. Fabre objectait que l'engagement pris par le souscripteur était conditionnel et se trouvait rompu de plein droit par la non-acceptation des apports. M. Marie, qui partageait cette opinion, demanda le renvoi à la commission, afin que, dans une rédaction nouvelle, elle dît « que, lorsque l'assemblée générale aura à voter, elle ne pourra le faire dans ce cas et pour cette situation fondamentale qu'autant que tous les actionnaires auront été appelés ; eux seuls, en effet, parties stipulantes au contrat, peuvent décider si, au moins à leur égard, la société sera maintenue ou non. Le pouvoir représentatif d'une assemblée est sans force dans ce cas, car il serait sans raison. » La Chambre n'accueillit pas cette demande de renvoi. Elle avait été combattue par M. Duvergier, commissaire du gouvernement : « Tout se règle, répondait-il, par le concours des volontés entre ceux qui ont fait des apports et la majorité de l'assemblée [1]. » La pensée du législateur est donc évidente, et le doute n'est pas permis en présence de cette discussion. Si cette solution est moins juridique, elle peut être défendue par des considérations de fait. L'assemblée n'ayant l'option qu'entre l'approbation ou le rejet, ou elle aurait approuvé pour ne pas faire échouer un projet qui, malgré l'importance moindre des apports, promet encore de beaux bénéfices, ou elle aurait rejeté et annihilé une entreprise qui, ramenée à de plus justes proportions, aurait des chances sérieuses de réussite. Le législateur a jugé prudent

1. Séance du 30 mai 1867, *Moniteur* du 31.

de laisser à l'assemblée la faculté de s'arrêter à un terme moyen ; il a peut-être craint aussi que l'opposition de quelques actionnaires, opposition faite de parti pris et dans le seul but d'amener les fondateurs à acheter leur vote, ne mît obstacle à la formation de la société. Mais que, pour justifier la loi, l'on ne prétende pas, comme M. Mathieu dans son *Commentaire*[1], que cette solution doit être admise sans peine, puisque la transaction est avantageuse aux actionnaires par suite de la diminution du prix de l'apport. Si ce prix est inférieur à celui annoncé, la société présente des garanties moins sûres, et les actionnaires peuvent trouver dangereux de fournir leurs fonds pour l'exploitation de la chose apportée, si elle n'a pas au moins la valeur déterminée par les statuts.

Aucun mode spécial de délibération n'est prescrit par la loi ; la manière de recueillir les votes sera celle consacrée par l'usage ; un vote par assis et levé serait valable[2]. Puis procès-verbal constatant la décision prise est dressé ; il devra être signé, si non par tous les membres présents, au moins par le président et le secrétaire de l'assemblée ; s'il n'était revêtu d'aucune signature, il ne ferait pas foi en justice, et la délibération serait tenue pour inexistante. En effet, l'acte constitutif d'une société par actions doit être rédigé par écrit (art. 1 et 21 de la loi de 1867), c'est-à-dire que les éléments essentiels à la validité du contrat doivent être l'objet d'un écrit ; disposition éminemment sage, car il serait imprudent d'avoir recours à des témoins pour fixer les clauses généralement nombreuses de la convention qui a lié les parties. Or, au nombre de ces éléments constitutifs figure la délibération portant approbation des apports en nature, puisque le succès définitif du projet est subordonné à la décision de l'assemblée. Un écrit est donc nécessaire au

---

1. *Comm. de la loi de* 1867, n° 48.

2. *Journ. des Trib. de comm.* Teulet et Camberlin, t. VII, p. 327.

même titre que pour les statuts et la déclaration notariée constatant la souscription du capital et le versement du quart ; cet écrit, c'est le procès-verbal dûment signé et rédigé. La loi n'exige pas formellement qu'il soit signé, mais un procès-verbal n'a réellement ce caractère que s'il est accompagné d'une attestation écrite par ceux qui ont mission à cet effet de la véracité de ce qu'il contient ; autrement il n'est qu'un simple projet. La loi, dans son article 55, ordonne que, dans le mois de la constitution de la société, un double de l'acte constitutif, s'il est sous seing privé ou une expédition, s'il est notarié, soit déposé au greffe de la justice de paix et du tribunal de commerce, et qu'il y soit annexé une copie certifiée des délibérations prises par l'assemblée générale dans les cas prévus par les articles 4 et 24 ; or, si la copie doit être certifiée, à plus forte raison le procès-verbal doit-il l'être. Quelle serait la valeur de la copie certifiée d'un titre original qui ne le serait pas lui-même ? D'après l'article 28, la feuille de présence doit, dans toutes les assemblées générales, être certifiée par le bureau de l'assemblée ; cette feuille de présence n'est qu'une simple annexe au procès-verbal ; n'est-il pas logique d'en conclure que le procès-verbal dont la portée est plus grande doit être également signé ? Sinon, quel aliment à la fraude ! Comment abandonner à la mémoire des membres du bureau le soin de rétablir une rédaction qui a pu lui échapper ? Aussi, ni les déclarations postérieures des membres du bureau, ni des présomptions graves, précises et concordantes, accompagnées d'un commencement de preuve par écrit, ne sont susceptibles de suppléer à l'absence de signatures, car, dit M. Pont « tout acte dont la minute n'est pas signée n'a aucune existence légale ». Il n'est pas au pouvoir de celui qui aurait dû signer « de faire vivre un acte ou de le laisser dans le néant [1] ».

1. Pont, nos 998 et 1669. — Choppard, *Rev. des Sociétés*, 1883, p. 572. Voir,

La question s'est posée devant les tribunaux. Le syndic d'une société en état de faillite se basait, pour demander la nullité, sur ce que, les procès-verbaux étant restés imparfaits à défaut de signature, les délibérations concernant la vérification des apports étaient réputées non accomplies, et que les copies certifiées, dont l'article 55 prescrit l'annexe à l'acte constitutif, étaient sans valeur légale, comme n'étant que la reproduction de procès-verbaux réputés inexistants. Dans l'espèce, le président du bureau et le délégué de l'assemblée générale avaient fait dresser, en concurrence avec les procès-verbaux transcrits sur le registre et demeurés sans signatures, deux actes contenant les mêmes constatations, lesquels avaient été déposés pour minute en l'étude d'un notaire. La Cour de Paris, tout en reconnaissant que ces procès-verbaux n'avaient pas force probante de l'accomplissement des formalités qu'ils avaient pour objet de constater, repoussa la demande en nullité. L'arrêt s'appuie sur ce que les deux actes déposés chez le notaire n'ont pas le caractère de simples copies ; que ces pièces, bien que qualifiées de copies certifiées de procès-verbaux non signés, doivent être appréciées d'après leur nature propre et non d'après leur dénomination, et qu'ayant été, en conformité d'une décision de l'assemblée générale, rédigées par le président du bureau et certifiées par le délégué de l'assemblée sous leurs signatures, alors qu'ils avaient, chacun en ce qui le concernait, capacité conférée à cet effet par ladite assemblée, elles ont le caractère d'actes complets subsistant par eux-mêmes, et contiennent sans qu'il soit besoin de les rattacher à d'autres actes ou procès-verbaux, tous les éléments légaux de la preuve des faits qui y sont constatés. Ces actes étant reconnus valables, l'arrêt en tire cette conséquence, à savoir que les copies, faites d'après ces actes pour être annexées à l'acte constitutif, sont régu-

bien qu'il s'agisse d'une délibération prise au cours d'une société l'arrêt de la Cour de Lyon du 26 novembre, 1863. Dall. 64, 2, 433.

lières. Le syndic se pourvut en cassation, et la Cour de cassation, dont la décision repose sur les mêmes considérations de fait, rejeta le pourvoi [1].

La doctrine de la Cour de cassation n'en revient pas moins à admettre que, si la régularité des délibérations de l'assemblée générale n'est pas contestée, la preuve de ces délibérations est toujours possible, et peut être faite notamment au moyen de copies certifiées conformes de procès-verbaux non signés. Elle nous semble contraire à cette règle que la preuve par présomptions ou par témoins n'est pas recevable « contre et outre le contenu dans les actes de société, ni sur ce qui serait allégué avoir été dit avant l'acte, lors de l'acte ou après » (art. 41 du C. de comm.). La copie d'un procès-verbal nul ne constitue qu'une présomption, ou tout au plus un commencement de preuve par écrit. De plus, « en principe, la force probante n'est attachée qu'aux actes originaux et non aux simples copies, quelle qu'en soit d'ailleurs la forme [2]». La copie ne fait foi que lorsque l'original n'existe plus, et encore selon des distinctions établies par l'article 1335 du Code civil, ou, s'il existe, elle ne fait foi que de ce qu'il contient. La copie ne vaut que par l'original; si celui-ci est nul, s'il n'a aucune force probante, la copie ne peut en avoir davantage; or, la Cour de Paris l'a reconnu, le procès-verbal non signé est inexistant, il n'a pas force probante. Le dépôt chez le notaire de pièces certifiées conformes au procès-verbal ne modifie pas leur caractère de simples copies ; si elles sont dûment signées et rédigées, elles sont faites conformément à la loi; elles sont valables comme copies, mais ces formalités n'ont pas le pouvoir de transformer une copie en original. La portée des signatures sur le procès-verbal n'est pas d'ailleurs la même ; apposées sur le procès-verbal, elles cer-

---

1. Paris, 29 juillet 1880, Cass. 20 décembre 1882. *Revue des Sociétés*, 1883, p. 508.

2. Aubry et Rau, n° 760.

tifient que les déclarations qu'il contient sont sincères ; apposées sur une copie, elles certifient seulement qu'elle est conforme au procès-verbal. Ce n'est donc que du procès-verbal signé que résulte la preuve de l'accomplissement des formalités de vérification.

Il est toutefois regrettable que le législateur français n'ait pas précisé les conditions de forme du procès-verbal ; cette lacune n'existe pas dans plusieurs législations étrangères. D'après la loi belge de 1873, le procès-verbal doit être dressé, selon la loi de ventôse an XI, par deux notaires ou par un notaire assisté de deux témoins. Le Code fédéral des obligations exige que la résolution prise fasse l'objet d'un acte authentique ou signé de tous les adhérents (art. 649), et d'après la loi allemande de 1870 (art. 209), le vote dans les sociétés anonymes est constaté par acte judiciaire ou notarié.

Les dispositions de l'article 4 ont-elles répondu au but du législateur ? Ce tribunal constitué par la loi, ainsi que s'exprimait le rapporteur pour désigner l'assemblée générale, tribunal choisi parmi les actionnaires eux-mêmes, tribunal éclairé par une estimation, par une expertise, empêche-t-il les manœuvres frauduleuses ? Sans parler des lenteurs de cette procédure que plusieurs législations étrangères ont essayé d'éviter par la réunion d'une seule assemblée et par l'obligation de convoquer les souscripteurs dans un laps de temps assez court, les prétendues garanties de l'article 4, ne nous paraissent pas être une entrave sérieuse. On se plaisait à croire que l'on ne verrait plus se fonder de grandes sociétés dont l'objet serait chimérique ; l'expérience a démontré le contraire.

Au point de vue juridique, il est bizarre de soumettre l'expression des volontés à des conditions telles que l'efficacité du contrat dépende moins de la volonté des parties que de la loi qui en règle l'organisation [1]. Le souscripteur qui a

1. C'est la remarque de MM. Beslay et Lauras, t. V, n° 431 (*Comm. du C. de com.*).

adhéré au contrat de société par le fait de sa souscription se dégage à l'assemblée par un vote défavorable ; c'est donc faire peu de cas de la souscription, et cependant c'est ce consentement donné avant que le contrat ne soit définitivement formé qui obligera l'actionnaire, si la majorité émet un vote favorable ; de sorte que, s'il se prononce lui-même contre le projet, il se trouve lié sans qu'en réalité son consentement soit formellement intervenu. La vérification des apports n'a lieu qu'après la souscription du capital, le versement du quart, la déclaration notariée : elle est de pure forme. Les souscripteurs ont la main forcée et hésitent à rompre un projet qui va entrer en exécution. Les promoteurs de l'affaire, en présence des souscripteurs dont rien n'a encore dissipé la confiance, font désigner un rapporteur qu'ils savent leur être favorable ; ils dirigent, en fait, les délibérations, et s'ils sont assez habiles pour dissimuler le côté faible d'une entreprise douteuse, ils obtiennent aisément de la majorité les approbations requises. Est-il bien difficile, à l'aide d'amis, de clients, d'entraîner le vote d'une assemblée récalcitrante, et, si le chiffre de la majorité est atteint, qu'importent les protestations d'une minorité plus clairvoyante sur l'issue de l'opération ? Quelle sauvegarde cette minorité trouve-t-elle dans la loi ? [1]. La pratique a d'ailleurs prouvé que ces prescriptions sont mal observées ; le rapport est fait rapidement, il n'est pas discuté verbalement. La fraude se glisse à travers cette série de formalités [2]. Si l'on craint de soumettre à l'assemblée constituante l'évaluation d'un apport, il sera laissé provisoirement entre les mains de son propriétaire, et l'acquisition sera reportée à une époque postérieure à la constitution de

---

1. Waelbroechk, *Comm. légis. et doc. de la loi belge* de 1873, p. 146.

2. Nous n'irons pas jusqu'à dire que cette vérification est dangereuse, en ce qu'elle force l'inventeur à divulguer son secret ; l'inventeur serait, dans tous les cas, tenu de faire connaître aux souscripteurs son procédé, s'il est l'objet de la société.

la société, lorsque l'attention des actionnaires est moins tenue
en éveil. L'exception apportée à l'article 4 par le paragraphe 8
fournit un moyen commode de tourner la loi. Ce sont là, sans
doute, des combinaisons frauduleuses ; mais, si elles sont
habilement déguisées, les tribunaux auront parfois peine à
découvrir la mauvaise foi qui en a été l'inspiratrice, et la réparation sera toujours loin d'être égale au dommage éprouvé.
L'observation même de la loi sert à tromper le public. En
voici un exemple : Une société se compose d'apports en nature et de numéraire ; les apports sont régulièrement vérifiés. Mais le capital-espèces fixé au minimum légal, car on se
proposait d'émettre des obligations, a été souscrit, d'accord
avec les fondateurs, par quelques personnes qui ont reçu,
comme prix de leur concours, une partie des actions attribuées aux apports. Cette vérification n'a été qu'un trompe-
l'œil, destiné à faciliter l'émission des obligations et la cession des actions avec de beaux bénéfices.

En présence de ces critiques, d'autres moyens ont été proposés pour combattre l'exagération des apports. M. de
Courcy [1] se prononce pour l'admission de l'action en rescision pour cause de lésion pendant deux ans à partir de l'acte
de société et sur la demande des deux tiers des actionnaires
présents ou représentés dans une assemblée générale. C'est
à peu de chose près la reproduction du système soutenu par
le gouvernement en 1856 et que nous avons déjà combattu.
M. Pascaud [2] voudrait qu'il fût présenté au président du tribunal de commerce du lieu où serait établi le siège social une
requête tendant à la nomination d'experts, qui seraient choisis
selon la nature de l'apport qu'il y aurait lieu de faire vérifier.
Cette vérification ne serait que provisoire, et n'aurait d'autre
but que d'éclairer les souscripteurs, qui plus tard dans une
assemblée générale, approuveraient définitivement l'estima-

1. De Courcy, *Explication de la loi du* 24 *juillet* 1867, pp. 89 et 279.
2. *Rev. crit.*, t. XLVII, p. 291.

tion. Cette intervention endormirait le zèle des souscripteurs en les laissant compter sur une protection extérieure qui pourrait faire défaut. L'assemblée ratifierait sans examen la première expertise qui, émanée d'experts choisis par le président du tribunal paraîtrait nécessairement sérieuse. N'est-il pas préférable que la formation de la société soit exclusivement l'œuvre personnelle des actionnaires agissant en pleine liberté [1].

Peut-être le meilleur remède serait-il de supprimer cette réglementation minutieuse, et bien que, comme le disait Cambacérès, « l'ordre public fût grandement intéressé dans les sociétés par actions, parce que la crédulité humaine se laisse trop facilement séduire par les spéculateurs », vaudrait-il mieux laisser le contrat de société sous l'empire du droit commun que l'entourer de formalités sévères qui généralement manquent leur but. Les actionnaires ne sont ni des mineurs ni des interdits ; ils sont capables de comprendre leurs intérêts, et, si on leur enlève cette protection illusoire à laquelle ils se fient, ils n'en seront que plus vigilants. Peut-être serait-il urgent de rappeler les protestations de M. Troplong « contre les prohibitions et les nullités, contre notre manie de tout réglementer, même ce qui est déjà codifié, de tout enchaîner par des textes revus, corrigés et augmentés, et de tout administrer même les chances et les revers du commerce [2] ». C'est en vain que le législateur fera tous ses efforts pour déjouer les fraudes par des mesures plus rigoureuses ; les spéculateurs qui sont plus inventifs que le législateur en trouveront de nouvelles. M. Batbie, prévoyant les difficultés d'exécution que rencontrerait la loi de 1867, la

---

1. Dans un projet de loi déposé à la Chambre le 28 février 1882, MM. Waldeck-Rousseau et Faure proposent d'ajouter à la loi que les fondateurs qui font des apports en nature ne pourront vendre les actions qu'ils auront reçues que lorsque la société aura commencé ses opérations.

2. Préface du *Traité des Sociétés*.

considérait ainsi que la loi de 1863 comme des étapes successives vers la liberté des sociétés ; aujourd'hui que ces pré-
visions se sont réalisées, ne serait-il pas opportun de terminer
le voyage commencé ? [1] C'est là, évidemment, qu'est le progrès [2] ; si toutefois l'on estimait que les mœurs actuelles ne
permettent pas encore de le réaliser, et que ce serait un
excès de libéralisme anticipé, c'est, en ce qui concerne la vérification des apports, pour le système de la loi belge quenous
opterions, système qui pourrait être amélioré par la prescription d'une publicité plus étendue, faite avant la souscription, et consistant dans des annonces consécutives insérées
dans les journaux ou dans un recueil spécial créé pour les
sociétés, de manière à ce que les futurs souscripteurs, avant
d'adhérer au pacte social, fussent éclairés par tous les moyens
possibles sur la quotité et sur la valeur des apports en nature.

Ce n'est pas cependant à ce point de vue que se sont placées la commission extra-parlementaire chargée de rédiger
un projet de loi sur les sociétés [3], et la commission sénatoriale. Tout en conservant, en principe, le système déjà com-
pliqué de la loi de 1867, elles en ont encore augmenté les
formalités, au lieu de les simplifier.

L'article 4 du projet de loi adopté par la commission du Sénat
ordonne que tout bulletin de souscription indique la partie
du capital social représentée par des apports en nature ; c'est
là une heureuse innovation. L'omission de cette indication
donne lieu à une responsabilité civile ou pénale, soit contre

1. *Revue des Deux-Mondes*, 15 février 1868. — En ce sens, Mourlon, *le Droit*,
du 30 octobre 1866. — Beudant, *Rév. crit*, t. XXXVI. La législation
espagnole est entrée dans cette voie par la loi du 19 octobre 1869, modifiant
celle du 30 mai 1829.

2. M. Émile Ollivier s'est fait au Corps législatif, en 1867, le promoteur de
ce système tendant à faire rentrer les sociétés par actions dans le régime de
la liberté complète des conventions. Voir sa brochure : *De la liberté des
sociétés à propos de l'Union générale*.

3. Voir ce projet dans le *Journ. des Sociétés*, 1883, p. 277.

les auteurs de cette omission, soit contre ceux qui lui auront sciemment prêté leur concours. La nécessité de l'appréciation de ces apports par deux assemblées successives est maintenue, et l'article 11 complète, quant au rapport à faire à la seconde assemblée, les prescriptions de la loi de 1867. La seconde assemblée générale ne peut statuer sur l'approbation des apports qu'après un rapport fait par les commissaires nommés dans la première assemblée ; des exemplaires de ce rapport sont tenus à la disposition des actionnaires cinq jours au moins avant la réunion de cette assemblée. Dans tous les cas, si le quart des actionnaires présents à la seconde assemblée le demande, il doit être procédé à la vérification de la valeur des apports par un ou trois experts désignés contradictoirement avec un délégué des réclamants par le président du tribunal de commerce du lieu du siège social. L'expertise est poursuivie aux frais de la société, à la requête de la partie la plus diligente. C'est donc dans une troisième assemblée générale qu'il sera statué sur le projet de société, et, si l'assemblée ne réunit pas le nombre d'actionnaires voulu [1], il faudra convoquer une quatrième assemblée. Ce n'est pas tout : d'après l'article 16, les commissaires dans les sociétés anonymes et d'après l'article 48, les membres du premier conseil de surveillance dans les sociétés en commandite par actions doivent, dès que la société est constituée, opérer une vérification générale de l'accomplissement de toutes les formalités exigées par la loi ; et, s'ils constatent quelque défectuosité de nature à faire annuler la société, il leur est enjoint de mettre les administrateurs ou les gérants en demeure de convoquer une assemblée générale, à laquelle il sera rendu compte et demandé une approbation nouvelle.

---

1. L'article 21 du projet maintient pour cette hypothèse la disposition de l'article 30, § 3, de la loi de 1867, sauf qu'il substitue l'insertion dans le *Recueil des Sociétés* à celle dans l'un des journaux désignés pour recevoir les annonces légales.

Ce système est peu pratique ; quelles lenteurs apportées à
la constitution d'une société ! Quelle série de règles minutieuses ! Il est vrai que les souscripteurs, dans l'enthousiasme
de la première heure, désireux de hâter l'organisation de la
société, seront peu disposés à recourir au président du tribunal de commerce, et à attendre la décision d'experts nommés par lui ; mais, d'un autre côté, le rapport, dressé par des
commissaires que généralement les fondateurs désignent à
leur choix, n'est qu'une garantie illusoire [1].

L'article 11 du projet de loi, tranchant une controverse qui
s'élève sur l'article 4 de la loi de 1867, décide que la majorité
dans l'assemblée générale pourra accepter une réduction sur
la valeur primitivement attribuée aux apports en nature.
L'assemblée doit, selon l'article 21, être composée d'un nombre d'actionnaires représentant la moitié au moins du capital social. Le projet de loi (art. 46) assimile complètement au
point de vue de la vérification des apports la société en commandite par actions à la société anonyme ; sous ce rapport
il doit être approuvé sans réserve. Les apporteurs (art. 11,
§ 6) ne comptent pas pour le nombre des actionnaires présents et n'ont pas voix délibérative dans les assemblées ; ce
n'est donc pas seulement dans la délibération portant sur la
vérification de son propre apport que le droit de vote est refusé à l'apporteur.

L'exercice ultérieur de l'action judiciaire pour cause de
dol ou de fraude est réservé par l'article 12 aux parties inté-
ressées ; cet article ajoutait dans le projet de la commission
extra-parlementaire que, sur la demande d'actionnaires représentant le vingtième au moins du capital social, ceux des
associés qui ont fait des apports en nature pourraient, pendant trois ans à partir de la constitution de la société, même
quand ils auraient cédé leurs titres, être condamnés à des
dommages-intérêts envers elle, s'il était établi que la valeur

1. Deloison, *Examen critique du projet de loi.*

des apports n'atteignait pas la moitié de leur évaluation. Ce projet ne se contentait donc pas d'organiser pour les actionnaires une véritable tutelle, il leur permettait encore, lorsqu'ils auraient eux-mêmes évalué les apports à un trop haut prix, de poursuivre, malgré l'approbation donnée, les apporteurs pendant trois ans. Admettre qu'après avoir observé toutes les prescriptions légales, les actionnaires aient pu être induits en erreur, c'est reconnaître l'inutilité de cette réglementation. Comment, d'ailleurs, lorsqu'une société aura vécu plus de deux ans, établir la valeur originaire des apports, et estimer le chiffre de l'exagération ? La commission du Sénat a repoussé avec raison cette innovation ; il lui a paru, dit M. Bozérian dans son rapport[1], « que les avantages qu'on en attendait étaient moindres que les inconvénients qu'il était permis de redouter ».

Mais la commission du Sénat a introduit dans l'article 7 une disposition qui aura pour effet d'entraver entièrement la constitution d'une société par voie d'apports en nature. Non seulement elle veut que les apports en nature ne soient représentés que par des actions totalement libérées, mais encore elle exige que les actions ne puissent être détachées de la souche et ne soient négociables que deux ans après la constitution de la société. Tandis que la société devient immédiatement propriétaire de l'apport en nature sur lequel elle a un droit absolu de disposition, l'apporteur est tenu pendant deux ans de subir les risques d'une exploitation malhabile ou malheureuse, et il est possible que, pour des causes indépendantes de la valeur de ses apports, il ait à supporter une perte considérable sur les actions qui lui ont été attribuées. Combien trouvera-t-on de propriétaires de meubles ou d'immeubles, qui consentiront pendant deux ans à être liés au sort de la société ! Le résultat de cette disposition, ce sera la suppression de l'apport en nature, ou tout au moins

---

1. *Rapport de M. Bozérian au Sénat,* p. 47.

l'exagération des prétentions des apporteurs qui, dans la crainte d'éprouver une diminution sur la valeur de leurs actions, s'en feront attribuer un plus grand nombre d'accord avec les souscripteurs [1]. Le paragraphe 3 de l'article 7 ajoute que les actions devront, pendant deux ans, à la diligence des administrateurs, être frappées d'un timbre indiquant leur nature et la date de la constitution de la société.

Enfin, l'article 100 punit des peines portées à l'article 405 du Code pénal ceux qui, par des manœuvres frauduleuses, ont cherché à faire croire à des apports qui n'existent pas ou à attribuer à des apports existants une valeur supérieure à leur valeur réelle, et l'article 99 punit d'une amende de 500 à 10,000 francs et d'un emprisonnement de quinze jours à six mois ceux qui ne se seront pas conformés aux prescriptions du troisième paragraphe de l'article 7.

La commission sénatoriale, en présence des désordres financiers qui se sont produits récemment, a cru prévenir dans l'avenir les abus concernant les apports en nature par une accumulation de règles et de pénalités ; celles-ci n'arrêteront pas les hommes malhonnêtes ; celles-là seront, pour les hommes honnêtes, une entrave à la constitution d'une société ; les spéculateurs ne mettront que plus d'acharnement à éluder la loi. Ce projet de loi a le mérite d'éclairer plusieurs obscurités de la loi de 1867, et d'apporter à l'article 4 plusieurs améliorations de détails ; mais, malgré l'autorité qui s'attache à ses auteurs, il nous semble que par son point de départ il ne constitue pas un progrès.

L'autorisation préalable du gouvernement a disparu depuis quelques années presque dans tous les pays ; elle a été supprimée

---

1. M. Denormandie, jugeant la disposition de l'article 7 trop sévère, a proposeé au Sénat, dans la seconde délibération de la loi, de la remplacer par celle-ci : « Le porteur est tenu vis-à-vis de la société à toutes les obligations dont le vendeur est tenu vis-à-vis de l'acheteur. » L'amendement a été repoussé. *Journ. officiel* du 19 novembre 1884.

en 1862 en Angleterre, en 1870 en Allemagne, en 1869 en Espagne, en 1873 en Belgique, en 1876 en Hongrie, au Brésil en 1882, en Suisse et en Italie en 1883. Plusieurs des lois étrangères, qui ont été substituées à l'ancien état de choses, contiennent sur la vérification des apports en nature des dispositions qui ont plus ou moins d'analogie avec celles de la loi française.

La loi belge du 18 mai 1873 exige que les statuts soient insérés dans un acte authentique ; que cet acte soit préalablement publié ; que les souscriptions faites en double indiquent notamment la valeur des apports en nature et des avantages particuliers stipulés par les fondateurs, et portent convocation des souscripteurs à une assemblée générale qui sera tenue dans les trois mois pour la constitution définitive de la société (art. 31). Au jour fixé, l'assemblée se réunit devant un notaire (art. 32) ; les fondateurs présentent à l'assemblée la justification de l'accomplissement des conditions requises, et, sur le vu de la liste des souscripteurs et de l'état des versements, la société devient définitive, si la majorité des souscripteurs présents, autres que les fondateurs, approuve les statuts. Procès-verbal d'acceptation est ensuite dressé par le notaire. Le législateur belge s'est contenté d'une simple majorité de présence ; il n'a pas jugé utile de réunir deux assemblées ; les bulletins de souscription énoncent tout ce qui est de nature à éclairer les souscripteurs, l'estimation des apports, les conditions auxquelles ils sont faits ; ils contiennent en quelque sorte une invitation à faire, dans le délai qui précède la convocation, une appréciation individuelle de ce qui doit être la base des opérations sociales.

Dans l'article 30 se trouve une disposition spéciale ; elle est relative au cas où la société se forme entre les fondateurs sans avoir recours à une souscription publique. Si, dès le principe, il y a au moins sept associés, si le capital est immédiatement souscrit, quelle que soit la nature des apports,

si le vingtième du capital en numéraire est versé, tous les
éléments du contrat étant réunis, il suffit que les intéressés
se rendent chez le notaire pour déclarer leur volonté de s'as-
socier et la fassent constater authentiquement. Le motif de
cette disposition, c'est que, s'il n'est pas fait appel aux capitaux, les associés traitent d'égal à égal et connaissent toutes
les stipulations du contrat qu'ils vont former, tandis que
dans le cas contraire les souscripteurs sont dans une infériorité évidente. Rien d'analogue n'existe dans la loi française, ou du moins la disposition finale de notre article 4 ne
se rattache à ce dernier mode de constitution que dans une
mesure très restreinte. L'objection qui pourrait être faite à
la loi belge, c'est qu'elle méconnaît les intérêts des créanciers
et des futurs cessionnaires d'actions. Si les sociétés constituées d'après l'article 30 se composent pour le tout ou pour
partie d'apports en nature, les associés donneront à leurs
apports la valeur qu'il leur plaira, et les tiers lésés, ainsi que
l'a décidé la Cour de Bruxelles, ne pourront invoquer ni l'article 42 qui rend les associés responsables du montant total de
leurs actions, ni l'article 123 qui permet aux créanciers de faire
décréter par justice les versements stipulés aux statuts, ils
n'auront contre les associés que les actions de droit commun[1].

D'après le Code de commerce allemand du 11 juin 1870,
l'évaluation des apports en nature (art. 180) est ordonnée
dans les sociétés en commandite par actions par une première assemblée générale de commanditaires ; une assemblée ultérieure statue sur leur approbation. La décision est
prise à la majorité des commanditaires présents par eux-
mêmes ou représentés à l'assemblée. Cette majorité doit
comprendre le quart au moins de tous les commanditaires
et représenter un quart au moins du capital commanditaire.
L'associé qui fait l'apport n'a pas le droit de voter. Toute

---

1. *Pasicrisie belge*, 1880, p. 201.

convention contraire à la présente disposition est sans valeur légale.

Dans les sociétés anonymes (art. 209), la valeur des apports ou des objets à reprendre par la société à former est fixée par le contrat qui stipule également le nombre d'actions accordées en échange. La réunion d'une seule assemblée est suffisante, à la différence de la loi française et de l'article 180 du Code allemand sur les sociétés en commandite ; elle n'est même pas nécessaire si le contrat de société a été signé entre tous les actionnaires ; disposition plus large que celle de notre article 4, § 8. La majorité qui approuve le contrat doit comprendre un quart de tous les actionnaires et représenter un quart du capital social. Le vote de l'assemblée doit être constaté par acte judiciaire ou notarié.

Le Reichstag a voté, le 28 juin 1884, une nouvelle loi concernant les sociétés en commandite par actions et les sociétés anonymes. Dans les sociétés en commandite, lorsque des associés responsables ou des commanditaires font des apports qui ne consistent pas en numéraire, le contrat de société, d'après l'article 175 *b*, désignera l'associé personnellement, la nature de son apport et la part faite à cet apport dans le capital ou dans tout autre actif social. Toute convention passée entre les associés responsables relativement à ces apports et non insérée dans le contrat de société est nulle et de nul effet à l'égard de la société. Les associés responsables (art. 175 *d*) justifieront, après une déclaration motivée, revêtue de leur signature, l'allocation des sommes accordées en échange des objets repris ou acquis. Les membres du conseil de surveillance doivent contrôler les appréciations arrêtées par les associés responsables (article 175 *e*), et dresser un rapport. La constitution de la société n'a lieu qu'en exécution d'un vote de l'assemblée générale des commanditaires. Les conditions de majorité fixées par l'article 180 de la loi de 1870 sont maintenues.

Toutefois l'adhésion de tous les membres présents est nécessaire, quand il s'agit d'augmenter les évaluations prévues et dont le montant est payable par la société (art. 175 *f*). La notification faite en vue de l'inscription du contrat de société sur le registre de commerce du tribunal de commerce doit être accompagnée des contrats servant de base aux évaluations prévues dans l'article 175 *b* (art. 176). Les associés responsables sont solidairement responsables envers la société de l'exactitude des indications fournies sur la valeur des apports en nature (art. 180). Toute décision de l'assemblée générale peut, dans le mois qui suit, être attaquée par voie de plainte pour la violation de la loi ou du contrat de société, et déclarée nulle (art. 190 *a*).

Dans les sociétés anonymes, sont considérés comme fondateurs ceux qui ont formulé les statuts constitutifs ou qui ont fait des apports en nature (art. 209 *c*). Si les fondateurs se réservent toutes les actions, la société est valablement constituée après rédaction d'un acte judiciaire ou notarié ; sinon, et c'est là une innovation importante, le tribunal de commerce convoque une assemblée générale d'actionnaires, qui se tient sous sa direction. Le comité de direction et le conseil de surveillance fournissent des explications sur la valeur des apports en nature, en s'appuyant sur un rapport antérieurement rédigé (art. 210 *a*). Si les membres de ce comité et de ce conseil ont cédé une partie du capital social à la société, le rapport n'a dû être dressé qu'après un examen contradictoire intervenu entre eux et des vérificateurs spéciaux choisis par les mandataires constitués du commerce ou, à défaut de ceux-ci, par le comité et le conseil (art. 209 *h*). La majorité exigée pour l'assemblée générale est la même que dans la société en commandite. La décision devra être ajournée, quand la simple majorité le demande. Les fondateurs, comme les associés responsables dans les sociétés en commandite, sont responsables solidairement, jusqu'à concurrence du dommage, envers la société, dans le cas où ils l'auraient sciemment lésée par des déclarations inexactes (art. 213 *a*) [1].

Le Code de commerce hongrois de 1876 prescrit également des mesures de vérification des apports dans les sociétés anonymes ; quant aux sociétés en commandite par actions, il ne les reconnaît pas par ce motif que dans d'autres pays la commandite n'a été inventée que pour échapper à l'autorisation gouvernementale exigée pour les sociétés anonymes. L'assemblée générale chargée d'approuver les apports doit être convoquée dans les deux mois à dater de la clôture de la souscription sous peine de restitution des versements. Il faut qu'il s'y trouve au moins sept souscripteurs présents par eux-mêmes ou par fondés de pouvoirs et représentant au moins le quart du capital social. Chaque action donne droit à une voix, sans qu'un seul actionnaire puisse en réunir plus de dix.

La loi brésilienne du 4 novembre 1882, complétée par un décret du 30 décembre 1882, substitue, en principe, au régime de l'autorisation préalable celui de la liberté limitée par un certain nombre de règles relatives à la constitution et au fonctionnement des sociétés tant en commandite par actions qu'anonymes. Le capital ne peut consister qu'en argent, en biens meubles ou immeubles et en droits à exercer. Les versements effectués autrement qu'en argent ne sont acceptés que pour la valeur qui leur aura été attribuée par trois arbitres nommés par l'assemblée générale lors de sa première réunion ; ces arbitres sont responsables des pertes résultant de leur évaluation au cas de fraude ou de dommage excessif. La valeur des apports doit être approuvée par une seconde assemblée générale. Cette assemblée qui délibère sur l'approbation des apports doit réunir les deux tiers du capital social. Si ce chiffre n'est pas atteint,

---

1. *Bulletin de statistique de législation comparée*, p. 336 et 429.

une seconde convocation est nécessaire, et c'est seulement à la suite d'une troisième convocation faite par lettres spéciales que l'assemblée peut délibérer quel que soit le capital représenté [1].

D'après le Code fédéral des obligations en vigueur en Suisse depuis le 1er janvier 1883, lorsqu'un actionnaire (art. 619) fait autrement qu'en argent un apport compris dans le capital social ou que la société projetée doit prendre à sa charge certains établissements ou d'autres biens, les statuts doivent indiquer exactement le prix pour lequel elle accepte ces apports ou le nombre d'actions données en payement. Ces dispositions doivent être approuvées par une décision prise à la majorité dans une assemblée générale. Cette majorité doit être du quart au moins de l'ensemble des actionnaires et représenter le quart au moins du capital social. Chaque associé présent ou représenté n'a dans cette assemblée qu'une seule voix. La décision prise est l'objet d'un acte authentique ou signé de tous ceux qui ont adhéré. En ce qui concerne la vérification des apports, les règles sont les mêmes pour les sociétés en commandite et les sociétés anonymes.

Le Code autrichien, comme le Code italien de 1865, soumet à l'autorisation préalable les sociétés en commandite par actions et les sociétés anonymes ; il est en cela plus logique que n'était le Code français de 1807 qui n'y astreignait que les dernières. Toutefois, à la suite de protestations nombreuses qui se sont élevées contre ce régime, le gouvernement a saisi, au mois de décembre 1882, la Chambre des députés du Reichsrath d'un projet de loi sur les sociétés par actions qui supprime cette autorisation au moins en principe, car de nombreuses exceptions sont admises, et même les sociétés librement constituées ont besoin d'une autorisation

---

1. *Bulletin de la Société de la législation comparée*, 1883, p. 352. Communication de M. Babinet.

spéciale pour faire certaines opérations. Les lois étrangères que nous venons d'examiner ont pris pour point de départ la nécessité d'une discussion publique sur la valeur des apports ; ce projet se singularise en ce qu'il se contente d'appeler l'attention des souscripteurs sur le montant des apports en les portant à leur connaissance par la voie des journaux. Un extrait de l'acte de société mentionnant les apports en nature doit être publié dans les journaux trois fois de suite quinze jours au moins avant l'ouverture de la souscription. De plus, les feuilles de souscription (art. 209 *a*) doivent contenir sous la signature des fondateurs l'indication de l'objet de la société et des apports en nature faits par les fondateurs. Ce projet considère les souscripteurs comme étant suffisamment éclairés par cette publicité antérieure à la souscription pour qu'il soit inutile de les réunir en assemblée générale, afin d'approuver les apports [1].

Le Code de 1865 a été remplacé, en Italie, par un nouveau Code de commerce en vigueur depuis le 1er janvier 1883. La société en commandite par actions et la société anonyme doivent, d'après l'article 87, être constituées par acte public. L'acte constitutif ou le statut indique notamment la valeur des créances ou des autres biens apportés et l'objet de la société (art. 89) ; il doit être, par les soins et sous la responsabilité du notaire qui l'a reçu et des gérants, déposé dans la quinzaine de la date au greffe du tribunal civil, dans le ressort duquel est établi le siège de la société. Le tribunal civil, après avoir vérifié l'accomplissement des prescriptions légales pour la constitution de la société, ordonne par ordonnance provisoire donnée en chambre du conseil, le ministère public entendu, la transcription de l'acte constitutif et du statut sur le registre des sociétés et son affichage dans les lieux désignés (art. 91).

---

1. Étude de M. Lyon-Caen sur le projet de loi autrichien. *Bulletin de l Société de législation comparée*, 1883, p. 332.

Le Code italien comme la loi belge de 1873 et la loi allemande du 28 juin 1884 sur les sociétés anonymes, établit des dispositions différentes selon qu'il est ouvert ou non une souscription publique. S'il n'y a pas de souscription publique, la société peut se constituer au moyen d'un ou de plusieurs actes publics, dans lesquels les fondateurs qui ont souscrit intégralement le capital certifient l'existence de toutes les conditions légales, et nomment les administrateurs et les personnes chargées de remplir les fonctions de syndics jusqu'à la première assemblée générale (art. 128).

S'il est fait appel aux capitaux, les fondateurs rédigent auparavant un programme indiquant le but de la société, son capital, les clauses principales de l'acte constitutif. Ce programme avec les signatures authentiques des fondateurs doit être déposé, avant la publication, au greffe du tribunal de commerce dans le ressort duquel le siège de la société future doit s'établir. Il désigne la personne qui présidera l'assemblée générale (art. 129). Les souscriptions recueillies, et le versement légal sur chaque action effectué, les fondateurs dans les quinze jours suivants doivent réunir l'assemblée générale. L'assemblée reconnaît et approuve la valeur des meubles et immeubles apportés, si elle a été déterminée ; autrement elle nomme un ou plusieurs experts pour en évaluer le prix réel (art. 134). Chaque associé, qui déclare dans ladite assemblée générale ne pas être informé suffisamment, peut demander le renvoi à trois jours. Si cette proposition est appuyée par des associés souscripteurs d'un quart du capital représenté dans l'assemblée, le renvoi a lieu de droit. Si un terme plus long, mais inférieur à un mois, est demandé, la majorité décide. Tout délai plus long qu'un mois doit être accepté par les trois quarts des associés présents (art. 135). Dans cette première assemblée, chaque souscripteur a une voix, quel que soit le nombre des actions par lui souscrites ; pour la validité de la délibération la présence de la moitié des souscripteurs est exigée, et il faut l'assentiment de la majorité absolue des membres présents (art. 156). Les associés peuvent se faire représenter dans les assemblées générales par des mandataires associés ou non (art. 160).

CHAPITRE III

DE LA CONSTITUTION DES SOCIÉTÉS DONT LE CAPITAL COMPREND
EXCLUSIVEMEMT DES APPORTS EN NATURE

En général, une société comprend un capital en espèces
destiné à faire marcher l'entreprise et obtenu par une souscription publique, puis quelquefois, à côté de ce capital, des
apports en nature. Mais une société peut être formée exclusivement avec des apports en nature par les fondateurs seuls
qui s'attribuent toutes les actions sans recourir aux capitaux
étrangers. Rien ne s'oppose à cette combinaison, elle est légale ; sans doute elle est plus rare, car les fondateurs se pro-
curent ordinairement par une émission publique d'actions le
fonds de roulement nécessaire à la mise en activité de la société, mais ils peuvent le fournir eux-mêmes ou y pourvoir
après la constitution de la société, par une émission d'obligations qui n'est d'ailleurs réglementée par aucune disposition
légale. La loi, dans le paragraphe 8 de l'article 4 a elle-même
prévu un cas où la société ne se compose que d'apports en nature ; elle suppose que les fondateurs, sans faire appe laux capitaux étrangers, constituent le fonds social avec des choses
mobilières ou immobilières qui sont leur propriété indivise, et,

par dérogation au principe, elle affranchit cette société des deux assemblées générales chargées de la vérification. La discussion de la valeur des apports ne peut, en effet, légalement avoir lieu faute d'élément contradictoire, puisque l'immeuble social appartient par indivis à tous les fondateurs ; on ajoute généralement qu'elle serait superflue puisque ni l'entraînement des souscripteurs, ni la méprise des associés sur l'objet de la société ne sont à craindre. Ce dernier motif seul serait insuffisant, car il méconnaît les intérêts des tiers que les formalités de l'article 4 sont destinées à protéger aussi bien que les associés.

Cette exception ouvre la porte toute grande à la fraude, et les spéculateurs malhonnêtes s'en sont souvent servis pour tromper le public. Des lanceurs d'affaires créent une société avec de prétendus apports indivis d'un prix insignifiant, et par ce procédé ils échappent à tout contrôle, puis ils se partagent entre eux les actions de cette société à capital fictif. Au lendemain de la société, après avoir fait briller dans des prospectus habilement rédigés l'importance de l'entreprise et la légitimité de leurs espérances, ils arrivent facilement à obtenir, par une émission d'obligations, le capital dont ils ont besoin, et à opérer le placement des actions qu'ils ont créées avec une majoration suffisante pour constituer de gros bénéfices. Les obligataires et les créanciers n'ont qu'un gage sans valeur, et les cessionnaires d'actions un faux capital.

La combinaison qui consiste à former la société avec des apports indivis, puis à faire postérieurement une émission d'obligations se rencontre fréquemment ; elle est licite en elle-même puisqu'elle est autorisée par le paragraphe 8 de l'article 4, mais elle ne doit pas être employée pour permettre à l'exagération des apports de se produire en toute liberté ; sans quoi la loi serait violée, sinon dans sa lettre, au moins dans son esprit. Les tribunaux devront donc, d'après les faits, l'absoudre ou la condamner ; ils l'absoudront si les fondateurs ont été de

bonne foi dans l'estimation de leurs apports qu'ils ont évalués à un chiffre peu supérieur à leur valeur réelle, et s'ils
ont demandé le capital nécessaire à la marche de la société
aux obligataires plutôt qu'aux souscripteurs uniquement
parce que le public préfère l'obligation à l'action ; ils la con-
damneront s'il y a eu mauvaise foi de la part des fondateurs,
et si l'exagération des apports a été considérable. Les juges
se trouvent, par une singulière anomalie, chargés de la mission délicate de faire une vérification dont la loi avait dispensé
les associés eux-mêmes, et la lourde responsabilité qui incom-
bait autrefois au Conseil d'État leur est imposée dans une
certaine mesure. La constitution de la société ne sera à l'abri
de tout soupçon que lorsqu'elle aura subi l'épreuve judiciaire,
n'y a-t-il pas là un défaut de sécurité pour les tiers engagés
vis-à-vis d'une société dont le caractère licite ou illicite dé-
pendra de la décision variable des tribunaux et de l'importance de l'exagération des apports ? Cependant les fondateurs
sont très portés, même lorsqu'ils sont honnêtes, à user de ce
moyen, grâce auquel ils évitent toute contestation, soit dans
la constitution, soit dans l'exploitation de la société, et retien-
nent pour eux les bénéfices qu'ils auront obtenus avec l'aide
du capital fourni par les obligataires.

Les dispositions mêmes de la loi fournissent aux tribunaux
des armes pour combattre ce procédé, lorsqu'il est frauduleux. Si les biens indivis sont purement fictifs, il n'y a pas
eu de mise sociale ; or une mise sociale étant de l'essence
de toute société, cette société est nulle. Dans une espèce
soumise à la Cour de Paris, le fonds social se composait exclusivement de biens réputés indivis achetés la veille et restés
impayés ; les fondateurs s'étaient attribué toutes les actions
entièrement libérées représentatives du capital social, en
stipulant que le payement des apports serait effectué par un
prélèvement sur le produit d'un grand nombre d'obligations
qu'ils créaient dans l'acte constitutif de la société pour être

émises immédiatement, et de cette sorte les risques sociaux ne pouvaient être encourus que par les tiers, obligataires ou créanciers de la société. La Cour, « considérant qu'il ressort clairement qu'ils (les fondateurs) ont voulu ne rien mettre et qu'ils n'ont rien mis en commun de leurs valeurs ou biens personnels, et que le fonds nécessaire au fonctionnement social n'a été formé qu'avec les deniers d'autrui ; qu'ainsi, en réalité, les fondateurs n'ont effectué aucune mise sociale ou tout au moins que leur mise sociale a été absolument fictive, etc. », annula la société [1]. Mais, en supposant que les immeubles indivis présentent quelque consistance et constituent une mise sociale, quoique imparfaite, il faut un capital en numéraire pour que la société puisse marcher. Si les fondateurs ne sont pas en état de soutenir l'entreprise par leur crédit personnel, le capital qui leur est indispensable fait défaut, et dès lors il est exact de dire qu'il a été souscrit au moyen d'une émission d'obligations. La souscription a eu lieu après la formation de la société afin d'éluder les dispositions de l'article 4, et, comme elle doit être, d'après l'article 1er, le premier acte constitutif, cette société est irrégulière. En somme, les obligataires deviennent des actionnaires après coup. Cela est surtout vrai si, au lieu d'une émission d'obligations, c'est une souscription publique d'actions qui a été ouverte [2].

Pour prévenir cette fraude, la commission du Corps législatif avait proposé de limiter l'exception du paragraphe 8 au cas où « les associés ne feraient pas appel à une souscription publique » ; il n'était pas question des obligations. La proposition fut repoussée par le Conseil d'État, parce qu'il était difficile d'en préciser les limites exactes : « Si l'appel au public, disait le rapporteur de la loi résumant l'opinion du Conseil d'État,

1. Cour de Paris, arrêt du 14 avril 1883, confirmant un jugement du tribu-
de commerce de la Seine du 20 mai 1882. (*Journ. des Soc.*, 1883, p. 363.)
2. C'est la remarque de M. Vavasseur, *Sociétés*, n° 465.

par voie de prospectus de la part des fondateurs est suspect
au lendemain de la société, en sera-t-il de même six mois,
un an plus tard ? Ce n'est pas tout. Que faudra-t-il entendre
par souscription publique ? La fraude, si elle existe, pourra
être poursuivie ; mais, il ne faut pas l'oublier, la fraude ne
se présume pas. » C'est donc aux tribunaux que le rapporteur entendait réserver le soin d'examiner si les fondateurs
avaient agi de bonne ou de mauvaise foi.

Il peut arriver aussi que les fondateurs simulent une copropriété fictive ; les tribunaux prononceront la nullité de la
société pour fraude à l'article 4. C'est ce que faisait le tribunal
de commerce de Marseille [1], dans une hypothèse où « l'objet
apporté n'était devenu propriété commune des futurs socié-
taires que par un acte fait en vue de la société elle-même,
ne l'ayant précédée que de quelques jours, et qui n'aurait pu
avoir d'exécution au cas où la société ne se fût pas constituée ». De même, la Cour de Paris déclarait nulle une
société dans laquelle le fonds social était présenté comme
indivis entre les fondateurs copropriétaires, alors qu'il était
la propriété de l'un d'eux, que rien ne justifiait qu'il en eût
transmis une partie aux autres, et que tous étaient réduits à alléguer l'existence de conventions verbales antérieures [2].

Le paragraphe 8 de l'article 4 était, dans l'intention du législateur, destiné à comprendre une autre hypothèse, à laquelle
se réfèrent principalement le rapport de la commission et les
travaux préparatoires de la loi, c'est celle où les associés
transformeraient une société en nom collectif ou en commandite simple en société par actions, et, sans faire appel aux
capitaux étrangers, diviseraient le fonds social en actions
qu'ils se répartiraient proportionnellement à la part de chacun
d'eux dans la société primitive. A s'en tenir au texte de la loi,

<hr>

1. 21 janvier 1881 *Rev. de droit commercial*, 1881, p. 193.
2. 24 avril 1877., *Rev. de droit commercial*, 1877, p. 457.

la règle générale est applicable, car, comme le fait remarquer M. Beudant [1], « par suite de la personnalité des sociétés commerciales, ce ne sont pas les associés qui sont copropriétaires du fonds social : il appartient à la société elle-même, personne morale. Ce ne sont pas dès lors les associés qui exécutent l'apport en nature, c'est la société elle-même qui verse son actif dans une société nouvelle. » Si, au contraire, nous ne consultons que l'intention du législateur, telle qu'elle s'est plusieurs fois manifestée dans la préparation de la loi, l'exception doit être étendue à cette hypothèse.

Mais, en dehors des deux cas prévus par le loi, les prescriptions légales concernant la vérification des apports en nature doivent toujours être observées, sans qu'il soit permis d'invoquer par analogie la disposition exceptionnelle du paragraphe 8, dont le bénéfice a été subordonné à des conditions strictement limitées. C'est ainsi que nous ne saurions faire rentrer dans l'exception le cas où, la société étant formée entre plusieurs associés qui auraient souscrit tout le capital par l'acte de société et versé immédiatement le montant intégral de leur souscription, l'un d'eux toutefois ferait un apport en nature. On a argumenté contre cette solution de l'esprit de la loi. Selon M. Beudant, les dispositions de l'article 4 n'ont d'autre but que de prémunir les souscripteurs contre l'exagération habituelle des apports, contre les suites d'une approbation surprise dans une assemblée unique ; elles perdent leur raison d'être, lorsque tous les actionnaires ont concouru contradictoirement à la rédaction de l'acte, car ils ont dû se renseigner auparavant sur leur moralité respective et sur la valeur de l'apport. Il nous semble cependant qu'il n'y a pas analogie avec l'hypothèse indiquée dans le paragraphe 8 de l'article 4 ; celui-ci suppose une indivision antérieure à la formation de la société, c'est là une exception qui comme telle est limitative. Or, si l'apport a été fait par un actionnaire qui en est

---

1. *Revue critique*, t. XXXVI, p. 150.

individuellement propriétaire, nous sommes en dehors de
l'exception, et la vérification doit avoir lieu. Peu importe que
le capital-espèces ait été intégralement souscrit et versé ;
c'est là une circonstance tout à fait indépendante, qui n'a
aucun rapport avec les prescriptions concernant les apports
en nature. La participation des souscripteurs à la rédaction
de l'acte n'est pas une garantie suffisante ; ils y ont peut-
être adhéré sans avoir préalablement examiné la valeur de
l'apport ou par suite d'un malentendu. La réunion des assem--
blées générales servira à les éclairer et à dissiper tous les
doutes.

L'exception du paragraphe 8 de l'article 4 n'est pas non
plus susceptible d'être étendue au cas où le fonds social ne
comprend que des biens, meubles ou immeubles, apportés
non indivisément, mais distinctement par les fondateurs de
la société, car l'une des conditions exigées par la loi fait dé-
faut.La jurisprudence cependant est d'un avis contraire ; sous
l'empire de cette considération que les formalités constitutives
n'ont été édictées qu'en faveur des souscripteurs, victimes
trop souvent d'erreurs ou d'illusions, elle a déclaré non seulement que la réunion des assemblées générales n'était pas
nécessaire dans l'hypothèse indiquée, mais encore qu'un certain nombre des prescriptions légales relatives à la constitution des sociétés ne s'appliquaient pas aux sociétés dont
les fondateurs s'attribuent toutes les actions en échange de
leurs apports en nature, sauf à les répandre plus tard dans le
public. La doctrine de la Cour de cassation établit là une distinction si importante, si profonde qu'il convient d'en examiner à fond la légitimité. Voici l'espèce sur laquelle la jurisprudence a eu à se prononcer.

Deux sociétés en nom collectif s'étaient fusionnées et
avaient apporté respectivement à la société nouvelle qui était
anonyme, tout leur avoir consistant en immeubles et en matériel d'exploitation. Tous les apports étaient en nature ; la

nouvelle société s'était formée entre les fondateurs sans ou
verture d'une souscription publique. Il n'y eut ni déclaration
notariée constatant la souscription de tout le capital et le
versement du quart, ni dépôt chez le notaire d'un double de
l'acte social dressé sous seing-privé, ni convocation et réunion de deux assemblées générales pour la vérification des
apports, ni déclaration formelle que les administrateurs désignés dans les statuts ne devraient pas être confirmés par
l'assemblée générale. La société fonctionnait depuis peu de
temps lors qu'un incendie entraîna sa ruine. Une compagnie
créancière demanda la nullité de cette société dite du Batelage de Saint-Pierre, se fondant sur l'inobservation de toutes les formalités précitées. Mais la Cour de cassation et,
avant elle, la Cour de la Réunion décidèrent[1] que les sociétés par actions qui se forment par la fusion de deux sociétés
antérieures, et dont le capital se compose exclusivement
de la réunion des biens formant déjà le fonds des sociétés
précédentes, sont affranchies de toutes ces règles, et que par
suite la société du Batelage de Saint-Pierre avait été régulièrement constituée. D'après la jurisprudence, ces mesures
n'ont été établies que pour protéger les souscripteurs contre
la fraude ; ce danger n'est plus à craindre lorsque l'affaire
est concentrée entre les fondateurs. Cette assertion est-elle
exacte ?

Et d'abord, où cette distinction est-elle formulée ? Elle ne
résulte ni du texte ni de l'esprit de la loi. La loi belge de
1873, et la nouvelle loi italienne, dans des dispositions for-
melles, suppriment une partie de leurs prescriptions pour
les sociétés formées seulement entre les fondateurs, mais il
n'y a rien d'analogue dans la législation française, et la Cour
de cassation ne peut, à l'exemple du préteur romain, s'arro-
ger le droit d'apporter à la loi les tempéraments qui lui pa-

1. Cour de la Réunion, 18 juin 1876; Sir. 77, 2, 1, et la note de M. Lyon-
Caen. — Cass. 26 avril 1880; Sir. 81, 1, 1, et la note de M. Labbé.

raissent équitables. Les termes de la loi sont généraux, et ces formalités que la jurisprudence déclare inutiles s'appliquent, au contraire, d'une manière rigoureuse à toutes les sociétés.

La déclaration notariée n'est pas nécessaire, selon la jurisprudence ; elle est destinée à constater la souscription de la totalité du capital et le versement du quart; or, dans l'hypothèse, il n'y a pas souscription puisque, dit M. Labbé, qui sur ce point soutient la jurisprudence, ce mot fait allusion à la promesse d'un apport futur, et, qu'ici l'apport est affectué ; il n'y a pas versement, puisque le versement suppose une souscription et qu'il n'y a pas de souscription. « Attendu, dit l'arrêt de la Cour de la Réunion, que la loi du 24 juillet 1867, quand elle parle de souscription, entend par ce mot l'engagement pris par une personne de devenir propriétaire d'une certaine quantité d'actions et d'en verser le montant ; que la société se formant sans faire appel à des capitaux étrangers s'est formée par cela même sans souscriptions et par suite sans versements; or, attendu que le but de la déclaration notariée était de constater deux faits: 1° la souscription de tout le capital social, 2° le versement du quart au moins de ce capital, il s'ensuit nécessairement qu'il n'y avait pas lieu pour la société anonyme du Batelage de Saint-Pierre de faire la déclaration dont il s'agit, etc. »

Toute la difficulté roule donc sur l'interprétation à donner à cette expression « souscription ». La souscription, disent MM. Lyon-Caen et Renault[1], « c'est l'acte par lequel une personne s'oblige à faire un apport pour devenir actionnaire ». Cette définition nous semble très juste ; mais, prenons les termes mêmes de l'arrêt, c'est l'engagement de devenir propriétaire d'une certaine quantité d'actions. S'il en est ainsi, peu importe que ces actions soient la représentation d'un capital en argent ou en nature, peu importe que l'apport

1. *Précis de droit commercial*, n° 412.

soit en numéraire ou en tout autre objet ; la seule différence
réside dans la qualité de l'apport, mais les règles sont les
mêmes. Au moment de la souscription, l'apport n'est pas
encore effectué ; il y a seulement obligation de l'effectuer ;
il ne le sera que par la constitution définitive de la société.
Lorsque les propriétaires d'un apport l'évaluent deux mil-
lions, ils ne font, en somme, que souscrire quatre mille actions de cinq cents francs, si tel est le taux de l'action. L'attribution n'aura lieu que par l'acceptation de l'apport par la
dernière assemblée générale. Sans doute, les actions représentatives d'un apport en nature ne comportent pas de versement proprement dit du quart ; ce mot pris dans son sens
juridique ne s'applique qu'aux actions représentatives de numéraire, et l'article 25 confirme cette opinion en disant « le
versement du quart du capital qui consiste en numéraire ».
Mais, pour les apports en nature, le versement s'opère pour le
quart et même au delà sous une autre forme par leur admission
provisoire, admission qui deviendra définitive par l'approbation de l'assemblée. L'engagement pris lors de la souscription sera exécuté à l'époque de la création de la société qui
par elle seule entraînera transmission de la propriété de
l'apport[1]. L'article 1er qui prescrit la déclaration notariée ne
contient d'ailleurs aucune exception, et le législateur n'a
voulu en apporter aucune ; en effet, lorsque dans l'article 23
il reconnaît à sept associés le pouvoir de fonder une société
anonyme, il a dû prévoir que ces associés pourraient avec
leurs propres biens et sans le secours des capitaux étrangers
constituer le fonds social, et cependant l'article qui suit cette
disposition, l'article 24, renvoie à l'article 1er lequel est général[2]. En effet, même en ce cas, la déclaration notariée a une
utilité incontestable, elle sert à contrôler la viabilité de la
société ; or, les tiers qui traitent avec elle et les futurs cession-

1. Voir la note précitée de M. Lyon-Caen.
2. Emion, *Revue de droit commercial*, livr. d'août 1881.

naires d'actions doivent, pour leur propre sécurité, être assurés de la souscription intégrale du capital.

La jurisprudence prétend que l'intérêt des tiers n'apparaît pas et qu'il n'a pu éveiller la sollicitude du législateur, car on ignore si la société parviendra à se constituer ; ce qui, dans la première période, préoccupe avant tout le législateur et lui inspire les mesures de précaution, c'est uniquement l'intérêt des souscripteurs d'actions qu'il faut protéger contre leurs propres entraînements et contre les promesses souvent fallacieuses des fondateurs. Rien n'indique cependant que les dispositions préventives de la loi n'aient été édictées qu'en faveur des souscripteurs. Qu'a voulu le législateur ? Éviter la création de sociétés fictives ou frauduleuses, et cela dans le but de protéger tous ceux sans exception qui auraient à souffrir de ces manœuvres dolosives, les tiers aussi bien que les associés ; sinon il n'eût rempli que la moitié de sa tâche. De ce que ces mesures de garantie interviennent à une époque où il n'y a pas encore de tiers puisque la société qui n'est qu'à l'état de projet n'a pu faire de contrat, il ne s'ensuit pas qu'elles n'aient pas été établies dans l'intérêt des tiers. Pour qu'elles fussent efficaces à leur égard, il fallait qu'elles fussent antérieures à la constitution définitive de la société ; mieux vaut empêcher, dans la mesure du possible, le mal de se commettre, qu'essayer de le réparer lorsqu'il a été commis.

La loi du 24 juillet 1867, supprimant la différence qui existait, sous l'empire du Code de commerce (art. 39 et 40), entre les sociétés en commandite et les sociétés anonymes quant à la rédaction de l'acte social, déclare qu'à l'avenir toutes les sociétés pourront être formées soit par acte notarié soit par acte sous seing privé. L'acte de société (art. 1er) doit être annexé à la déclaration notariée du gérant ou des fondateurs ; s'il est sous seing privé, l'un des doubles de l'acte reste déposé entre les mains du notaire devant lequel la déclaration est passée ; s'il est authentique, c'est une expédition de cet acte qui est annexée à moins que la déclaration n'ait été passée devant le notaire qui a reçu l'acte de société. Tel est le droit commun ; mais, dans notre hypothèse, le dépôt doit-il être effectué ? La jurisprudence soutient la négative. « Attendu, dit la Cour de cassation, que, si cette déclaration est sans objet quand il n'existe que des apports en nature, le dépôt chez le notaire d'un double de l'acte social comme moyen de contrôle devient par là inutile puisqu'il n'est qu'une annexe ou un accessoire de la déclaration notariée. » La Cour de cassation reproduit l'argument déjà invoqué par la Cour de la Réunion ; mais celle-ci réfute une objection qui avait été presentée au cas où l'acte de société serait sous seing privé, et il l'était en l'espèce. On avait prétendu que la déclaration notariée et le dépôt avaient pour objet d'assurer à l'acte constitutif de la société l'authenticité, et pour but de lui donner un surcroît de publicité dans l'intérêt des futurs cessionnaires d'actions et des tiers appelés à traiter avec la société. La Cour répond avec raison que, sous l'empire de la loi de 1863 d'après laquelle la société à responsabilité limitée ne pouvait que revêtir la forme authentique, les formalités de la déclaration et du dépôt n'en étaient pas moins obligatoires ; que le caractère de l'authenticité importe peu au tiers, et enfin que donner à la loi cette interprétation, c'est annihiler complètement la disposition de l'article 21. Ce n'est pas le dépôt chez le notaire qui est destiné à assurer la publicité de la société, c'est le dépôt aux greffes de la justice de paix et du tribunal de commerce.

M. Labbé, tout en acceptant la doctrine de la jurisprudence lorsque les statuts ont été rédigés par un notaire, reconnaît au dépôt un autre but, lorsque les statuts sont sous seing privé. Dans les sociétés de capitaux, il eût été trop rigoureux de faire dresser, selon les termes de l'article 1325 du Code civil, autant d'originaux qu'il y a de parties ayant un intérêt distinct, et le législateur a pensé que, quel que fût le nombre des intéressés, il suffirait de deux doubles qui ne fussent pas entre les mains de la même personne ; l'un sera déposé au siège social, et l'autre annexé à la déclaration notariée. Le rapporteur s'est exprimé en ce sens, et il ne faisait qu'exposer l'opinion de la commission désireuse de trancher la question de savoir si l'article 1325 devait être appliqué strictement. Supprimer le dépôt dans les sociétés composées exclusivement d'apports en nature, c'est faire renaître la difficulté. Il est vrai que l'article 1er emploie le mot « annexé », et semble subordonner le dépôt à la déclaration : si celle-ci est inutile, le dépôt, d'après la jurisprudence, l'est aussi par voie de conséquence. Mais la loi n'a voulu par cette expression qu'indiquer, dans un esprit d'ordre, que toutes les pièces nécessaires pour justifier la formation de la société devraient être jointes ensemble. Le dépôt a donc une utilité évidente et tout à fait indépendante ; quand bien même il n'y aurait pas lieu à déclaration, il n'en faudrait pas moins déposer chez le notaire l'un des deux originaux. Le législateur a pu donner au dépôt cette portée ; mais pour nous, qui admettons dans tous les cas l'obligation de la déclaration, le dépôt devra toujours être effectué, que l'acte soit authentique ou sous seing privé [1].

Enfin, y a-t-il lieu d'étendre à toutes les sociétés dont le fonds social ne comprend que des apports en nature la disposition exceptionnelle du paragraphe 8 de l'article 4 ? La réunion des assemblées, d'après la jurisprudence, est inutile moralement, parce qu'il n'y a pas opposition d'intérêts et que l'article 4 n'a d'autre but que de mettre sur un pied d'égalité les souscripteurs d'actions en numéraire et les apporteurs ; elle est impossible légalement, parce qu'une majorité remplissant les conditions légales ne saurait être réunie. Cependant la loi n'a pas déclaré, dans une formule générale, que toute

1. Conf. Deloison, *Traité des Sociétés*, p. 426.

société constituée seulement avec des apports en nature
serait affranchie de la double assemblée ; l'exception qu'elle
consacre fait, au contraire, ressortir la portée générale de
la règle. Cette exception est limitative, elle repose sur le
défaut d'élément contradictoire ; toute hypothèse qui n'y est
pas strictement conforme est soumise au principe. Or, lorsque plusieurs personnes mettent leurs biens en commun
pour en faire le fonds d'une société, il y a un antagonisme
évident entre les différents apporteurs. Lorsque deux
sociétés fusionnent, il est impossible de soutenir que le
fonds social qui résulte de la fusion était leur propriété indivise. Les membres de l'une des sociétés peuvent craindre
les erreurs, les exagérations faites par les membres de l'autre
dans la valeur de leurs apports, et c'est au moyen de la
réunion des deux assemblées générales qu'on fera disparaître
tous les malentendus, et qu'on évitera les déceptions, car,
jusqu'à la formation de la société nouvelle, les intérêts des
membres de chacune des deux sociétés sont différents. La
vérification se justifie par cette opposition ; un accord intervenu entre les représentants des deux sociétés ne serait pas
suffisant. D'après M. Vavasseur [1], l'exception écrite dans la
loi ne l'aurait été qu'à titre d'exemple ; « le Rapport, au
besoin, ne laisserait aucun doute à cet égard. On s'est
demandé, dit-il, s'il fallait faire de la vérification des apports
une règle absolue, s'il n'y avait pas des exceptions possibles
et nécessaires. Puis il ajoute qu'un membre de la commission a présenté diverses hypothèses où il n'y a pas besoin
de faire appel à des capitaux étrangers, et que tous ces cas
ne pouvaient rentrer dans la règle générale. La formule
adoptée pour la dispense de vérification n'a donc pas entendu
prévoir un cas unique, et elle a voulu, au contraire régir
les cas analogues en embrassant toutes les exceptions nécessaires. » Mais, nous l'avons vu, l'analogie fait complètement

____

1. *Sociétés*, n° 436.

défaut, lorsque les apports sont possédés, non indivisément, mais distinctement par les fondateurs. A quoi bon
poser un principe, si l'on soustrait à son application des
hypothèses indéterminées, en dehors de l'exception formulée ? C'est supprimer la règle au profit de l'exception, et
laisser à l'arbitraire la plus grande place.

Mais, dit-on, la tenue des deux assemblées est impossible ;
ce sont les souscripteurs d'actions en numéraire qui seuls
sont appelés à vérifier les apports ; la loi refuse voix délibérative aux associés qui ont fait des apports en nature ; or dans
ces sociétés tous les associés sont apporteurs. Depuis l'arrêt
de la cour de la Réunion, la jurisprudence semble persévérer
dans cette manière de voir ; la Cour de Paris [2] s'est prononcée
implicitement en ce sens. On demandait la nullité d'une société dont les fondateurs, pour échapper à l'article 4, auraient
simulé l'indivision entre eux des apports en nature qui for-
maient tout le fonds social. La Cour reconnaît dans son arrêt
que l'indivision a existé à une date antérieure à la constitution de la société ; mais elle ajoute dans un considérant et à
tort, selon nous, que la vérification aurait rencontré un obstacle insurmontable en l'absence de tout associé ayant fait un
apport en numéraire. Sans doute, les apporteurs ne voteront
pas sur l'évaluation de leur propre apport, car ils sont trop
intéressés dant le débat, mais ils voteront sur celle de l'apport
fait par autrui. Il y aura autant de délibérations que d'apports, et pour chaque délibération, la composition de l'assemblée ne sera pas la même. Cette interprétation de l'article 4 est
rationnelle ; le texte ne s'y oppose pas, « les délibérations »,
dit-il. L'assemblée ratifiera peut-être, sans un examen appro-
fondi, le projet arrêté d'avance, mais mieux vaut une délibération, même rapide et peu sérieuse, que l'absence de toute
délibération. La jurisprudence objecte qu'on ne peut réunir
une assemblée représentant, dans les sociétés anonymes, la

2. 14 avril 1883, *Jour. des Socié.*, 1883, p. 362

moitié du capital social en numéraire et dans les sociétés en commandite par actions le quart du capital en numéraire. Pour les sociétés anonymes, ce n'est pas la moitié du capital en numéraire ; c'est, dit l'article 30, le moitié du capital social, déduction faite de l'apport soumis à vérification ; or le capital social, envisagé dans son intégralité, comprend les apports en nature et ceux en numéraire (art. 29 et 31). La rédaction de l'article 4 est, il est vrai, différente, et la question est plus délicate parce que les mots « en numéraire » y sont formellement insérés. Mais, en somme, ce que la loi veut avant tout, c'est que ni les actionnaires ni les tiers ne soient trompés ; c'est là une condition essentielle. En prescrivant la représentation du quart en numéraire, le législateur a prévu *quod plerumque fit,* c'est-à-dire une société composée pour partie d'espèces, pour partie d'apports en nature ; ce n'est une disposition rigoureuse que dans la mesure du possible. Et c'est, à notre avis, suivre judicieusement l'esprit de la loi que de décider, comme l'a fait la Cour de Dijon, dans un arrêt déjà cité, qu'une société n'est pas nulle pour irrégularité dans la vérification des apports, lorsque ces apports ont été approuvés par tous les actionnaires non copropriétaires, bien qu'ils ne représentent pas le quart en numéraire. Il est préférable d'appliquer un principe général, lorsque son application est certaine et utile, que de le violer pour prendre à la lettre une disposition de détail.

C'est également dans le sens de la nullité que nous aurions conclu dans la curieuse espèce sur laquelle le tribunal de commerce de la Seine [1] a eu à statuer. Après la dissolution de la société des Moulins Packam, quelques-uns des actionnaires résolurent de mettre en commun les droits qu'ils avaient dans la liquidation, et dressèrent par-devant notaire un acte de société en commandite entre eux et à l'exclusion des tiers. Il avait été convenu qu'en échange d'une action de

1. 4 mars 1882, *Gaz. du Palais* du 28 mars.

la société ancienne, chaque actionnaire recevrait une action
de la société nouvelle entièrement libérée, et que, dans le
cas où la liquidation de l'ancienne société ne produirait pas
la somme de 500 francs, les bénéfices éventuels ne donne-
raient lieu à aucune répartition avant que cette somme fût
complétée. Il n'y eut pas vérification des apports ; la nullité
fut demandée pour cette cause, et le tribunal rejeta cette
demande, attendu que le capital était le même pour tous les
associés et qu'ils avaient mis en commun un droit indivis à
l'exclusion des tiers et d'un capital étranger. Cependant le
nouveau fonds social n'était pas, avant la constitution de la
société, la propriété indivise des fondateurs ; chacun d'eux a
dans la liquidation des droits spéciaux, individuels, et c'est
par la réunion de ces droits distincts que se forme la nouvelle
société. L'apport de chacun était indéterminé, incertain ; il
devait être soumis à vérification dans l'intérêt même des actionnaires qui auraient été mieux éclairés sur la quotité des
droits de chacun d'eux et sur la valeur de la nouvelle société
dans laquelle ils entraient. Le tribunal semble avoir tenu
grand compte de cette circonstance que les actionnaires n'a-
vaient pas dû avoir l'intention de tromper le public, puisqu'il
était exclu de la société et que plus tard il n'avait pas été fait
appel aux capitaux étrangers. Mais, s'il n'y a pas eu émission d'actions, il y a eu du moins cession d'actions à des
tiers pour lesquels l'observation de l'article 4 eût été une garantie. Il suffit que la constitution d'une société soit irrégulière et contienne en elle un germe de fraude, pour que la
nullité soit recevable, quand bien même la fraude n'eût pas
été consommée.

La jurisprudence a tiré une conséquence importante de la
suppression de la déclaration notariée et de la vérification
des apports dans les sociétés formées exclusivement avec des
apports en nature ; elle déclare que, dans les sociétés anonymes, contrairement à la règle générale de l'article 25, les

statuts n'auront pas à énoncer dans une stipulation expresse que la nomination des premiers administrateurs ne sera pas soumise à l'approbation de l'assemblée. En effet l'assemblée chargée de cette approbation est, s'il n'y a pas d'apports en nature à vérifier, celle appelée à contrôler la sincérité de la déclaration notariée, et, s'il y a des apports, celle qui doit statuer sur leur évaluation (art. 25 et 30) ; or, comme il ne se trouve ni déclaration notariée à examiner, ni apports à vérifier, il en résulte qu'une stipulation formelle est, à défaut d'assemblée, inutile dans les statuts.

L'argument de la jurisprudence tombe de lui-même, si nous admettons la nécessité d'effectuer la déclaration notariée et de faire apprécier les apports. L'article 25 est applicable dans toute sa rigueur ; les administrateurs n'échapperont à l'approbation de l'assemblée que par une stipulation expresse et ils ne pourront être nommés pour plus de trois ans. On objecte que dans ces sociétés les souscripteurs sont, en général, peu nombreux et plus aptes à connaître la capacité des administrateurs dont le choix est souvent fixé d'un commun accord ; mais il ne faut pas oublier que les garanties de l'article 25 sont destinées à protéger les tiers au même titre que les souscripteurs.

En admettant qu'il est licite delaisser de côté une partie des souscriptions légales, lorsqu'il n'est pas ouvert de souscription publique, en dispensant des règles des articles 4 et 24 les sociétés composées d'apports en nature provenant de personnes ou de sociétés différentes, la jurisprudence fournit aux spéculateurs malhonnêtes un moyen facile de tourner la loi et de créer des sociétés fictives. En ce qui concerne le défaut de vérification des apports et l'absence de contrôle, cette fraude, dit-on, peut se commettre sous le couvert du paragraphe 8, de l'article 4, et le législateur, en édictant cette disposition, n'a pas été sans s'apercevoir de l'abus qui en serait fait ; or, le danger est beaucoup moindre au cas d'apports distincts qu'au cas d'apports indivis. Mais, puisque la loi dans sa lettre et dans son esprit permet de limiter cette exception nécessaire qui prête à des combinaisons frauduleuses, pourquoi lui reconnaître une portée plus large ?

Toutefois, l'article 13 du nouveau projet de la loi décide que la constitution de toute société fondée uniquement entre les apporteurs est affranchie de l'application des articles 10, 11 et 12, § 1, relatifs à la vérification des apports, sans qu'il y ait à distinguer si ces apports sont la propriété indivise ou personnelle des fondateurs ; l'article 13 ne renvoie qu'à ces articles. Mais, pour éviter que les actions attribuées aux fondateurs ne deviennent un instrument trop commode de spéculation, le projet de loi veut qu'elles ne deviennent négociables que deux ans après la constitution définitive de la société. Que sera, pendant ces deux années, une société dont les titres ne seront pas négociables !

CHAPITRE IV

LES ACTIONS ATTRIBUÉES EN ÉCHANGE DES APPORTS EN NATURE

Celui qui livre à une société en voie de formation un objet
mobilier ou immobilier reçoit quelquefois des espèces en
échange, auquel cas c'est une véritable vente, mais le plus
souvent il reçoit ou des actions ou un droit de prélèvement
dans les bénéfices. Ce procédé a l'avantage de subordonner
le prix de l'apport aux chances bonnes ou mauvaises de la
société, de maintenir intact le fonds de roulement nécessaire
au fonctionnement de la société, et enfin de ne soumettre
l'acte de société qu'à un droit fixé ou gradué d'enregistre-
ment. En effet, l'article 68, § 3, n° 4, de la loi du 22 frimaire
an VII dispose que le droit fixe (droit de 5 fr., loi du
28 avril 1816, art. 45, n° 2) sera seul perçu sur les actes de
société qui ne portent ni obligation ni libération, ni transmission de biens meubles ou immeubles entre les associés
ou autres personnes, de sorte que la mutation de propriété
de l'associé à la société, être moral, mutation qui existe
certainement en droit civil et qui devrait logiquement,
d'après les articles 3 et 4 de la loi, donner ouverture au
payement du droit proportionnel, se trouve couverte par le

droit fixe [1]. La loi du 28 février 1872 a substitué le droit gradué au droit fixe en ce qui concerne les actes de formation et de prorogation de société, et la quotité de ce droit (5 fr. au-dessous de 5,000 fr., 10 fr. de 5,000 à 10,000 fr., etc.,) est calculée sur le montant total des apports mobiliers ou immobiliers, déduction faite du passif. L'article 1er de cette loi atteint non seulement les apports constatés dans l'acte constitutif, mais encore ceux qui ont lieu en vertu d'actes ultérieurs ; ainsi les actes de prorogation de société avec augmentation de capital sont passibles du droit gradué sur la totalité du capital ancien et nouveau, indépendamment du droit perçu à l'origine [2].

Mais l'exception édictée par l'article 68, § 3, n° 4, doit être strictement édictée. Le principe général en cette matière, c'est que le droit proportionnel devient exigible lorsque les valeurs fournies par la société et les engagements pris par elle profitent immédiatement et définitivement au propriétaire de la chose apportée et ne sont pas soumis aux chances des opérations sociales, ce qui enlève à l'apport son caractère de mise sociale pour lui donner celui d'une transmission ordinaire s'ajoutant au contrat de société. L'exonération ne s'applique donc plus si l'un des associés, en retour de l'abandon qu'il fait de sa chose à la société, s'assure un équivalent consistant en autre chose que des droits sociaux, ou si la société prend l'obligation de payer en l'acquit de l'associé une partie ou la totalité du passif qui grève son apport [3]. Si au contraire l'associé reçoit en échange de son apport des actions ou un droit de prélèvement dans les béné-

---

1. Le droit proportionnel devient exigible dès que par l'effet de la dissolution et du partage de la société le bien apporté se trouve attribué à un associé autre que celui qui l'avait transmis à la société. — Cass. 6 juin 1842 ; Sir. 42, 1, 484.

2. Trib. civ. de la Seine, 28 avril 1882. *Journ. des Soc.*, 1883, p. 120.

3. Cass. 13 mai 1879. Dall., 79, 1, 450.

fices, il n'y a là qu'une clause du contrat social, une répartition inégale de l'actif, et le droit fixe ou gradué est seul encouru.

Les actions attribuées à ceux des associés qui font des apports en nature s'appellent actions de fondation ou d'apport par opposition aux actions de capital qui ont été payées en espèces. Les actions industrielles sont celles accordées à ceux qui apportent leur industrie ; d'après les stipulations ordinaires, elles restent déposées au siège social et ne donnent droit qu'à des dividendes, et non à une fraction du fonds social.

Le payement en actions libérées et parts de fondateur est très usité ; mais l'époque de la promesse et celle de l'échéance sont variables. Des actions peuvent être promises en vertu d'un contrat antérieur à la création de la société ; une usine, par exemple, est cédée mcyennant une certaine somme à payer en actions de la société future destinée à l'exploiter. L'obligation consiste à remettre les actions quand la société sera constituée. Si la société se fonde, l'exécution de la convention aura lieu d'après les principes du droit commun. Mais, si la société ne se constitue pas, que deviendra la créance? Le contrat intervenu sera-t-il nul par suite de l'impossibilité d'effectuer le payement en actions ? Dans le cas où ce mode de payement n'aurait pas été considéré comme une condition essentielle du contrat, et à moins des circonstances particulières, comme des faits de force majeure qui empêcheraient la réalisation du projet de société, on devrait décider, ainsi que l'a fait la Cour de Paris [1] que, faute par le débiteur de fournir dans un délai déterminé le nombre d'actions voulu, le payement se fera en espèces.

Supposons maintenant que la société dont les actions ont été promises a été formée, mais qu'elle n'existe plus au moment du payement. Un entrepreneur de travaux a stipulé

---

1. 18 mars 1882, *Journ. des Soc.*, 1883, p. 498. — Cass. 12 juillet 1882, *ourn. des Soc.*, 1883, p. 264.

dans le pacte social qu'une partie de ses travaux serait payée après leur exécution en actions ; mais, avant l'échéance, la société a été déclarée nulle, ou a été régulière, mais est dissoute. Si la société est nulle, c'est en vain que le créancier invoquerait son inexistence pour réclamer un règlement en espèces ; en acceptant le payement en actions, il a consenti à devenir actionnaire ; il court les mêmes chances que tous ceux qui ont souscrit les actions. La société a vécu, sinon en droit, du moins en fait. Cette communauté d'intérêts nécessite une liquidation basée sur l'intention des parties ; l'ancienne action représente une valeur quelconque dans cette liquidation, et le créancier sera contraint de recevoir en payement, au lieu de véritables actions, autant de parts correspondantes ou de millièmes dans l'actif indivis de cette société de fait [1]. Si, au contraire, la société, quoique constituée régulièrement, a été dissoute, il n'y a plus d'actions, puisqu'il n'y a plus de société ; nous sommes en présence de l'alternative indiquée plus haut ; nullité du contrat ou payement en espèces.

Les actions de fondation sont, en général, considérées comme totalement libérées ; elles ne sont soumises à aucun appel de fonds, et leur prix est déterminé par la valeur nominale fixée dans les statuts. Le propriétaire de l'apport est réputé avoir payé lors de la constitution de la société le montant total du prix de l'action, et le versement obligatoire s'est effectué au moyen de l'apport en nature. Ces actions toutefois ne deviendront négociables qu'après le versement du quart des actions représentatives de numéraire, car, pour que la négociation soit permise, il faut que toutes les actions émises par la société soient libérées du quart. Elles ne pourront être converties au porteur que lorsque, cette forme de titres ayant été expressément permise par les statuts, la conversion aura été autorisée par une assemblée

1. Cour d'Amiens, 27 juillet 1882 ; *Journ. des Soc.*, 1883, p. 169.

générale réunie à cet effet après libération de moitié de
la valeur des actions de capital, sinon, la conversion serait
nulle, sans que cependant cette nullité d'un fait postérieur
à l'existence de la société réagît jusqu'à atteindre la validité
même de cette société [1]. L'article 1er éclaire et interprète
l'article 3 ; leur but commun est d'assurer le caractère loyal
et sérieux de la société, de faire ressortir la responsabilité
personnelle de chacun des souscripteurs, de diminuer l'agiotage. Lors même que les actions de fondation représente-
raient à elles seules la moitié du capital social, la conversion
ne serait pas licite si les autres actions de fondation n'étaient
pas libérées de moitié. M. le procureur général Bertauld,
dont l'opinion fut adoptée par la Cour de cassation, déclarait
« que pour lui il y avait évidence que chaque action nomina-
tive n'est pas convertissable en action au porteur dès qu'elle
est libérée de moitié ; qu'il faut que toutes les actions soient
libérées de moitié pour que la conversion puisse être votée. »
Si non, pourquoi aurait-on exigé la réunion d'une assemblée générale à l'effet d'autoriser la conversion ? Il aurait
suffi de décider que le gérant ou les administrateurs per-
mettraient la conversion au porteur de toutes les actions, au
fur et à mesure de leur libération. L'article 3 prescrit un versement individuel et spécial ; il considère les actions et non
le capital ; il ne fait aucune distinction entre les actions d'apport et les actions souscrites en numéraire, et ne suppose
pas que certaines actions pourraient rester nominatives tandis que les autres seraient au porteur ; mais il les assimile
toutes les unes aux autres et « les confond dans cette égalité de condition qui est de l'essence du contrat de société » [2].

<hr>

1. Vavasseur, n° 492. — Voir cependant Boistel, *Précis de comm.*, n° 272.

2. Cour de Paris, 17 août 1878; Sir. 79, 2, 41.—Cass. 21 juillet 1879; Sir.
80, 1, 5.—*Journ. des valeurs mobilières*, 1882, p. 385; art. de M. Buchère.—
En sens contraire, Cour de Paris, 30 janv. 1882, *Journ. des Soc.*, 1882,
p. 333.

La remise immédiate aux fondateurs de titres au porteur donnerait lieu à des fraudes regrettables. Le propriétaire d'un établissement industriel qui n'offre pour l'avenir aucune chance de succès veut en réaliser le prix ; il fonde une société anonyme au capital de 2,000,000 divisé en quatre mille actions de 500 francs : il lui sera peut-être difficile de trouver pour cette somme des souscripteurs d'actions en numéraire, mais il fera apport de son établissement moyennant deux mille actions libérées. Le surplus du capital est souscrit par quelques individus naïfs ou même par des comparses dont la souscription et le versement du quart sont purement fictifs. Dès qu'il possède ses actions, le propriétaire les convertit au porteur et les vend aisément grâce à l'appât que présente à beaucoup de spéculateurs l'achat de titres libérés et au porteur qu'ils comptent revendre avec prime, et de la sorte il a recueilli avantageusement, sans aucun risque, la valeur d'un établissement sur le point de péricliter. Un tel résultat ne serait-il pas en opposition avec l'esprit de la loi ? Ne serait-ce pas rendre illusoires les garanties légales jugées nécessaires pour mettre obstacle aux spéculations immorales ? Il est important pour la marche régulière d'une société que les fondateurs ne se désintéressent pas trop promptement des opérations qu'ils ont suscitées.

Cette attribution aux apporteurs d'actions totalement libérées présente l'inconvénient grave de créer deux sortes d'actions en réalité de même nature et cependant distinctes quant à la répartition des dividendes et au payement des intérêts annuels. En effet, les actions de fondation correspondent au montant intégral désigné dans les statuts, 500 francs par exemple, tandis que les actions de capital, après le versement obligatoire du quart, ne représentent sur le marché qu'une valeur de 125 francs. Aussi beaucoup de sociétés imaginèrent d'accorder aux apporteurs des actions libérées partiellement dans la même proportion que celles sur lesquelles le versement a été opéré ; par exemple, au lieu de mille actions libérées totalement quatre mille actions libérées du quart. Ce procédé a, en outre, l'avantage de faciliter la souscription du capital par suite du placement d'un plus grand nombre d'actions entre les mains des apporteurs, et de maintenir attachés au sort de la société ceux-là mêmes qui l'ont fondée, puisqu'ils sont responsables du versement à faire, même en cédant leurs actions, pendant deux ans à partir du jour où la conversion au porteur aura été votée.

Les sociétés ainsi constituées, appuyées sur la jurisprudence du tribunal de commerce de la Seine [1], croyaient avoir respecté à la lettre la loi de 1867, lorsque la Cour de Paris vint par plusieurs arrêts condamner cette combinaison. Le premier, rendu dans l'affaire des mines de Collo par la Chambre des appels de police correctionnelle [2], se borne à déclarer que, lorsque des actions correspondent pour partie à un apport en nature, pour partie à un apport en numéraire, le versement obligatoire doit être effectué sur la portion de l'apport consistant en numéraire et que le fait de participer à la négociation d'actions non libérées du quart pour cette dernière portion constitue une contravention punie par l'article 14 de la loi de 1867. La Cour de Paris ne s'en tint pas à cette première interprétation, et dans l'affaire de la Société d'assurances, la Concorde européenne, elle alla jusqu'à nier la validité de ce procédé reconnu implicitement par le premier arrêt ; elle décide dans cet arrêt rendu par la première chambre [3] que les sociétés, dans lesquelles un certain nombre d'actions libérées seulement d'un quart ont été attribuées aux propriétaires d'apports en nature, sont frappées de nullité par application de l'article 1er, § 2,

---

1. 1er mai 1861. *Jug. des trib. de comm.*, 1861, p. 387.

2. 18 février 1881 ; Sir. 81, 2, 97.

3. 4 avril 1881 ; Sir. 81, 2, 102.

sans même qu'il y ait à rechercher si ces actions ont été ou
non l'objet d'un versement en espèces du quart sur la portion non libérée par les apports en nature. Dans un nouvel
arrêt du 10 mai 1883 [1], la Chambre des appels correctionnels
pose également en principe que les apports en nature ne
peuvent être représentés que par un nombre correspondant d'actions entièrement libérées ; mais elle ajoute
que, dans tous les cas, si les actions d'apport sont libérées
seulement pour une fraction par les apports en nature, le
surplus de leur valeur, faisant partie intégrante du capital-
argent, doit être réalisé jusqu'à concurrence d'un quart au
moins, pour que la société soit valablement constituée.

Cependant la loi de 1867 ne contient sur ce mode de libération aucune prohibition, elle ne l'a pas prévu ; or, le silence de la loi implique-t-il pour les fondateurs obligation
de ne pas chercher, en dehors des hypothèses formellement
indiquées, des combinaisons plus pratiques et plus commo-
des ? La matière des sociétés est essentiellement progressive
et doit se plier aux opérations multiples qu'engendre le développement des faits économiques. Une loi, quelque minutieuse qu'elle fût dans ses dispositions, ne saurait réglementer tous les cas de nature à se présenter, et ce serait arrêter
dans son essor la prospérité des sociétés que d'entraver la
liberté des conventions. Toute convention, en effet, si elle
est licite, raisonnable, en harmonie avec les règles générales
doit être acceptée par les tribunaux. Proscrire un procédé
des plus légitimes en lui-même, c'est ajouter à la loi des sé-
vérités qu'un texte seul aurait pu établir. La jurisprudence
considère comme légale l'attribution d'actions totalement
libérées, et nul ne songe à contester ce point, puisque, si la
société remettait des espèces au lieu de titres, il y aurait vente
et non plus apport ; or, si un apport vérifié peut libérer l'intégralité de l'action, il peut *a fortiori* la libérer partiellement.

1. 10 mai 1883, *Journ. des Soc.*, 1883, p. 431.

Ce caractère illicite, peut-être le trouverait-on dans l'augmentation des actions accordées aux apporteurs, ce qui entraîne, au cas de vente avec prime, accroissement des bénéfices à leur profit, et dans la restriction apportée à la souscription publique, ce qui rend la fraude d'autant plus facile que les souscripteurs sont moins nombreux. Mais la réponse à ces objections serait facile ; que le gain appartienne aux apporteurs ou à d'autres actionnaires, peu importe, si le capital est réel et a été totalement souscrit. La possibilité de la fraude ne suffit pas pour faire prohiber un procédé licite ; la fraude se glisse encore plus aisément dans les sociétés qui ne comprennent que des apports en nature, et cependant elles sont autorisées par la loi.

L'argumentation de la Cour de Paris est d'ailleurs empruntée à un tout autre ordre d'idées. Elle repose sur la nécessité de maintenir intacte la distinction fondamentale, qui aurait été établie par la loi entre les apports en nature représentés nécessairement par des actions totalement libérées et les actions en numéraire dont le premier quart doit être versé préalablement à la formation de la société. Cette distinction résulterait de l'article 1er qui, en exigeant le versement du quart des actions en numéraire, entend ne pas les assimiler aux actions de fondation non soumises à ce versement ; de l'article 4, §§ 4 et 5, qui décide que dans l'assemblée générale la majorité doit représenter le quart du capital social en numéraire et exclut du vote ceux qui ont fait les apports en nature ; de l'article 25 qui prescrit la convocation d'une assemblée générale postérieurement à l'acte qui constate la souscription de tout le capital et le versement du quart en numéraire. Ces articles auraient élevé une séparation complète entre le capital-apports et le capital-espèces. Le premier arrêt, s'appuyant sur cette distinction, se contente de diviser l'action mixte, ainsi qu'on l'a appelée, en une double action dont l'une totalement libérée, et l'autre en numéraire et soumise au versement du quart, c'est-à-dire que, si nous supposons l'action libérée de moitié, le versement du quart de l'autre moitié ou du huitième devrait être effectué en espèces. Le second arrêt pousse cet argument jusque dans ses limites extrêmes, et en conclut que, si des actions libérées seulement pour partie sont attribuées aux apporteurs, une partie d'entre elles se trouve n'avoir été l'objet d'aucune souscription et d'aucun versement, étant donné qu'elles doivent être ramenées au nombre d'actions totalement libérées, nécessaire pour équivaloir à la valeur intégrale des apports en nature.

Les textes invoqués ne prouvent qu'une seule chose, c'est que le capital d'une société peut comprendre deux éléments, l'apport en numéraire et l'apport en nature. L'article 1er exige simplement que lors de sa constitution la société possède tout en puissance et un quart en acte. Or, le capital comprend tout l'actif de la société ; il est souscrit, soit au moyen de numéraire, soit au moyen d'apports en nature. Bien que l'expression « versement » ne concerne dans son sens propre que les actions de capital, il est certain qu'à l'égard des apporteurs il s'opère sous une autre forme et que les actions totalement libérées n'ont pas été soustraites à la règle générale. Le quart est représenté par l'apport en nature non encore vérifié et approuvé, mais promis et accepté provisoirement, et le versement consiste dans l'obligation de transmettre l'apport après approbation des assemblées générales. Lors de sa constitution, la société possède non seulement le quart, mais la totalité de la valeur de l'action. Il n'y a là ni exception ni faveur, mais une conséquence forcée du caractère de l'apport, et la différence recherchée par la Cour de Paris n'existe pas à ce point de vue. Quant aux articles 4 et 25, leur but est de déterminer les conditions dans lesquelles doivent avoir lieu les réunions des assemblées générales ; si l'article 4 met en opposition le capi-

tal-apport et le capital-espèces, cette opposition n'a d'autre
objet, que d'écarter l'apporteur des assemblées appelées à
délibérer sur la valeur de son apport et d'obtenir l'indépendance du vote ; mais, en dehors de ce fait particulier, elle
n'existe pas et il est impossible d'en déduire aucune modification aux conditions imposées par l'article 1ᵉʳ pour la formation régulière des sociétés par actions. D'après l'article 4,
la majorité doit représenter le quart du capital social en numéraire ; il ne s'ensuit pas qu'on a voulu imposer la représentation du quart de tout le capital-argent. Cette disposition
implique simplement qu'une majorité comprenant le quart
des actions souscrites en numéraire est nécessaire pour statuer sur la valeur de l'apport en nature. L'apporteur auquel
des actions partiellement libérées sont attribuées sera forcément exclu du vote, eût-il versé le quart sur la partie numéraire de son action, parce que sa seule qualité d'apporteur
est une cause d'exclusion. L'article 25 se référant à l'article 1ᵉʳ,
ne peut ni en restreindre ni en étendre les dispositions ;
les expressions « qui consiste en numéraire » s'expliquent
par ce fait que, lors de la réunion de l'assemblée, le versement du capital souscrit en numéraire est seul acquis, le
versement du capital-apport ne devenant définitif et certain
qu'après approbation accordée dans les formes légales. La
loi n'a donc pas créé deux sortes d'actions distinctes que la
convention privée soit impuissante à combiner ensemble.

On objecte qu'il faut que le versement du premier quart
soit effectué en espèces, afin de constater la solvabilité individuelle des actionnaires et de procurer à la société un fonds
de roulement ; et le tribunal de commerce de la Seine annu-
lait, le 10 juin 1882 [1], l'augmentation du capital d'une société
par ce motif que les actions d'un souscripteur avaient été
libérées du premier quart au moyen de l'apport d'un immeuble, bien que l'assemblée générale eût ratifié ce procédé.

1. Aff. la Provinciale, *Le Droit* du 28 juin.

Rien n'indique cependant cette obligation de fournir en argent le premier quart de l'action. L'article 1ᵉʳ exige de chaque
actionnaire « le versement du quart du montant des actions
par lui souscrites » ; il n'est pas question de numéraire. Le
terme « versement » doit être entendu dans le sens plus large
de « libération », et la libération du quart de quelque manière qu'elle ait lieu, pourvu qu'elle soit effective, suffit à
prouver le caractère sérieux de l'actionnaire. Sans doute,
comme le texte de la loi contient l'idée d'un payement réel,
la jurisprudence en a conclu avec raison qu'en principe le versement doit être fait en espèces ; toutefois elle apporte des
exceptions à ce principe. C'est ainsi que la Cour de cassation
assimile au numéraire tout ce qui peut être réputé argent
comptant, les billets de la Banque de France, les bons du
Trésor payables à vue, auxquels il faut adjoindre, selon plusieurs auteurs d'une autorité incontestable [1], les chèques et
tous papiers-monnaie, en tant que ces valeurs sont d'un recouvrement immédiat et certain. Le tribunal de commerce et
la Cour de Lyon [2] ont fait un pas de plus dans le même sens,
en décidant que le virement de compte équivaut à payement,
s'il donne naissance à une créance d'une réalisation certaine.
« Une valeur certainement et immédiatement réalisable, dit
M. Demolombe [3], équivaut à une valeur réalisée ; autrement
on condamnerait les parties à procéder, quelquefois sans
raison aucune, à la cérémonie qui se jouait à Rome devant
le *libripens* pour la formation de certains contrats solennels. »
Or, l'apport en nature a une valeur déterminée, il représente
une somme d'argent. La réalisation du quart ne se fait-elle
pas aussi utilement en nature qu'en numéraire ? Celui qui
paye avec un immeuble d'un prix fixé entre les parties verse
en quelque sorte le prix de cet immeuble. Si l'apport a été

1. Pont, *Sociétés*, nᵒ 894. Vavasseur, *Sociétés*, nᵒ 390.
2. Jug. du 13 mai 1882. — Arrêt du 11 août 1882. *Rev. des Soc.*, 1883,
p. 157.
3. Consultation insérée dans Dalloz, 77, 1, 49.

estimé dans les statuts équivalent à un quart dont l'action a été libérée, la condition de réalisation se trouve remplie. Cette évaluation n'est que provisoire ; mais, si la société projetée est sérieuse, elle sera confirmée. Il est permis d'attribuer des actions totalement libérées ; ce point est indiscutable, et cependant les porteurs de ces actions n'ont fait aucun versement en numéraire ; c'est que le versement pour eux est remplacé par l'apport en nature, c'est que leur apport vaut de l'argent. Il n'existe aucun motif pour qu'il en soit autrement au cas d'actions partiellement libérées. La société ne serait nulle que si, des actions libérées d'une somme inférieure au quart ayant été accordées, le versement n'était pas complété. En avril 1881, M. Rouvier, au Parlement, disait très justement : « L'esprit de la loi est qu'à partir du moment où les intéressés réunis en assemblée générale se sont prononcés sur les apports, ces apports ont une véritable valeur libératoire sur les actions délivrées à ceux qui les ont faits. La libération sera totale ou partielle, selon que le chiffre nominal des actions sera égal ou supérieur à la valeur constatée des apports. » Remarquons, en outre, que l'article 1er envisage l'action dans son intégralité ; c'est sur le montant total et non sur une partie de l'action que le versement du quart doit avoir lieu. Il est arbitraire de morceler et de décomposer l'action, comme le font l'arrêt du 18 février 1881 et celui du 10 mai 1882 dans sa seconde partie. Que signifierait cette quotité variable de versement d'un seizième, d'un huitième, selon que l'action aurait été libérée des trois quarts ou de moitié ? Il n'est question dans la loi que d'un versement du quart. Les actions livrées au public, au lieu de revêtir un type unique, seraient de nature diverse selon la fraction libérée, d'où une gêne considérable pour leur négociation. Pourquoi un nouveau versement, puisque ce versement a déjà été fait en nature ? On ne peut obliger l'actionnaire apporteur à verser en deux fois.

La doctrine de la Cour de Paris est en contradiction avec
la jurisprudence elle-même : celle-ci admet que des apports
en nature dûment approuvés peuvent tenir lieu du versement du quart ou être imputés sur le premier quart. C'est ce
qui résulte d'un arrêt de la Cour de Paris du 28 mai 1869
explicitement adopté par l'arrêt de rejet du 27 janvier 1873,
car on lit dans ces arrêts que, s'ils annulent la société qui
leur était déférée, c'est « parce que le versement n'avait pu
être remplacé soit par des apports en nature non vérifiés,
soit par des passations d'écriture ne présentant pas les ca-
ractères d'une compensation légale [1] ». On a contesté aux
gérants ou aux fondateurs qui ne sont que des mandataires
le droit d'accepter une dation en payement pour leurs man-
dants ; cette observation serait exacte si les statuts étaient
muets à cet égard, car il y a eu engagement contractuel de
verser le quart en numéraire, et, si cet engagement n'était
pas rempli, les tiers et les actionnaires seraient également
trompés. Mais, lorsque les statuts contiennent une clause
spéciale et que cette clause a été approuvée et portée à la connaissance de tous, pourquoi le versement en nature ne satisfe-
rait-il pas aux prescriptions légales ? Il faut, bien entendu, que
quant à cet apport les formalités de l'article 4 soient appliquées ;
si en réalité un actionnaire pour se libérer avait fait un apport
non vérifié et l'avait combiné de manière à dissimuler ce mode
de versement, la nullité de la société devrait être prononcée [2]. La légalité de la substitution aux espèces d'un apport soumis à une vérification régulière étant établie par la
Cour de cassation, les fondateurs qui reçoivent des actions
mixtes font-ils autre chose qu'user de cette faculté ? Ils s'in-
scrivent au nombre des souscripteurs en stipulant que les
actions souscrites par eux seront représentées pour partie
par des apports en nature. Ils sont à la fois souscripteurs et

1. Dall., 69, 2, 145. —Cass. rej. Sir., 73, 1, 161.
2. Cass. 13 mars 1876, *Le Droit* du 15 mars 1876.

apporteurs   la société d'un bien moyennant un prix convenu ; entre la valeur des apports acceptée par les assemblées
générales et les sommes que représentent les titres attribués aux apporteurs la compensation s'opère de plein droit.
La loi de 1867 n'a pas dérogé aux règles du droit commun
qui déterminent les effets de la compensation.

La compensation, dit-on, n'est pas admissible dans cette
hypothèse ; elle n'a lieu que si les deux parties sont réciproquement créancières et débitrices l'une de l'autre, et si les
deux dettes sont liquides, exigibles et ont pour objet de l'argent ou des choses fongibles. Or l'actionnaire est débiteur
envers la société, mais la société n'est pas débitrice envers
lui, puisque sa constitution est subordonnée au versement
du quart, et qu'une personne morale qui n'existe pas encore
n'est ni créancière ni débitrice. De plus, la dette de la société fût-elle réelle ne serait pas liquide, puisque l'apport
n'aurait pas encore été évalué par l'assemblée générale.

C'est là précisément qu'est l'erreur. Les apports en nature
ont été préalablement estimés dans les statuts ; cette estimation est d'abord provisoire, elle sera plus tard ratifiée par
l'assemblée si le projet de société est sincère. La compensation est éventuelle, mais nécessaire ; elle ne s'opérera qu'à
la date de la constitution définitive de la société ; mais, ainsi
que le fait remarquer M. Lyon-Caen, deux dettes qui ne sont
pas compensables lors de leur naissance peuvent le devenir.
Exiger d'un apporteur le versement du quart de ses actions
en numéraire, sauf à la société à lui rembourser ensuite le
prix de ses apports, ce serait là du formalisme bien inutile.

Un dernier argument a été invoqué à l'appui du système
des arrêts précités, c'est l'obligation d'un fonds de roulement
pour que la société puisse commencer ses opérations ; le versement du quart en numéraire serait destiné à le lui procurer.
S'il en était ainsi, la loi aurait prohibé la constitution de sociétés comprenant exclusivement des apports en nature ou elle

aurait déterminé le capital minimum des sociétés par actions, ainsi que l'a fait le décret du 22 janvier 1868 (art. 2), relatif aux sociétés d'assurances, lequel ordonne le versement en argent d'un certain capital de garantie. Le législateur n'a vu dans le versement du quart qu'un moyen d'écarter les coureurs de primes et d'assurer à la société des associés sérieux, attachés réellement à l'affaire. La preuve en est que le versement doit être effectué sur chaque titre et que le législateur a tenu à cet égard à faire cesser l'équivoque à laquelle pouvaient prêter le projet de loi de 1856 et même la loi de 1863 ; s'il eût envisagé simplement l'acquisition d'un fonds de roulement pour la société, il se fût contenté de prescrire la réalisation du capital social jusqu'à concurrence du quart par le fait de tel ou tel souscripteur indistinctement.

La doctrine de la Cour de Paris rencontra une résistance énergique et fut combattue avec force par un grand nombre d'auteurs pour les motifs que nous avons exposés. Néanmoins, depuis les arrêts des 18 février et 4 avril 1881, le tribunal de commerce de la Seine prononça plusieurs fois la nullité de sociétés constituées sur les mêmes bases que celle des mines de Collo. Mais un revirement se produisit en faveur du système contraire. Le 14 septembre 1882, le tribunal de commerce de la Seine [1] déclara valable une société dans laquelle les actions attribuées aux propriétaires d'apports avaient été libérées du quart au moyen de ces apports. Le 21 mai 1883, intervint un nouveau jugement du même tribunal, d'après lequel la loi du 24 juillet 1867 n'a édicté dans aucune de ses dispositions que les actions attribuées en représentation d'apports devraient être entièrement libérées, ni que pour les actions libérées partiellement la partie payable en numéraire serait exigible et comprise dans les premiers versements imposés aux souscripteurs d'actions en numéraire [2]. Le 28 avril 1883,

1. *Journ. des Soc.*, 1883, p. 110.
2. *Journ. des Soc.*, 1883, p. 427.

la Cour de Paris elle-même (première chambre) revient sur sa manière de voir antérieure, et, infirmant un jugement du tribunal de commerce de la Seine du 25 juin 1881, fortifie de son autorité [1] la thèse qui avait été soutenue par la doctrine [2].

La Cour de cassation, à laquelle l'arrêt du 18 février fut déféré, rejeta le pourvoi, mais sans se prononcer ouvertement sur la légalité de ce procédé ; il y avait d'autres éléments suffisants pour justifier les condamnations encourues. Toutefois certains passages de l'arrêt de rejet, notamment celui où il traite de « surabondance regrettable » l'énonciation dans l'arrêt de la Cour de Paris que le demandeur a participé à la négociation d'actions sur lesquelles n'avait pas eu lieu le versements du quart en numéraire, indiquaient de la part de la Cour suprême une tendance à faire prédominer, par une interprétation plus exacte des dispositions essentielles de la loi de 1867, le principe de la liberté des conventions [3]. La Cour de cassation a persévéré dans cette voie ; annulant l'arrêt de la Cour de Paris du 10 mai 1883, elle vient, dans son arrêt du 15 février 1884, par des considérants qui sont une réponse claire et formelle aux arguments de l'arrêt attaqué, de proclamer la validité de la combinaison incriminée et de trancher le débat à la solution duquel de graves intérêts étaient attachés. « Attendu, dit-elle, en droit, qu'il résulte du texte même de la loi du 24 juillet 1867, et spécialement de l'article 4, que le capital d'une société par actions, peut être réalisé au moyen, soit d'apports en numéraire, soit d'apports en nature ; — qu'il suit de là que les actions représentant ce

1. *Journ. le Droit* du 12 mai 1883.

2. Voir le remarquable article de M. Lyon-Caen dans Sirey sous l'arrêt du18 février 1881. — *Journ. des Soc.*, 1881, p. 213 et 284, et article de M. Buchère, 1882, p. 280.— Vavasseur, *le Droit* des 1-2, 4, 5, 24 avril 1881. — Rousseau, *Sociétés*, p. 46.— Deloison, *Sociétés*, t. II, n° 321. — Conf. M. Rataud, *Rev. cr.*, 1882, p. 215.

3. Cass. 4 août 1882, *Journ. des Soc.*, 1883, p. 431.

capital peuvent être intégralement libérées par l'un ou l'autre de ces apports ; — attendu qu'il n'est pas moins certain que ces actions peuvent correspondre pour partie à un apport en nature, et pour partie, à un apport en numéraire ; — que la loi ne prohibe, nulle part, cette combinaison, laquelle n'a, d'ailleurs, par elle-même, rien d'illicite, et présente, dans certains cas, des avantages sérieux... ; — Attendu que l'arrêt attaqué n'a pas moins méconnu le sens et la portée des articles 1, 2, 4, 25 de la loi de 1867, en statuant que les actions délivrées au comptoir de la Bourse parisienne, quoique libérées d'un quart, par le fait même de l'apport en nature, étaient, de plus, assujetties, préalablement à toute émission, au versement d'un quart en numéraire ; — Qu'il n'existe aucun texte légal qui soumette à des versements inégaux les actions d'une même société, actions émises au même taux, participant aux mêmes charges ou aux mêmes avantages, et qui, d'après l'article 2 de la loi précitée, sont négociables, dès qu'elles sont libérées d'un quart, etc. [1] »

La commission extra-parlementaire, sur le terrain de la loi à faire, avait adopté la même opinion. L'article 7 du projet était ainsi conçu : « Les apports en nature peuvent être représentés par des actions libérées soit en totalité soit en partie. Dans ce dernier cas, les apports peuvent, en vertu des statuts, servir à la libération partielle des actions et être imputés sur le versement du premier quart ou sur les versements ultérieurs. » La commission sénatoriale, par une crainte exagérée de la spéculation, a repoussé cette disposition. La commission, dit M. Bozérian dans son rapport, s'est préoccupée de cette considération que la multiplicité des actions partiellement libérées tend à diminuer le nombre des souscripteurs en numéraire. Pour être logique avec elle-même, la commission aurait dû prohiber la constitution des sociétés dont le capital ne comprend que des apports en nature !

1. Cass. 15 février 1884, *Journ. des Soc*, 1884, p. 193.

Signalons avec M. Buchère [1] une conséquence de ce procédé quant à l'application de l'article 30 de la loi de 1867. Une société se constitue avec un capital de 2,000,000 divisé en quatre mille actions de 500 francs chacune. Le fondateur fait un apport en nature évalué 300,000 francs en échange duquel il lui est accordé deux mille quatre cents actions libérées du quart. Le capital non soumis à vérification se compose de 1,700,000 francs ; mais les seize cents actions souscrites en numéraire ne représentent que 800,000 francs. L'apporteur n'a pas le droit de voter dans l'assemblée chargée de vérifier son apport. L'assemblée sera-t-elle régulière, si elle comprend un nombre d'actionnaires représentant 400,000 francs, bien qu'en réalité la moitié du capital soumis à vérification soit de 850,000 francs? Cette solution s'impose dans la pratique, quoique la garantie ne semble pas aussi complète que l'exigerait l'esprit de loi ; elle est forcée.

Le texte de la loi belge de 1873 relatif au versement diffère peu sauf quant à la quotité (le vingtième au lieu du quart) de celui de la loi française. La Cour d'appel de Bruxelles avait admis notre système le 4 novembre 1876; mais cet arrêt fut cassé le 8 novembre 1877 [2]. Pour mettre à néant toute contestation, MM. Pirmez, Guillery et de Lantsheere proposent, dans un projet de loi présenté à la Chambre des représentants, de remplacer les expressions de l'article 29 de la loi de 1873 « si le vingtième au moins du capital en numéraire est versé » par celles-ci « que chaque action soit libérée d'un dizième au moins par un apport effectif. » Les termes « par un apport effectif » indiquent à la fois la latitude accordée aux associés de déterminer comment la libération sera faite et l'obligation de libérer réellement [3].

1. *Journ. la Loi* du 27 juin 1853.

2. Demeur, 1878, p. 701. — Guilery, *Sociétés*, t. II, sur l'art. 29.

3. Voir l'exposé des motifs de ce projet de loi dans le *Journ. des Soc.*, 1883, pp. 420 et 540.

CHAPITRE V

Le législateur, désireux d'assurer le respect des mesures
protectrices édictées par l'article 4 pour les sociétés en commandite et par l'article 24, pour les sociétés anonymes, a atta-
ché à leur violation une double sanction : d'une part la nullité
de la société, d'autre part la responsabilité civile de ceux qui ont
joué un rôle prépondérant dans la formation et dans la mise
en activité de cette société (article 7, 8, 41, 42). Toutefois la
négociation et la participation à la négociation d'actions
d'une société constituée contrairement aux article 4 et 24
ne rentreraient pas dans pas l'infraction prévue et punie par
l'article 14. La nullité de la société est la sanction première
et principale ; la seconde lui est subordonnée. Il en était
déjà ainsi pour les sociétés en commandite sous la loi du
17 juillet 1856, et pour les sociétés à responsabilité limitée sous la loi du 23 mai 1863; la loi du 24 juillet 1867,
es substituant à ces lois, en a reproduit la pensée. La société est nulle, non seulement lorsque la vérification des
apports en nature a été omise, mais encore lorsque les

dispositions concernant la forme et le mode de cette vérification n'ont pas été régulièrement observées.

Cette nullité n'opère pas de plein droit ; elle peut être demandée par voie d'action, opposée par voie d'exception ou
invoquée au cours d'une instance dans laquelle se trouve en
jeu l'existence de la société, mais il faut qu'elle soit judiciairement prononcée. C'est une arme que la loi met à la
disposition des intéressés ; ils sont libres de l'employer ou
de ne pas en user, et peuvent avoir intérêt à laisser vivre et
fonctionner une société même viciée dans sa constitution.
La jurisprudence et les auteurs sont d'accord pour refuser aux
tribunaux le droit de suppléer à la volonté des parties et de
déclarer d'office la nullité de la société. Si toutefois cette
volonté s'est manifestée, les tribunaux devront examiner si
une irrégularité a été réellement commise ; mais ils n'auront pas à apprécier si l'irrégularité constatée a été de nature à causer un certain préjudice ; la nullité est impérative
pour eux. La loi, par sa sévérité même, dépasse le but
qu'elle veut atteindre, car il suffira de la plus petite erreur,
même involontaire et sans conséquence, et de la réclamation
d'un créancier mécontent pour motiver l'annulation d'une
société loyale et pleine d'avenir. « Créer ainsi des nullités,
dit M. Vavasseur[1], en ordonner impérativement l'application, c'est alimenter l'esprit de chicane et risquer de procurer
gain de cause à la mauvaise foi ». N'arrivera-t-il pas que les
tribunaux seront contraints d'anéantir une société au préjudice de grands et de légitimes intérêts pour un vice de
forme découvert à la suite de minutieuses recherches[2] ?.

1. *Sociétés*, nº 709.

2. D'après la loi belge, si le premier acte authentique publié comme projet
ne mentionne pas les apports en nature et les conditions auxquelles ils sont
faits, la société est nulle et les fondateurs sont solidairement responsables
envers les intéressés, car c'est là une omission portant sur une clause essentielle et qui ne peut être réparée lors du procès-verbal. — Voir cependant un
projet de loi déposé à la Chambre des représentants et déjà cité qui propose

Au caractère de la nullité est liée la question de savoir si
cette action est prescriptible, et, en cas de solution affirmative, par quel laps de temps elle est prescriptible. On soutient généralement que la nullité dont est frappée une société
constituée contrairement à l'article 4 est radicale, absolue,
et que la prescription n'a pas le pouvoir de valider une société « nulle et de nul effet » dès le principe, et en contradiction perpétuelle et flagrante avec une disposition d'ordre
public. Il est impossible, dit-on, de rendre inattaquable ce
qui légalement est inexistant. La prescription est un moyen
d'acquérir ou de se libérer, et n'a pas la force de faire que
des personnes non associées le deviennent au bout d'un certain laps de temps, et l'on va jusqu'à assimiler cette nullité
à celle d'un mariage contracté au mépris d'une disposition
constitutive d'un empêchement dirimant [1]. Ce raisonnement
serait juste, s'il s'agissait d'un contrat en violation formelle
avec l'ordre public, qui ne fût susceptible de produire aucun effet et d'engendrer aucune obligation. Mais la société,
quoique nulle, a existé de fait ; elle a fonctionné comme association régulière ; elle s'est affirmée par ses affaires, par
ses prospectus, par ses factures ; le pacte social a reçu exécution, et ce sont les conventions statutaires que l'on prendra
pour base pour faire la liquidation entre les associés. La nullité n'est pas préexistante à la décision judiciaire ; elle dérive, non pas de la force même des choses, mais d'une disposition de la loi ; prononcée à la requête d'un associé, elle
rompt le contrat pour l'avenir, mais elle respecte le passé.
Les auteurs, qui soutiennent la doctrine contraire, se voient
forcés d'admettre que, dans les rapports des associés avec la
société, il y a eu transmission de la propriété des apports à la

la suppression de toutes les nullités en matière de sociétés, sauf en cas
d'absence d'acte authentique.

1. Alauzet, *Sociétés*, n° 472. — Pont, n° 1239. — Ameline, *Rev. pra.*,
t. XXIV, p. 375.

société, et, par suite, d'en reconnaître l'existence ; or, la déduction logique de leur principe devrait être, dans tous les cas, que cette société, qui n'a persisté que par la violation des règles établies dans un but d'utilité publique, n'a jamais vécu valablement, et n'a pu avoir un patrimoine distinct. Comment attribuer un caractère radical à une nullité qui, d'après la loi elle-même, est relative à l'égard des tiers, et que ceux-ci sont libres de laisser de côté pour poursuivre la société comme si elle était régulière ? N'est-ce pas leur accorder la faculté de ratifier sa constitution et ses opérations ? Si l'objet de la société était illicite et contraire aux bonnes mœurs, les actionnaires auraient indubitablement le droit d'opposer la nullité aux créanciers ; il n'en est pas ainsi lorsque la société est nulle pour infraction à l'article 4 ; c'est que, dans le premier cas, la nullité est radicale, imprescriptible, tandis que, dans le second, elle n'a pas le même caractère. Lorsque l'article 7 déclare la société « nulle et de nul effet », il y a là une simple redondance qu'on néglige complaisamment, lorsqu'il s'agit de défendre aux actionnaires qui ont fait prononcer la nullité de reprendre leurs apports. La société est, non pas nulle, mais annulable ; donc elle est susceptible de confirmation. Aussi appliquerons-nous la prescription décennale de l'article 1304 du Code civil, basée sur une présomption de renonciation ou de ratification : « Dans tous les cas où l'action en nullité ou en rescision d'une convention n'est pas limitée à un moindre temps par une loi particulière, cette action dure dix ans ». Ce système a du moins le mérite de ne pas faire peser sur les sociétés la menace permanente de l'action en nullité et de l'action en responsabilité qui lui est subordonnée [1].

Mais, dit-on, la prescription de l'article 1304 ne s'applique qu'aux conventions qui, bien qu'entachées d'un vice, sont susceptibles d'être validées par l'exécution volontaire des

_____
1. Vavasseur, no 710. — Beslay et Lauras, no 643.

parties. Or, la nullité de l'article 7 est trop absolue pour qu'on admette l'idée d'une ratification. D'un autre côté, soutenir que cette action peut être exercée pendant un temps indéfini, c'est introduire dans notre droit des actions perpétuelles ; aussi est-ce par le laps de temps requis pour la prescription la plus longue, par la prescription de trente ans, que s'éteindra cette action [1]. Nous ne prétendons pas que les actionnaires réunis en assemblée générale, puissent, par un acte postérieur, donner à une société annulable une régularité *in futurum*, et faire en sorte qu'elle soit réputée avoir toujours été valable, car il ne dépend pas d'eux d'anéantir le droit qu'ont eu les tiers, dès la formation de la société, de provoquer la nullité ; mais le silence gardé par toutes les parties pendant dix ans est une preuve suffisante qu'elles ont entendu mettre à couvert les faits passés. L'argument tiré de « l'ordre public » est un des plus fréquemment invoqués ; or, je ne sais rien de plus variable, dont il soit plus difficile de donner une définition exacte, de déterminer les effets et l'application, que l'ordre public ? Entend-on par là l'intention du législateur de protéger les intérêts de tous ? En quoi une société qui a vécu dix ans, sans qu'une seule protestation fût dirigée contre elle blesse-t-elle l'ordre public ? Gêner les opérations des sociétés en les laissant pendant trente ou cinquante ans sous le coup de l'action en nullité, ce serait nuire au crédit général et non le sauvegarder. Il serait à craindre que les créanciers d'une société tombée en faillite par suite de malheurs indépendants d'un vice d'origine ne se missent à rechercher dans sa constitution quelque erreur involontaire pour imposer aux fondateurs une responsabilité énorme à raison de faits dont la date remonte à une époque éloignée. Si cette nullité était d'ordre public, elle serait prononcée d'office par le juge ; tout le monde est d'accord cependant pour recon-

---

1. Rivière. Loi de 1867, n° 74. — Bédarrides, *Sociétés*, n° 160.; — Sourdat, *De la responsabilité*, p. 86 et 87.

naître qu'elle ne peut être déclarée en dehors de la volonté des parties.

Si, par rapport aux associés, une société annulée est réputée quant au passé simplement dissoute, les conséquences juridiques de l'annulation prononcée à la requête d'un créancier social ou d'un créancier personnel d'un associé sont différentes de celles de la dissolution émanée de l'assemblée générale, aussi la demande qui tend à faire remonter l'annulation à l'époque de la formation de la société serait-elle recevable même après la dissolution. Une société dissoute subsiste comme être moral, tant activement que passivement pour les associés comme pour les tiers, et se survit à elle-même pour sa liquidation, la dissolution ne modifie pas vis-à-vis de la société la situation et les droits des créanciers sociaux qui jouissent du privilège de préférence sur les créanciers personnels des associés. Ceux-ci auraient intérêt à demander la nullité, soit pour faire rentrer dans le patrimoine de leur débiteur les biens apportés à la société, soit pour exercer leurs droits sur l'actif social en concurrence avec les créanciers sociaux, soit pour faire tomber une convention intervenue entre les associés sur le mode de partage et défavorable à leur débiteur. Les créanciers sociaux, la nullité prononcée, auraient la faculté d'agir contre les associés, comme si leur association n'eût jamais été formée. Enfin la nullité d'une société fait naître des responsabilités à l'aide desquelles les créanciers peuvent obtenir des restitutions ou des dommages et intérêts susceptibles d'accroître l'actif; la demande en nullité a donc une utilité propre, elle peut-être intentée aussi bien après qu'avant la dissolution ou la faillite de la société. C'est là un point important, surtout dans les sociétés anonymes où la responsabilité des fondateurs et des premiers administrateurs est considérable envers les tiers.

Mais, si la liquidation a donné satisfaction à toutes les

parties, l'action en nullité serait dénuée d'intérêt et échouerait devant une fin de non-recevoir. C'est ce qu'ont décidé la Cour de Paris et, après elle, la Cour de cassation. Un créancier avait intenté une action en nullité d'une société pour infraction à l'article 4 de la loi de 1856 sur la vérification des apports en nature, quand la société fut dissoute par un vote de l'assemblée générale. Le gérant reprit l'instance après le vote, mais la Cour de Paris rejeta la demande en ce que « elle ne pourrait reposer sur un intérêt légal qu'autant que la nullité pourrait produire au profit du demandeur des résultats différents de ceux qui sont la conséquence de la dissolution devenue définitive par le vote de l'assemblée ». Et la Cour de cassation s'appropria la doctrine de l'arrêt, « attendu que les circonstances révèlent qu'à raison de la commune intention des parties les effets de la nullité demandée n'auraient pas été autres que ceux de la dissolution déjà déclarée[1] ». La jurisprudence décide de même, par un tempérament équitable, que si l'action n'était introduite, après la dissolution, que comme un moyen d'arriver à l'action en responsabilité, alors que, faute de préjudice, il n'y aurait pas lieu de faire prononcer cette responsabilité, elle ne serait pas recevable[2].

Toute société, constituée contrairement à l'article 4, est nulle et de nul effet à l'égard des intéressés. « Cette nullité ne peut être opposée aux tiers par les associés. » (art. 7.) Telles étaient également les expressions de l'article 6 de la loi de 1856 et de l'article 24 de la loi de 1863 ; ces lois avaient emprunté cette formule à l'article 42 du Code de commerce. La disposition restrictive contenue dans l'article 7 n'est pas spéciale aux sociétés en commandite par actions ; si elle n'a pas été insérée dans l'article 41, relatif aux sociétés anonymes, ce n'est là, ainsi que le prouvent les travaux préparatoires,

1. Cass., 7 juillet 1873 ; Sir. 73, 1, 388.
2. Cass., 11 mai 1870 ; Sir. 70, 1, 401.

qu'une omission involontaire qui s'explique par les différents remaniements dont cet article a été l'objet. C'est
d'ailleurs l'opinion de la jurisprudence d'après laquelle le
législateur n'a pas entendu, pour les sociétés anonymes,
« déroger à un principe élémentaire et nécessaire à l'économie même des sociétés commerciales ». Il serait injuste,
en effet, que les associés auxquels la faute est imputable,
eussent le droit de s'en faire un titre contre les tiers qui
sont innocents, et d'invalider entièrement à leur préjudice un
contrat qui leur avait été présenté comme régulier. M. Bravard, sur l'article 6 de la loi de 1856[1], propose une distinction : d'après cet auteur, les actionnaires ne peuvent
pas invoquer la nullité contre les tiers, s'ils ont eu connaissance du vice d'origine ; mais, s'ils ne l'ont pas connu, ils
n'encourent aucun reproche et ils seront recevables à dire,
même contre les tiers, que la société n'existe pas et qu'ils se
sont engagés sous une condition qui n'a pas été remplie.
Cette doctrine est en opposition avec le texte qui se refuse
à toute distinction ; il est absolu, et avec raison, car si les
actionnaires qui ne savent pas qu'ils sont entrés dans une
société irrégulière ne sont pas coupables par eux-mêmes,
ils le sont du moins par les mandataires qu'ils ont eu le tort
de choisir.

Quels sont les intéressés dont parle l'article 7 ? D'après
l'exposé des motifs de la loi de 1856, le mot « intéressés »
emprunté à l'article 42 du Code de commerce « est pris dans
l'acceptation que lui a déjà donné la jurisprudence ». Le
sens de cette expression est très large ; il ne suffit pas, toutefois, pour agir en nullité, d'un intérêt quelconque, il faut
que cet intérêt soit né des engagements contractés avec la
société ou avec les associés, en un mot, qu'il soit légitime et
repose sur une base juridique. Mais, à ce point de vue, la
loi désigne non seulement quiconque avait intérêt à ce que

____
1. *Des Soc.*, p. 157 et 158.

l'irrégularité ne fût pas commise, mais encore quiconque a intérêt à la nullité de la société. Parmi les intéressés sont d'abord les associés ; les mesures de l'article 4 ont été établies dans le but de les protéger aussi bien que les tiers, et il est facile de comprendre que, trompés sur l'importance du fonds social, ils aient hâte de se délier d'un contrat vicié dans son principe et dont l'existence est absolument précaire. Sans porter atteinte aux droits des tiers, ils s'opposeront la nullité les uns aux autres ou l'opposeront à la société. Si leur intérêt est manifeste, peut-être s'étonnera-t-on qu'ils aient été admis à se prévaloir les uns contre les autres de leur faute commune ? Mais le législateur a surtout été inspiré par le désir d'arrêter dans leur marche les sociétés nulles, et c'est pourquoi il a permis même à ceux qui ont été parties au contrat d'en provoquer l'annulation sans léser les droits des tiers. Aussi peuvent-ils demander la nullité de la société, même lorsqu'ils ont joué un rôle actif dans la constitution, en assistant aux délibérations des assemblées générales qui n'ont pas statué sur la valeur des apports en nature d'une manière régulière.

Aux associés il faut ajouter les débiteurs des associés et les créanciers sociaux. Les premiers trouveront un avantage dans la déclaration de la nullité, s'ils sont en même temps créanciers de la société, car elle entraînera compensation légale entre leurs dettes envers l'associé et leurs créances envers la société. Quant aux seconds, ce sont eux surtout que le législateur a eus en vue dans les articles 7 et 41. C'est donc avec raison que la Cour de la Réunion, dans un arrêt déjà cité, a décidé que l'action en nullité, formée par un porteur de bons de dépôt délivrés par une société anonyme ayant pour objet le magasinage et la garde des marchandises, ne devait pas être écartée comme non recevable pour défaut de qualité. Les créanciers, quand bien même on eût attribué aux apports en nature une valeur exagérée grâce à des procédés illégaux, préféreront le plus souvent ne pas se prévaloir de la nullité pour exclure du partage de l'actif social les créanciers personnels des associés ; ils recourront à ce moyen soit dans leurs rapports entre eux, soit dans le but d'empêcher qu'on ne leur oppose une clause des statuts qui leur est contraire. Leur intérêt à intenter l'action serait également évident, comme nous l'avons vu, principalement dans les sociétés anonymes, si la fortune de ceux qui ont fondé la société ou ont dû en surveiller la fondation présente des garanties sérieuses ; le préjudice n'existe réellement qu'autant que la nullité de la société a été judiciairement prononcée, et dans ces circonstances l'action en responsabilité produirait son plein effet. Il n'y a pas, d'ailleurs, à distinguer si les créanciers étaient informés ou non de la cause de nullité au moment où ils ont traité avec la société. La connaissance personnelle qu'ils auraient eue de la nullité n'implique pas renonciation à l'action ; elle les laisserait à la merci de tout autre intéressé qui ferait déclarer la nullité à sa requête.

Les créanciers personnels des associés sont-ils des tiers intéressés pouvant agir directement contre la société ? Ils ont certainement à leur service l'action oblique de l'article 1166 du Code civil, en vertu de laquelle ils exercent les droits de leur débiteur ; mais mis par elle aux lieu et place des associés, ils sont à la discrétion des tiers auxquels la nullité n'est pas opposable. Par l'action directe, au contraire, ils échappent à toutes les exceptions et notamment à l'application de cette règle. Un premier système, se basant sur ce qu'un créancier ne peut avoir plus de droits que son débiteur, leur refuse l'action personnelle, et, par application de cette idée, la Cour d'Aix [1] a décidé que les créanciers personnels du gérant d'une société en commandite par actions n'étaient pas recevables à demander contre le syndic, pour

____

1. 9 avril 1867 ; Sir. 67, 5, 405. — Beslay et Lauras, nº 606. — Bravard, Soci., p. 51.

infraction à l'article 4 de la loi de 1856, la nullité de la société
en état de faillite. Le système contraire nous semble cependant préférable ; la loi est dans ses termes et dans son esprit
très générale ; elle considère la constitution vicieuse d'une
société comme un danger pour les tiers, et accorde le pouvoir d'intenter l'action en nullité à tous ceux à qui cette nullité sera profitable. Or, les créanciers personnels des associés
font partie de cette catégorie ; ne leur est-il pas, en effet,
très avantageux de former une demande en justice qui aura
pour résultat la confusion du patrimoine social et du patrimoine personnel, et par suite l'augmentation de leur gage ?
Telle est la jurisprudence constante [1]. Mais ils ne sont admis
à exciper de la nullité qu'en tant que leur créance serait
antérieure ou aurait acquis date certaine antérieurement à la
dissolution de la société.

Le droit d'agir en nullité appartient au gérant contre son
cogérant et même contre la société [2], ainsi qu'aux apporteurs, quoiqu'ils soient responsables du défaut de vérification des apports en nature, sauf à subir les conséquences
de cette responsabilité. Est également « intéressé » le syndic
d'une société tombée en faillite ; il représente à la fois les
actionnaires et les créanciers, et peut, en vertu de l'un ou de
l'autre de ces titres, exercer l'action en nullité ; la décision
rendue à sa requête est chose définitivement jugée.

La nullité produit des effets différents d'après la qualité de
ceux qui la font prononcer. Obtenue par un associé, elle est
restreinte par la faculté que conservent les tiers d'agir contre
la société comme si les formalités de l'article 4 avaient été rigoureusement observées. La société subsiste intacte dans ses
rapports avec les créanciers sociaux ; aucune modification
n'est apportée dans leur situation, et à leur égard le jugement déclaratif donne lieu à une véritable liquidation. Cette

1. Cass., 11 mai 1870 ; Sir. 70, 1, 428. — Beudant, *Rev. prat.*, t. XXV, p. 335.
2. Cass., rej. 22 novembre 1869 ; Sir. 70, 1, 123.

limitation dans les effets de la nullité requise par les associés résulte de la disposition rationnelle de l'article 7. Mais sur quelles bases la liquidation sera-t-elle faite entre les associés ? Une distinction est nécessaire : Si la demande en nullité est intentée avant que la société ait commencé ses opérations, le pacte social n'ayant pas reçu d'exécution ne servira pas à déterminer le mode de partage ; la société n'a été que dépositaire des fonds des souscripteurs, et celui qui a apporté un immeuble dans l'entreprise reprend son immeuble ; la société est restée à l'état de projet, et tout se passe comme s'il n'y avait jamais eu d'association. Si, au contraire, et c'est là l'hypothèse la plus fréquente, la société a déjà fonctionné, subi des pertes ou réalisé des bénéfices, la répartition de l'acte social se fera, non pas d'après les règles du droit commun, mais conformément aux conventions statutaires. La décision judiciaire n'atteint l'existence de la société que pour l'avenir ; elle entraîne une dissolution anticipée, mais cette dissolution doit être réglée comme elle l'eût été si la société fût parvenue à son terme normal. Il y a eu, en réalité, entre les associés une communauté d'intérêts, une indivision qui doit cesser par un règlement des droits respectifs des cointéressés ; or il est équitable que cette indivision, qui est le fait de la volonté des parties, se termine par un partage en rapport avec cette volonté. Leur commune intention « n'est et ne peut être que celle exprimée par le pacte social dont la communauté a été, en définitive, l'exécution pure et simple [1]. » Cette opinion est admise même par des auteurs [2] qui considèrent comme radicale et absolue la nullité des articles 7 et 41 ; il semble cependant que la conséquence logique de leur principe devrait les amener à décider que le contrat est effacé rétroactivement vis-à-vis des associés eux-mêmes : *quod nullum est nullum producit effectum*.

---

1. Cass., 7 juillet 1873. Sir. 73, 1, 388.
2. Pont, n° 1264. — Lyon-Caen et Renault. n° 313.

Cette restriction que de graves considérations les obligent à reconnaître est en contradiction avec leur système. La jurisprudence a également adopté la solution conforme à la bonne foi qui rattache aux statuts sociaux la liquidation ,entre associés.

Toutefois, quelques auteurs restreignent notre théorie au cas de nullité pour défaut de publicité [1]. D'après eux, la formalité de la publication serait une condition extrinsèque, indépendante de la constitution de la société qui lui est antérieure, et destinée seulement à porter son existence à la connaissance des tiers ; c'est pourquoi l'article 56 se borne à la prescrire « à peine de nullité. » Dans les articles 7 et 41, il s'agirait, au contraire, de sanctionner l'inaccomplissement de formalités intrinsèques, essentielles à la création de la société ; comme la vérification des apports, aussi, en leur absence, une société est-elle « nulle et de nul effet », et ces expressions impliquent une nullité radicale qui ne laisse rien subsister du contrat dans le passé comme dans l'avenir [1]. Mais l'article 56 est la reproduction de l'article 42 du Code de commerce or, c'est précisément de cet article 42 qu'on s'est inspiré en 1856 pour déterminer les effets de la nullité dans l'article 6 qui est devenu l'article 7 de la loi du 24 juillet 1867. La formule de l'article 7 n'a pas plus de portée que celle de l'article 56, et la même solution s'impose dans les deux cas. Comment faire reposer une distinction si importante sur la répétition du mot « nul » dans l'article 7, répétition sans but, et qui n'ajoute rien au sens de la loi. En 1867, on a entendu attribuer le même caractère à la nullité dans toutes les hypothèses, la publicité est un élément de vie aussi nécessaire à l'existence de la société que la régularité de sa constitution.

Les bénéfices réalisés pendant le cours de la société, les immeubles acquis par le gérant au nom de la société seront

----

1. Rivière, L. de 1867, no 63. — Ameline, *Rev. prat.*, t. XXIV, p. 37. — Mathieu et Bourguignat, n° 70.

donc partagés conformément aux statuts ; mais la question a
paru plus délicate en ce qui concerne les apports faits à la société. On a soutenu que la transmission de la propriété des apports à la société n'avait pas été effectuée ; en effet, cette transmission avait sa cause dans l'acte de société, lequel a été annulé,
donc ceux qui ont fait les apports, le titre qui fondait le droit
de copropriété étant anéanti, se trouvent n'avoir jamais
cessé d'en être propriétaires, et les reprennent, améliorés ou
dépréciés, dans l'état où ils sont au moment de la déclaration
de la nullité. La société n'est réputée avoir subsisté que pour
les opérations faites en commun [1]. Ce système est contraire
au principe posé plus haut, à savoir que la société, quoique
irrégulière, a valablement vécu et agi dans le passé ; il y a
eu, comme nous l'avons dit, d'une communauté d'intérêts, licite en elle-même, créée par la libre volonté des parties, et
elle est devenue légitimement propriétaire des apports. Tous
ses actes doivent être maintenus ; les apports font partie du
fonds social au même titre que les biens achetés avec les
gains de la société ; ils sont soumis au même mode de règlement. Telle est la conséquence logique et nécessaire de la
règle générale. La reprise préalable des apports serait injuste
dans ses résultats ; le propriétaire d'actions industrielles, dont
tous les efforts auraient tendu à accroître la prospérité du
fonds social, et qui, si la société eût été valable aurait eu le
droit à la dissolution, de concourir au partage de l'actif net,
se verrait privé de ce droit d'après cette doctrine. La loi cou-
vrirait de sa protection une véritable fraude, et favoriserait
l'enrichissement des uns au détriment des autres ; ainsi supposons une société formée avec un apport en nature et des
capitaux : si l'apport en nature qui constituait l'objet de la
société venait à diminuer de valeur, soit par suite de circonstances fortuites ou d'obstacles inattendus dans l'exploitation,
soit par suite de cette exploitation même, et ne représentait

1. Alauzet, n° 387.

plus que le tiers ou le quart de sa valeur originaire, les capitalistes rechercheraient un vice de forme pour obtenir la nullité de la société. Leurs capitaux leur reviendraient intacts ou à peu près, tandis que l'apporteur reprendrait son bien amoindri. Ne serait-ce pas violer les conventions faites en vue d'une association régulière, et blesser la bonne foi en procurant un profit à ceux qui, par l'inobservation de la loi, sont aussi coupables que leurs adversaires.

Plaçons maintenant la société en présence de ses créanciers ; ceux-ci ont à opter entre deux partis. Le premier consiste à ne pas tenir compte de la nullité ; eût-elle été déclarée à la requête d'un associé, elle ne leur est pas opposable. La société subsiste à leur égard comme personne morale, telle que le pacte social l'a créée et vulgarisée ; et ils conservent pour gage exclusif les biens sociaux. La liquidation s'opère comme au cas de simple dissolution ; il leur est permis de poursuivre contre la société l'expropriation des biens communs, d'agir directement contre elle, puisqu'une société dissoute se survit à elle-même pour sa liquidation, en un mot, de déduire contre la société annulée toutes les conséquences découlant de son existence. Rien ne s'oppose à ce que sur leur demande elle soit mise en faillite, si elle est en état de cessation de payements. Le régime de la faillite sauvegarde les droits des créanciers ; il est institué à leur profit ; le leur refuser, lorsque cette société, qui de fait a fonctionné a un passif qu'elle ne peut acquitter, ce serait laisser les associés se prévaloir du défaut d'accomplissement des formalités prescrites par la loi pour tromper les créanciers, et leur reconnaître le droit d'invoquer la nullité contre les tiers ; or la disposition de l'article 7 est formelle en sens contraire. Il ne faut pas objecter que la nullité a fait disparaître la société et qu'on ne peut faire prononcer la faillite d'un être moral qui n'existe plus ; le capital social et les mises de fonds constituent, avant tout, le gage des créanciers, pour lesquels la société reste debout comme personne civile propriétaire de l'actif, et tenue du passif, et d'ailleurs n'est-il pas permis de faire déclarer en état de faillite même le commerçant décédé[1] ? Aussi est-ce à tort, selon nous, que l'on a soutenu qu'il ne pouvait être procédé que par voie de déclaration de faillite individuelle contre chacun des associés responsables, et seulement s'il est commerçant et personnellement en état de cessation de payements.

Le second parti qui se présente aux créanciers sociaux, c'est, s'ils y ont intérêt, de provoquer la nullité ou d'y adhérer dans le cas où leur demande aurait été devancée par celle d'un associé. Les créanciers agiront contre les associés comme si leur association n'eût jamais été formée ; ce qui entraînera la résiliation des engagements pris par eux envers la société, puisqu'ils avaient contracté avec elle sur la foi de sa régularité ; et, s'ils ont éprouvé un préjudice, ils réclameront à bon droit des dommages et intérêts aux associés. En cas d'exécution des engagements, les créanciers n'auront contre chaque associé qu'une action personnelle pour sa part dans le fonds commun. La nullité étant opposable par un tiers à un autre tiers, c'est surtout dans le cas où la société aurait conféré des hypothèques à quelques-uns des créanciers, que les autres devraient invoquer la nullité pour anéantir, avec la société, les hypothèques concédées par elle.

Les effets de la nullité dans les rapports des associés avec leurs créanciers personnels sont plus simples. Si ceux-ci intentent en leur propre nom, l'action en nullité, la conséquence de cette action sera la radiation complète du pacte social, lequel sera censé n'avoir jamais existé à leur égard. La transmission des apports à la société est effacée rétroactivement, et ces apports, rentrant dans le patrimoine de leur débiteur, redeviennent leur gage exclusif ; ils

---

1. Lyon-Caen et Renault, *Précis de droit commercial*, p. 153, note 2. — Pont, n° 1216.

pourront même, après la dissolution, procéder à la saisie d'un bien quelconque mis en société, malgré l'abandon de ce bien par la liquidation à un coassocié de leur débiteur, pourvu que leur titre soit antérieur à la liquidation.
Si, après la reprise des apports, il reste encore des valeurs
acquises par la société, le partage des bénéfices réalisés se
fera entre les ayants droit comme entre simples communistes,
c'est-à-dire d'après les règles du droit commun ; puisqu'il
n'y a pas eu de société, les statuts sont lettre morte. Dans
le cas où un associé débiteur aurait apporté son industrie,
et stipulé en échange de grands avantages, les créanciers
personnels, si la société a prospéré, seraient intéressés à ce
que les statuts ne fussent pas mis de côté. Ils arriveraient à
ce résultat en intentant l'action oblique par laquelle ils se
trouveraient substitués aux droits de leur débiteur, ce qui
entraînerait une liquidation sur les bases du pacte social.

   L'action en nullité appartient à tous et à chacun ; c'est un
droit individuel dont l'exercice n'est pas subordonné à la
décision de la majorité. Si un créancier social demande la
nullité, l'opposition des autres créanciers qui tiennent pour
l'existence de la société sera sans effet. Il en est de même si
le conflit s'élève entre deux classes d'intéressés, entre les
créanciers sociaux et les créanciers personnels des associés ;
c'est là une hypothèse qui se présente fréquemment. La nullité sera opposable par ces derniers aux créanciers sociaux ;
ils agissent comme tiers et, de leur chef, ils puisent dans la
loi un droit propre et absolu, car c'est seulement aux associés
qu'il est interdit d'opposer la nullité aux créanciers sociaux.
C'est ce que pourrait faire notamment la femme d'un associé, agissant comme créancière de ses reprises matrimoniales. Si l'existence légale d'une société régulière a pour résultat de constituer une personne morale, c'est la conséquence
de sa nullité d'enlever toute séparation entre le patrimoine
social et le patrimoine personnel, et par suite toute distinc-

tion entre les créanciers du patrimoine social et ceux du patrimoine personnel. L'avoir unique, formé par la confusion de ces deux patrimoines, devient le gage commun de tous les créanciers du même débiteur, sans considération de l'origine des créances, s'il n'y a pas entre ces créanciers des causes légitimes de préférence. Les créanciers sociaux et les créanciers personnels doivent venir en concurrence tant sur les biens personnels que sur la part dans l'actif de l'ex-associé [1]. Si la société est en état de cessation de payements, les créanciers personnels combattront valablement sa mise en faillite par les créanciers sociaux ; ceux-ci ne sont pas recevables vis-à-vis d'eux à invoquer l'existence de la société, comme ils le sont vis-à-vis des associés, pour obtenir la protection plus efficace du régime de la faillite.

1. Un arrêt de la Cour de cassation du 13 février 1855 (Dall., 55, 1. 308) a jeté sur ces questions une grande lumière ; ses décisions sont relatives au cas de nullité pour défaut de publicité ; mais elles s'appliqueraient au cas de nullité pour défaut de vérification des apports.

CHAPITRE VI

DES RESPONSABILITÉS CIVILES RÉSULTANT DE LA NULLITÉ DE LA
SOCIÉTÉ POUR INFRACTION AUX PRESCRIPTIONS LÉGALES RELATIVES
A LA VÉRIFICATION DES APPORTS EN NATURE

Outre la nullité de la société, le défaut de vérification des
apports en nature entraîne des responsabilités pécuniaires
contre ceux qui sont les créateurs de la société ou qui sont
chargés par la loi et par leurs cointéressés de veiller à la régularité de sa constitution. La faute commise leur est imputable ; ils en doivent réparation. L'action en responsabilité
n'est recevable qu'après l'annulation judiciairement prononcée ; jusque-là elle serait repoussée par une fin de non-recevoir. C'est en vain que, s'appuyant sur l'article 1382 du Code
civil, l'on prétendrait qu'il suffit de prouver l'existence d'un
préjudice ; en matière de sociétés, par application des articles 8 et 42 de la loi du 24 juillet 1867 qui est une loi spéciale, l'exercice de l'action en responsabilité est subordonné
à la déclaration de la nullité qui seule est la cause directe du
préjudice.

Dans les sociétés en commandite par actions, peuvent être
rendus responsables de la nullité, d'après l'article 8, les gérants, les membres du premier conseil de surveillance, et

ceux des associés dont les apports n'auraient pas été vérifiés
conformément à l'article 4. Il est naturel, en effet, que les
gérants, qui sont les auteurs principaux du contrat et reçoivent mission, par l'adhésion même des souscripteurs, de
faire le nécessaire pour former une société valable, subissent
les conséquences de leur négligence ou de leur fraude. La
loi leur interdit de commencer les opérations sociales avant
que la société soit définitivement constituée (art. 13) ; ce
qui suppose l'obligation de pourvoir à l'accomplissement des
formalités constitutives. Aussi leur responsabilité est-elle
plutôt sous-entendue que spécifiée par l'article 8 ; elle n'a-
vait pas, du reste, à être ordonnée par la loi, elle était de
droit commun.

Les membres du premier conseil de surveillance doivent,
d'après l'article 6, examiner « si toutes dispositions contenues dans les articles qui précèdent ont été observées ». Le
droit de vérifier comporte le droit de rectifier toutes les fois
que la rectification est possible, et cette rectification opérée
avant le début des opérations sociales étouffe le germe de la
nullité ; or ils peuvent éviter l'annulation en faisant procéder, même à cette date, à l'approbation des apports. Mieux
vaut prévenir que réprimer. S'ils n'ont pas exécuté ce mandat à la fois légal et conventionnel, ou s'ils l'ont mal exécuté,
ils ont commis une faute sans laquelle la nullité aurait pu
être écartée, ils en sont responsables. En un mot, la loi les
associe aux obligations et aux responsabilités des gérants.
En cas d'augmentation du capital social, le conseil de surveillance est tenu de la même manière que lors de la constitution de la société. Le devoir de s'assurer de l'observation
des prescriptions initiales ne résultait qu'implicitement de
l'article 7 de la loi de 1856 ; en 1867, il fut imposé formellement. On avait même proposé d'exiger du conseil la rédaction d'un procès-verbal dressé devant notaire, contradictoirement avec le gérant, relatant et justifiant comment il avait

été obéi à la loi, et la lecture de ce procès-verbal à la première assemblée générale ; mais cet amendement fut repoussé.

Le fondement de cette responsabilité réside dans les principes généraux du droit commun, tel qu'il est consacré par les articles 1850, 1883 et 1992 du Code civil. Le législateur a pris soin en 1867 de déterminer le caractère de mandataires des membres du conseil de surveillance. « La loi part de l'idée, dit l'exposé des motifs, que les membres du conseil de surveillance sont des mandataires. » Le rapport de la commission est conçu dans le même sens, et l'article 9, relatif à la responsabilité encourue pendant le cours de la société, se réfère au droit commun en matière de mandat. Il eût été inutile de s'expliquer à cet égard si, sous l'empire de la loi de 1856, les membres des conseils de surveillance n'avaient essayé surtout de décliner la responsabilité dérivant du mandat, en soutenant qu'ils tenaient leurs fonctions de la loi seule et que leur responsabilité était restreinte dans les termes mêmes de la loi ; de sorte que, si la société n'était pas nulle, ils n'étaient pas soumis, malgré leur incurie et leur négligence à l'origine de la société, aux règles générales touchant la responsabilité des fautes. La jurisprudence était divisée sur cette question ; la Cour de cassation toutefois avait rejeté cette interprétation, et avait admis, à côté de la responsabilité spéciale de la loi, la responsabilité de droit commun ; le débat fut définitivement tranché en 1867.

C'est le premier conseil de surveillance qui seul est responsable. L'article 8 de la loi de 1867 s'est montré également à ce point de vue plus explicite que l'article 7 de la loi de 1856 qui déclarait, en pareil cas, les membres du conseil de surveillance « responsables de toutes les opérations faites postérieurement à leur nomination. » En présence d'un texte qui ne précisait pas, l'on concluait que les seuls membres du premier conseil, qui n'était nommé que pour une année, ne devaient pas supporter une responsabilité qui s'étendait jusqu'à la fin de la société, et qu'on pouvait rechercher indistinctement les membres de tous les conseils de surveillance qui s'étaient succédé, et spécialement ceux qui étaient en exercice au moment de la poursuite. Il était injuste d'astreindre à ces devoirs de contrôle les conseils qui viennent après le premier; car, ainsi que le faisait remarquer le rapport de la commission de la loi de 1867, « ceux-ci doivent supposer, par cela même que la société vit et fonctionne, que les conditions de la vie légale ont été complètement observées. Le projet, en limitant l'obligation au premier conseil, dissipe toute obscurité et place la responsabilité là où est vraiment la faute [1] ».

Quant aux apporteurs, on a voulu, à raison de l'importance des apports en nature dans la société, les intéresser à l'application des prescriptions concernant ces apports, et les forcer à appeler l'attention des souscripteurs sur la valeur de ce qui est souvent la base de l'entreprise. Leur responsabilité n'est en cause que si la société est annulée pour violation de l'article 4 ; elle n'est pas engagée si la société est annulée pour inaccomplissement de toute autre condition constitutive; en effet, dès qu'ils ont satisfait aux exigences de la loi relatives aux apports, ils ne sont plus que des associés ordinaires. La loi de 1867 est plus claire et plus logique que celle de 1856. D'après l'article 7 de cette dernière loi, pouvaient être responsables « ceux des fondateurs de la société » qui avaient fait un apport en nature. Il en résultait que, pour encourir la responsabilité spéciale de l'article 7, il fallait que le fait de la stipulation d'apport concourût avec la qualité de fondateur, mais les apporteurs non fondateurs n'échappaient pas à toute responsabilité, ils étaient soumis à la responsabilité générale de l'article 1382 du Code civil. Le mot « fondateur » a été remplacé, dans l'article 8 de la loi actuelle, par celui

1. Tripier, *Comm. légis.*, t. I, pp. 120 et 121.

d' « associé » ; elle frappe donc tous ceux, fondateurs ou non, qui n'auraient pas présenté leurs apports à l'approbation des assemblées. De plus, les termes ambigus de l'article 7 permettaient de l'interpréter en ce sens que ceux des fondateurs qui avaient fait des apports en nature étaient responsables quelle que fût la cause de la nullité de la société. Ce point, toutefois, était controversé. « La circonstance de l'apport en nature, disait M. Duvergier, la stipulation d'avantages particuliers ont déterminé à prescrire certaines précautions. Ces précautions prises, ceux qui ont fait l'apport, ceux qui ont stipulé des avantages, rentrent dans la catégorie de tous les autres associés. On ne saurait admettre que la responsabilité les suit et peut les atteindre. Lorsque tout ce qui était exigé d'eux ou à cause d'eux a été fait, on ne conçoit pas une peine appliquée à celui qui a fait tout ce que la loi lui prescrivait [1]. » L'explication de M. Duvergier était alors plus rationnelle que légale, puisque sans distinction la loi astreignait les fondateurs, dans le cas donné, à la même responsabilité que les gérants et les membres du conseil de surveillance, mais elle a été consacrée dans un texte formel par la loi de 1867, et lui sert de justification.

L'action en responsabilité est ouverte, d'après l'article 8, à la société et aux tiers, c'est-à-dire à ceux qui souffrent un préjudice de la nullité de la société : à la société, si la dissolution nuit à l'état de ses affaires ; aux créanciers sociaux qui de ce fait courent le risque de ne pas être payés ; aux actionnaires s'ils éprouvent un dommage distinct de celui de la société ; aux créanciers personnels des actionnaires. Mais tous les intéressés dans le sens de l'article 7 ne sont pas recevables à l'intenter ; il est évident que le gérant qui est l'auteur principal de la nullité serait mal fondé à poursuivre les membres du conseil de surveillance. Si la société est en état de faillite, le syndic aura seul qualité pour agir au nom de la

____
1. Duvergier, *Coll.* sur l'art. 7 de la loi de 1856.

masse des créanciers ou des actionnaires envisagés *ut universi* en tant qu'il représente la collectivité dans laquelle se confondent tous les droits individuels. Mais, si un créancier ou un actionnaire a subi un préjudice particulier dérivant d'un lien de droit spécial, c'est à la personne lésée et non au syndic qu'appartiendra cette action personnelle.

La responsabilité n'est pas la conséquence forcée de la nullité ; elle est, non pas obligatoire, mais facultative et subordonnée aux faits et circonstances dont l'appréciation regarde les tribunaux. Si le conseil de surveillance a été de bonne de foi et s'il est tombé dans une erreur parfaitement excusable, il pourrait être renvoyé des fins de la plainte. En droit strict, la réparation doit être égale au dommage. Mais, en fait, les juges auront à rechercher s'il provient du vice de constitution ou s'il n'est pas imputable pour partie à des causes qui lui sont étrangères ; de même, ils examineront s'il y a eu de la part du conseil simple négligence ou concours actif à des manœuvres frauduleuses ; si cette société, dans laquelle des apports fictifs ont été introduits sans vérification, a passé des marchés, engagé des opérations, ils estimeront les pertes occasionnées par la cessation subite des affaires, par l'obstacle apporté par suite de la nullité à l'exécution des opérations ; en un mot ils ont le pouvoir discrétionnaire le plus large, et, selon le degré de culpabilité et l'importance du préjudice, ils aggraveront ou modéreront la condamnation en s'inspirant de l'équité.

La loi de 1856 était plus rigoureuse, et d'après l'article 7, les membres du conseil de surveillance étaient responsables, solidairement et par corps avec les gérants, de toutes les opérations faites postérieurement à leur nomination, ce qui tendait à les obliger *in infinitum* comme les gérants et avec eux ; mais la jurisprudence, malgré le caractère absolu de la loi qui semblait ne lui attribuer un pouvoir d'appréciation qu'en ce qui concernait la res-

ponsabilité elle-même, s'était arrogé le droit d'en limiter
les effets et de l'atténuer eu égard aux circonstances. La responsabilité n'emporte plus, comme sous l'empire de la loi de
1856, la contrainte par corps et la solidarité entre ceux sur
qui elle pèse ; la contrainte par corps était abrogée, en principe, à peu près à la date où était promulguée la loi nouvelle ; quant à la solidarité du gérant et du conseil, elle était
exorbitante parce que le plus souvent il y a moins de gravité dans la conduite de l'un que dans celle de l'autre. Mais,
de ce que l'article 8 ne parle pas de la solidarité et permet, en
règle générale, la division des responsabilités, il ne résulte
pas qu'en vertu du droit commun les membres du conseil ne
puissent être déclarés solidairement responsables soit entre
eux, soit avec le gérant ou les apporteurs. En effet, la jurisprudence admet que les coauteurs d'un fait dommageable sont
tenus solidairement de le réparer par la raison que le dommage a sa source dans le concours de leurs fautes communes ;
ils sont présumés coupables de chacune d'elles et chacun pour
le tout [1]. La solidarité étant susceptible d'être prononcée en
cas de délit ou de quasi-délit civil commis en commun, le
gérant, le conseil et les apporteurs pourront donc y être
astreints, et ils y seront surtout s'ils ont agi de concert et
frauduleusement pour dissimuler l'exagération des apports.

Mais dans les rapports des parties entre elles il faut faire
la part des responsabilités. Les membres du conseil de surveillance, même condamnés solidairement avec le gérant,
ont un recours contre ce dernier à moins qu'ils n'aient agi
de concert et frauduleusement ; ils ne sont que les garants
du gérant qui est l'auteur direct du contrat. La loi les déclare
responsables avec le gérant, ce qui implique l'idée d'un recours ; elle ajoute seulement leur responsabilité à celle du

1. Cass. 9 novembre 1872 ; Dall. 72 1, 11. — 12 février 1879. ; Sir. 79, 1,
217. — Sourdat, *De la responsabilité*, t. I, p. 708. — Dall. *Rép.* V° res-
ponsabilité, n° 215.

gérant pour rendre leur surveillance plus efficace et protéger
les intérêts des tiers. Quant aux apporteurs, ils n'ont aucun
recours puisqu'ils sont personnellement responsables du défaut de vérification et sont aussi coupables et au même titre
que le gérant. Les souscripteurs qui, après s'être réservé
dans le bulletin de souscription, la faculté de payer en nature,
n'ont pas fait approuver leurs apports par l'assemblée générale et ont été comdamnés à opérer en espèces le versement du montant de leur souscription [1], ne font en somme
qu'exécuter leurs obligations ; s'ils ont été condamnés conjointement et même solidairement avec les membres du
conseil de surveillance, ceux-ci, en supposant qu'il n'y ait pas
collusion de leur part, pourront exercer un recours contre eux
en vertu de l'article 1216 du Code civil, attendu que les causes
de la dette solidaire ne concernaient réellement que les apporteurs qui devaient seuls tirer profit de l'infraction. Le jugement qui condamne les apporteurs avec le gérant devra re-
partir équitablement entre eux le chiffre des dommages et
intérêts.

Il est plus difficile de déterminer dans les sociétés anonymes quelles sont les personnes responsables du défaut de
vérification des apports en nature. Il n'est pas douteux cependant que la responsabilité atteint les fondateurs auxquels la
nullité est imputable, et ceux des associés dont les apports
n'auraient pas été vérifiés conformément à l'article 24. Ceux-ci
toutefois ne sont pas tenus de la même manière que les autres :
leur responsabilité est la même que dans les sociétés en
commandite ; elle est facultative pour le juge et restreinte
au cas d'inobservation de l'article 24. La loi de 1863, dont le
texte a été reproduit par la loi de 1867, avait déjà corrigé à
ce point de vue l'imperfection de la loi de 1856. L'addition
du mot « solidaire » dans l'article 42, addition d'ailleurs inexplicable, n'ajoute rien à la rigueur de la loi et n'a pas pour

---

1. Aix, 13 août 1860. — Cass., 24 juin 1861 ; Sir. 62, 1, 125.

résultat de rendre la responsabilité de ces associés plus étroite que dans les commandites ; en effet, dans cette sorte de sociétés, les tribunaux, en dehors de toute disposition spéciale, sont libres de prononcer la solidarité par application du droit commun sur le quasi-délit indivisible et d'un autre côté l'article 42 permet de l'écarter dans les sociétés anonymes.

Le sens de l'expression « fondateur » n'a pas été précisé par la loi, bien que la détermination des éléments caractéristiques de cette qualité eût été, sous l'empire de la loi de 1856, l'origine de certaines difficultés pour distinguer quels étaient ceux des apporteurs sur qui devait peser la responsabilité de l'article 7 ; mais il a été expliqué dans l'exposé des motifs de la loi de 1863. « Dans la pratique, personne ne se méprendra sur les personnes qu'il désigne. Une société, surtout une société nombreuse, ne se forme pas par le consentement spontané de tous ses membres ; l'idée première appartient toujours à une ou quelques personnes qui, après l'avoir mûrie, cherchent à la propager. Elles sollicitent et obtiennent des adhésions, elles fondent véritablement la société... Un individu, qui parviendrait à déterminer un certain nombre de capitalistes, de commerçants ou d'industriels à former une société à laquelle il resterait étranger, ne serait qu'un agent, qu'un intermédiaire[1]. » Ainsi ne sont fondateurs ni ceux qui, comme les banquiers, concourent à la création de la société en émettant des actions, en faisant de la publicité, sans entrer personnellement dans la société, ni ceux qui, sans prendre part à la rédaction des statuts, apporteraient des immeubles ou autres objets destinés à l'exploitation de la société ; hypothèse assez rare, car généralement ceux qui font les apports en nature sont à la tête de la société. Les fondateurs sont donc tous ceux qui font appel aux capitaux, réunissent les premières assemblées, fixent le capital social, son emploi, son but, ou, s'il n'est

____

1. Duvergier, *Coll. des lois*, année 1863, p. 353.

pas ouvert de souscription publique, apposent leur signature au bas de l'acte qui contient les statuts, et participent à la déclaration de souscription et de versement [1]. Leur responsabilité est rigoureuse; elle est impérative et obligatoire pour les tribunaux qui ne pourraient se dispenser de la prononcer lorsque le fait coupable est constant. Les fondateurs et les administrateurs « sont » responsables, dit l'article 42 ; les membres du conseil de surveillance « peuvent être déclarés responsables » avec le gérant, dit l'article 8, c'est-à-dire d'une part nécessité, d'autre part faculté. La même opposition se rencontre dans les deux alinéas de l'article 42. La loi se montre donc plus sévère envers les fondateurs des sociétés anonymes qu'envers le gérant des sociétés en commandite, bien qu'en fait la responsabilité de celui-ci soit une conséquence presque nécessaire de la nullité. En 1867, on supprimait, en principe, l'autorisation gouvernementale pour les sociétés anonymes ; c'était assurément un progrès ; mais le législateur, n'ayant pas une confiance absolue dans cette innovation, accumule les précautions, les garanties, et c'est pourquoi il rend obligatoire la responsabilité des fondateurs. En somme, les fondateurs répondent des faits dont ils ont eu l'initiative ; ils se sont imposé un devoir et se sont engagés à le remplir ; s'ils ne l'ont pas fait, ils ont commis une faute plus ou moins grave, mais enfin une faute qui les oblige envers les actionnaires et envers les tiers.

Tous les fondateurs sont responsables, même ceux qui n'ont pas pris une part active à la constitution de la société. Leur mission est collective, et quelques-uns d'entre eux ne seraient pas admis, pour échapper à toute condamnation, à exciper de leur bonne foi et de l'erreur dans laquelle ils ont été mis eux-mêmes par leurs cointéressés; ils sont présumés

---

1. Cour d'Amiens, 27 juillet 1882. *Journ. des Soc.*, 1883, p. 169. — Cass., arrêt du 24 juin 1861 déjà cité, rendu sous l'empire de la loi de 1856. — Pont, nº 1127. — Vavasseur, nº 831.

coupables par cela seul que la constitution de la société n'a
pas été régulière. Comment concevoir qu'après avoir reçu
mandat de créer une société valable, ils se fassent un titre
de leur négligence? Le plus souvent on fait briller dans les
prospectus d'émission les noms, les titres, les capacités des
fondateurs pour attirer la confiance des souscripteurs ; il
faut qu'ils justifient cette confiance. L'article 42 n'entend pas
restreindre son application aux fondateurs « auxquels la nullité est imputable ». Le sens de cette phrase incidente, c'est
que la nullité est imputable à tous les fondateurs ; elle sert à
confirmer leur responsabilité collective et non à établir une
distinction entre eux. Envers les tiers, la condamnation doit
être solidaire, mais entre les parties la responsabilité peut-
être divisée. Les tribunaux tiendront compte de la mesure
dans laquelle chacun d'eux a participé à la faute commise
pour répartir équitablement entre eux le montant de la condamnation ; c'est le degré de culpabilité, et non pas, comme
l'a décidé la Cour de Bordeaux [1], la part d'intérêt dans la
société qui doit servir de base à la répartition. Toutefois les
fondateurs n'auront aucun recours les uns contre les autres,
car il est de règle que les coauteurs d'un délit sont privés
de tout recours entre eux pour se garantir des condamnations
civiles prononcées.

L'article 42 a prévu deux cas de nullité distincts : le premier est celui de nullité pour défaut de publicité des actes et
délibérations qui au cours de la société viennent en modifier
les statuts ou en changer le terme ; le second est celui de
nullité pour vices de constitution et notamment pour défaut
de vérification des apports en nature. Dans le premier cas,
les fondateurs sont hors de cause, les administrateurs en
fonctions au moment où la nullité a été encourue sont seuls
responsables. Mais, dans le second, les administrateurs sont-
ils liés par une responsabilité commune avec les fondateurs ?

1. 9 mars 1874 ; Dall., 77, 1, 51.

L'affirmative, qui est l'opinion de la jurisprudence [1], nous paraît évidente; elle a pour elle le texte de la loi. « Les fondateurs, dit l'article 32, auxquels la nullité est imputable, et (non pas ou) les administrateurs en fonctions au moment où elle a été encourue »; ce qui implique une responsabilité cumulative, coexistante. La responsabilité des administrateurs est la sanction du devoir qui leur incombe d'examiner si la vérification des apports a eu lieu et si elle a été régulièrement faite. Les fondateurs sont responsables, parce que la nullité est leur œuvre personnelle et directe; les administrateurs le sont aussi parce qu'ils l'ont laissé commettre, et l'article 42, ainsi que s'en expliquait le rapport de la loi, « par une conséquence légitime de la faute commune, prononce la solidarité contre tous envers les tiers qui peuvent en avoir souffert, sans préjudice du droit des actionnaires [2] ». Se charger de faire marcher une société illégale, c'est, en effet, concourir à la faute des fondateurs [3].

Cependant, des auteurs considérables [4] ont soutenu que les administrateurs n'entrant en fonctions qu'après la délibération de la seconde assemblée, à une époque où toutes les formalités initiales ont dû être remplies, ne peuvent être responsables d'une irrégularité qui est antérieure à leur nomination. Pour qu'ils soient responsables, il faut qu'ils soient en fonctions; or, leur acceptation est précisément le dernier acte par lequel la société se constitue. Aussi aucune disposition ne leur enjoint de contrôler l'observation des prescriptions légales. Il convient, dit-on, d'entendre l'article 42 distributivement; les fondateurs sont solidairement responsables entre

---

1. Cass. 13 mars 1876; Sir. 77, 1, 361. — Trib. de comm. de la Seine, 13 décembre 1880; *Droit* du 18 janvier 1881.

2. Tripier, *Comm. légis.*, t. I, p. 181.

3. Lyon-Caen et Renault, n° 472. — Ruben de Couder, *Dr. comm.*, V° sociétés, n° 431. — Vavasseur, n° 836.

4. Pont, n° 1294. — Alauzet, *Sociétés*, n° 556.

eux de l'inaccomplissement des conditions constitutives de la
société, les administrateurs sont solidairement responsables
entre eux de la nullité des actes et délibérations intervenus
au cours de la société. Les administrateurs ne seraient responsables avec les fondateurs dans le sens de l'article 42
qu'au cas où ils auraient été désignés dans les statuts avec
stipulation formelle que leur nomination ne serait pas soumise à l'approbation de l'assemblée générale, car dans ces
circonstances ils entrent en fonctions dès l'origine de la société.

Si la loi a employé l'expression générale « en fonctions au
moment où la nullité a été encourue » au lieu de l'expression
spéciale « les premiers administrateurs », c'est qu'elle voulait
rattacher à l'article 42 la nullité pour défaut de publicité des
actes et délibérations ; mais la forme même du texte indique
suffisamment qu'elle vise toujours, au cas de nullité constitutive, les administrateurs. Comment expliquer autrement la
conjonction « et » par laquelle il les réunit aux fondateurs ?
Du reste, il n'est pas inexact de prétendre que les premiers
administrateurs sont en fonctions au moment où la nullité
pour défaut de vérification des apports en nature est encourue ; ce moment est celui où la société est constituée, car si
le germe de la nullité est le défaut de vérification, la cause
déterminante est la constitution de la société. Pour qu'une
société soit annulée, il faut qu'elle existe ; car on n'annule
pas le néant ; or, elle n'existe qu'après l'acceptation par
les administrateurs des fonctions qui leur sont confé-
rées[1]. Le silence de la loi n'implique pas qu'il ne soit
de leur devoir, avant de prendre la direction d'une société, d'en examiner la validité. Mettre en activité une
société qui est en contravention avec la loi, concentrer entre

____

1. Cet argument a été développé dans un arrêt de la Cour de Paris du
28 mai 1869 (Dall. 69, 2, 145) ; l'arrêt se rapporte à un autre vice de constitution que celui dont il est traité ici.

leurs mains, pour les faire produire, les éléments d'une société viciée, c'est au moins de leur part un acte de grave négligence qui justifie leur responsabilité. Les administrateurs sont tenus d'exécuter les formalités de publicité requises par la loi ; ce qui suppose qu'ils doivent s'enquérir de la vérification des apports en nature pour faire connaître d'une manière précise dans l'extrait « le montant du capital social en numéraire et en autres objets ». (Art. 58.) Fût-il vrai que les administrateurs seraient mis à couvert par la décision de l'assemblée générale qui (art. 24) doit contrôler la sincérité de la déclaration notariée constatant la souscription du capital et le versement du quart, cet argument serait sans valeur en ce qui concerne les apports en nature, puisque la seconde et dernière assemblée constituante ne peut être juge de la régularité de ses propres opérations touchant leur vérification.

Tous les administrateurs sont nécessairement responsables de la nullité de la société ; ils sont traités plus rigoureusement que les membres du premier conseil de surveillance, ce qui semblera peut-être bizarre, puisqu'ils n'ont les uns et les autres qu'une mission de contrôle. Le motif de cette rigueur, c'est que les fondateurs, une fois la société créée, disparaissent pour faire place aux administrateurs qui souvent seront seuls atteints effectivement par l'action en responsabilité, tandis que le gérant continue à diriger la société. C'est encore une raison de sécurité qui a inspiré le législateur. L'article 42 déclare les administrateurs solidaires envers les tiers, à la différence de l'article 44 qui admet formellement les condamnations individuelles pour les responsabilités encourues pendant le cours de la société. La solidarité doit même être prononcée entre les administrateurs et les fondateurs ; mais si les administrateurs sont de bonne foi, s'ils n'ont pas été les complices des fondateurs, ils exerceront leur recours contre ces derniers. Ce n'est que vis-à-vis des tiers que la loi leur refuse le droit de se prévaloir de leur bonne foi ; s'ils ont été trompés, si aucune faute personnelle ne leur est imputable, ils auront à leur tour une action en garantie contre les fondateurs dont ils ne sont que les cautions.

L'article 42 n'impose la responsabilité qu'aux premiers administrateurs ; cependant sans ériger en principe la responsabilité des administrateurs postérieurs, les tribunaux ne devraient pas hésiter à les déclarer responsables d'après le droit commun et dans la mesure du préjudice subi, si la violation de la loi était flagrante et s'ils en avaient eu pertinemment connaissance. Le fait de perpétuer indûment une société dont l'irrégularité est notoire, de prolonger son existence au moyen d'émissions d'obligations qui ne font qu'augmenter un passif impossible à couvrir au jour certain de l'annulation, est une faute grave qui nécessite une réparation. C'est ce que décidait le tribunal civil de la Seine [1] dans l'affaire de la société des Huîtrières du Morbihan qui, entre autres vices de constitution, était nulle pour infraction à l'article 4. Les nullités constitutives étaient flagrantes, et il résultait des débats qu'au cours de la société les administrateurs s'en étaient aperçus. « Attendu que leur responsabilité est engagée d'une manière générale par le concours qu'ils n'ont cessé de prêter à une société viciée dans son principe, et, d'une manière spéciale, par leur coopération aux émissions de titres qui ont eu lieu en 1873, 1874, 1875 ; attendu qu'ils ne sauraient prétexter de leur ignorance touchant la nullité originaire de la société, et qu'en tous cas, s'ils avaient négligé de s'enquérir à ce sujet, ils seraient tenus de leur négligence comme d'une faute lourde », le tribunal les condamne à réparer le préjudice causé. Il s'agit, bien entendu, non pas de la responsabilité de l'article 42, mais de la responsabilité de droit commun basée sur ce que quiconque par son défaut

1. 12 mars 1881, *Le Droit* des 14-15 mars.

de vigilance a produit un dommage doit indemniser ceux qui
en ont souffert. Les tribunaux en cette matière auront à
apprécier les faits ; appréciation d'autant plus délicate que les
administratéurs ne sont pas obligés, par suite de leur mandat, à contrôler la constitution de la société, aussi faut-il se
garder de poser en règle générale que les administrateurs
d'une société déjà en vigueur sont responsables par cela seul
qu'ils auraient dû savoir que la société, à la tête de laquelle
ils étaient placés, était nulle.

Quelle est l'étendue de la responsabilité des fondateurs et
des administrateurs ? Sont-ils responsables envers les tiers
de la totalité des dettes sociales ou seulement du préjudice
réellement causé aux tiers par l'annulation de la société ? La
grande majorité des auteurs [1] se prononce pour la restriction
de la responsabilité au dommage éprouvé ; la jurisprudence
au contraire soutient énergiquement qu'ils sont responsables
de l'intégralité du passif social non couvert par l'actif, et
qu'ils doivent payer tous les créanciers sociaux alors même
que les pertes résulteraient de malheurs tout à fait indépendants du vice de constitution. Cette doctrine se trouve reproduite notamment dans un arrêt de la Cour de cassation du
13 mars 1876, confirmant un arrêt de la Cour de Bordeaux,
lequel avait annulé, pour défaut de vérification des apports,
une société anonyme dite la société Bordelaise [2]. D'après les
énonciations de l'acte social, un actionnaire paraissait avoir
versé aux mains de l'administrateur les trois quarts du montant de ses actions avant la passation même de l'acte ; mais,
en fait, pour se libérer de ses actions, il avait fait à la société
l'apport en nature d'une usine ; et les dispositions de l'acte

1. Vavasseur, n° 847. — Pont, n° 1306. — Alauzet, n. 557. — Sourdat,
Traité de la responsabilité, n° 1250. — Lescœur, *Franc. judic.*, 1877. —
Boistel, *Précis de dr. comm.*, p. 216.

2. Sir. 76, 1,361. — Bordeaux, 9 mars 1874. Dall. 77,1,49. — Voir en ce sens
jugement déjà cité du tribunal de la Seine du 12 mars 1881. — Lyon-Caen et
Renault, n° 473. — Choppard, *Rev. cr.*, 1878, p. 65. — Ruben de Couder, n° 451.

social et celles de l'acte d'acquisition de l'usine avaient été combinées de manière à dissimuler ce mode de versement. « En pareil cas, dit la Cour de cassation, c'est à bon droit que la nullité de la société est prononcée à raison de l'illégalité de cet apport en nature, non apprécié et approuvé suivant les prescriptions irritantes des articles 4 et 24 de la loi du 24 juillet 1867 » et « la responsabilité des fondateurs et des administrateurs n'est pas limitée au préjudice résultant pour les tiers de la nullité de la société. »

Le système de la jurisprudence, malgré toutes les critiques dont il a été l'objet, nous paraît cependant conforme au texte de la loi. L'article 42, après avoir spécifié la responsabilité des fondateurs et des administrateurs, ajoute « sans préjudice des droits des actionnaires » ; il met en opposition d'une part leur responsabilité envers les tiers, d'autre part leur responsabilité envers les actionnaires ; les tiers et les actionnaires ont donc des droits inégaux. L'article 42 se borne à réserver les droits des actionnaires, il se réfère aux principes généraux et à l'article 1382 du Code civil, or, si vis-à-vis des actionnaires les fondateurs et les administrateurs ne sont responsables que dans les limites du préjudice causé, par *a contrario* leur responsabilité est indéfinie, illimitée vis-à-vis des tiers.

A cet argument l'on répond que dans une loi comme celle-ci dont les travaux préparatoires sont incomplets, dont le texte est imparfait, où les négligences de style abondent, il ne faut pas attacher une trop grande importance aux expressions employées. C'est laisser facilement de côté un texte gênant ; sans doute, lorsque les termes d'un article sont ambigus, contradictoires, il convient de rechercher, en dehors de la loi, quelle a dû être la pensée du législateur ; mais la rédaction de l'article 42 a été réfléchie et répond exactement à l'intention de ses auteurs. En effet, l'origine de l'article 42 est dans l'article 25 de la loi de 1863, et cet

article devait s'interpréter par la loi de 1856 en vigueur lors
de sa promulgation ; or, d'après l'article 7 de cette loi, les
simples membres du conseil de surveillance pouvaient être
déclarés responsables solidairement et par corps avec les gérants de toutes les opérations faites postérieurement à leur
nomination. Par *a fortiori*, les administrateurs dont les devoirs sont plus rigoureux devaient être obligés aussi sévère-
ment, et il en était de même des fondateurs plus coupables
encore que les administrateurs, puisqu'ils sont les auteurs
directs de la faute. Tel était le sens de l'article 25 de la loi
de 1863, et le législateur de 1867 l'a adopté en reproduisant
dans l'article 42 les expressions mêmes de l'article 25 [1].

Mais, dit-on, la manière de voir n'était plus la même
en 1863 qu'en 1856 ; la loi de 1856 était une loi de réaction contre les excès d'agiotage, contre les désordres qui s'é-
taient produits à cette époque dans le monde commercial,
et l'esprit de répression qui l'a inspirée explique le caractère
exorbitant de la sanction contenue dans l'article 7. En 1863,
il y avait déjà tendance à diminuer, au profit de la liberté
d'association, les garanties excessives qui avaient paru nécessaires pour la création des sociétés. Le législateur n'ignorait
pas que les tribunaux s'ingéniaient à ne pas appliquer
l'article 7, cherchant à éviter une sanction qui généralement
était considérée comme injuste ; aussi comment concevoir
que cet article ait servi de base à l'article 25 de la loi de 1863 ?
Si la responsabilité des administrateurs était moindre, sous
l'empire de la loi de 1863, que celle des membres du conseil
de surveillance, elle était plus stricte à un autre point de
vue, car l'une était obligatoire et l'autre facultative. En 1867,
lorsqu'on limitait au dommage éprouvé la responsabilité des
membres du conseil de surveillance, serait-il admissible que,
si l'article 25 eût dû être expliqué dans le sens d'une respon-

---

1. Voir la note de M. Griolet dans Dall., 69, 2, 146.

sabilité illimitée, le législateur eût maintenu ses dispositions et que, généreux pour les uns, il se fût montré inflexible pour les autres ? N'est-il pas plutôt vraisemblable qu'il a voulu faire disparaître une anomalie regrettable ?

En 1863, le législateur n'avait pas changé d'avis ; en effet le projet de loi portait dans son article 12 que, dans le cas d'annulation de la société, les administrateurs seraient responsables solidairement et par corps, envers les tiers, de la totalité des dettes sociales. Cet article fut remanié pour étendre cette responsabilité aux fondateurs, et, dans la rédaction définitive de l'article 25, ces expressions ont disparu, sans que les motifs de cette suppression eussent été indiqués dans le rapport de la commission et dans la discussion qui suivit. Il est difficile de croire que l'omission de ces mots « de la totalité des dettes sociales » ait été intentionnelle ; si l'on eût entendu proportionner l'étendue de la responsabilité au préjudice causé, on s'en serait expliqué formellement ; une modification si importante n'eût pas été introduite dans la loi sans que des objections fussent soulevées. Lorsqu'en 1867 on a restreint la responsabilité des membres du conseil de surveillance, des motifs ont été donnés à l'appui de cette restriction ; le législateur au contraire a reproduit simplement l'article 25 de la loi de 1863 ; il n'a donc pas été dans son intention de transformer le caractère de la responsabilité des fondateurs et des administrateurs des sociétés anonymes. Et il n'est pas étonnant que, remplaçant dans les sociétés anonymes l'autorisation gouvernementale partout un ensemble de règles, il ait cru ne pas devoir diminuer la responsabilité de ceux qui ont mission de veiller à leur observation. Si telle n'était pas la pensée du législateur, à quoi bon édicter une double responsabilité dans les articles 42 et 44 ? Si dans l'article 44 les administrateurs ne sont tenus que de réparer le dommage éprouvé soit par la société soit par les tiers pour infractions aux dispositions de la loi ou pour fautes commises dans leur gestion, c'est que, d'après l'article 42, leur responsabilité est plus étendue : distinction d'ailleurs rationnelle, car dans le premier cas il ne s'agit que d'une simple faute de gestion, tandis que dans le second il s'agit d'une irrégularité qui entraîne la nullité de la société.

La Cour de cassation invoque uniquement à l'appui de son système l'argument suivant, à savoir que, les fondateurs et les administrateurs, auxquels la nullité de la société est imputable, étant déclarés par la loi responsables envers les tiers, il s'ensuit qu'ils se trouvent ainsi « substitués à l'être moral qui par leur faute ou leur négligence est reconnu n'avoir pas d'existence légale et sont tenus des mêmes obligations ». La Cour de Bordeaux ajoute à cet argument une idée nouvelle, celle d'une pénalité sévère édictée par la loi. « Attendu qu'en soumettant la formation des sociétés à des formalités strictement tracées et en imposant aux fondateurs et aux administrateurs le devoir de veiller à l'observation des règles qu'elle édictait, la loi a dû donner à ses dispositions une sanction efficace et proportionner sa sévérité à l'importance du but qu'elle voulait atteindre... ; qu'en les déclarant responsables envers les tiers, la loi a voulu évidemment leur imposer une responsabilité plus étendue que la responsabilité ordinaire ; attendu que cette responsabilité doit, en vertu de son principe, s'étendre à la totalité des dettes ; qu'en effet les fondateurs étant responsables de la nullité se trouvent substitués à l'être moral, etc. » ; suit la même phrase que dans l'arrêt de la Cour de cassation.

On a fortement combattu cette théorie d'une substitution des fondateurs et des administrateurs dans les obligations de la société annulée. A la société annulée, dit-on, succède, il est vrai, une société de fait ; mais il convient de lui appliquer les dispositions relatives à la société originaire ; le règlement des comptes doit se faire d'après l'intention des contractants, associés ou tiers, et la jurisprudence elle-même décide que les statuts, qui sont l'expression de la volonté des parties, servent de base à la liquidation. Or, les tiers n'ont dû compter que sur le capital social ; si la société est nulle, en vertu de quel droit faire naître un second débiteur pour l'adjoindre au premier et accroître leurs garanties ? Il n'est écrit nulle part qu'en matière commerciale tout associé est solidairement responsable, à moins qu'un texte spécial ne limite sa responsabilité comme dans la société anonyme. Il n'y a en cette matière ni règle ni exception ; chaque société a sa forme déterminée, librement choisie par les parties ; mais la déclaration de nullité n'a pas la force d'en modifier le caractère, de remplacer les stipulations primitives par des stipulations différentes, de faire d'une responsabilité restreinte une responsabilité indéfinie.

Nous ne posons pas le principe de la responsabilité solidaire en matière de société commerciale [1], il ne s'agit pas de savoir s'il y a une responsabilité de droit commun et quelle est cette responsabilité. Nous n'entendons pas appliquer à la société anonyme des dispositions de loi relatives à une autre société que celle que les parties ont voulu former ; la société anonyme annulée ne prend pas la forme d'une société en nom collectif, car ce seraient alors tous les associés qui seraient responsables *in infinitum*. Ce que nous constatons simplement, c'est que les administrateurs, qui sont des mandataires, agissent au nom de la société et ne s'obligent pas personnellement si la société est régulière ; d'après l'article 23 du Code de commerce, « ils ne contractent, à raison de leur gestion, aucune obligation personnelle ni solidaire relativement aux engagements de la société ». Or, si la société à la constitution de laquelle ils devaient veiller et qu'ils auraient dû représenter valablement est nulle, et nulle

---

1. Remarquons cependant que ce principe résulte par *a contrario* de l'article 1862 du Code civil, et qu'il était formellement consacré par l'ordonnance de 1673, tit. IV, art. 7.

par leur faute, il en résulte par *a contrario* qu'ils restent
seuls en présence des créanciers, et, comme le dit la Cour
de cassation, se trouvent substitués à l'être moral. Il en est de
même des fondateurs qui ne sont aussi que les mandataires
des actionnaires. L'article 42 n'est que l'expression de ce raisonnement. Si la société de fait est de même nature que
celle qu'elle remplace, si pour la liquidation on s'en réfère
aux statuts, ce n'est que dans les rapports des associés entre eux ; mais pour les tiers qui n'ont pas été parties au
contrat, les statuts sont lettre morte ; la société primitive
n'existe plus, et ils ont pour débiteurs personnels les fondateurs et les administrateurs auxquels est enlevé le bénéfice de la responsabilité limitée qui leur était alloué par la
loi. Il faut « punir » les membres des conseils de surveillance,
telle était l'idée qui dominait dans le rapport de la loi de 1856 ;
c'est cette même idée qui a été l'inspiratrice de l'article 25 de
la loi de 1863 et de l'article 42 de la loi de 1867 ; elle se comprend mieux dans les sociétés anonymes que dans les sociétés
en commandite. Dans les sociétés anonymes, en effet, devenues libres en 1867, où chacun n'est tenu que jusqu'à
concurrence de sa mise, le législateur a voulu, pour sauvegarder les intérêts des tiers, assurer par des mesures efficaces
ces l'accomplissement des prescriptions destinées à remédier
à la suppression de l'autorisation gouvernementale.

Les adversaires du système de la Cour de cassation prétendent qu'il aura pour effet d'écarter des conseils d'administration les hommes honnêtes, et que les créanciers mettront
toute leur habileté à rechercher une irrégularité même minime pour faire prononcer la nullité de la société et atteindre
la fortune personnelle des fondateurs et des administrateurs ;
et ils réclament une réforme législative contenant la consé-
cration absolue du principe des articles 1382 et 1383, de cette
équité naturelle « qui d'une part n'accorde réparation que
s'il y a faute commise et d'autre part mesure toujours cette

réparation au préjudice éprouvé » [1]. Mais, si le législateur
n'a pas fait vis-à-vis des tiers l'application de la règle de
l'article 1382, c'est que la raison de sécurité lui a semblé plus
forte que la raison d'équité ; c'est le crédit des sociétés qu'il
a eu principalement en vue. Trop souvent des hommes
même honnêtes sont disposés à accepter les fonctions d'administrateurs qu'ils envisagent à un point de vue purement
honorifique ou pécuniaire, sans se rendre un compte exact
des obligations qu'elles entraînent ou la crainte de cette responsabilité rigoureuse suscitera leur vigilance, ou elle dé-
tournera ceux qui, se reconnaissant incapables de remplir
ces fonctions, redouteront de compromettre leur fortune.
Soutenir que, d'après notre doctrine, il est plus avantageux
pour les tiers de traiter avec une société viciée dans son principe qu'avec une société régulière, c'est là un argument quelque peu paradoxal. Comment la confiance irait-elle se porter
sur une société dont le premier acte a été une fraude à la
loi, dont le capital est en partie fictif et a été constitué avec
des apports en nature sans consistance plutôt que sur une
société qui s'est soumise d'elle-même à l'observation des formalités légales, a son capital intégralement souscrit, et par
suite contient des éléments de succès ? Mépriser des garanties certaines pour s'attacher aux chances incertaines d'une
action en responsabilité dans l'avenir, ce serait un singulier
calcul, d'autant plus que cette action qui n'est intentée que
lorsque la société a périclité ne produira effet que si la fortune
des fondateurs et des administrateurs n'a été engagée que
partiellement dans les affaires sociales, et s'ils n'ont pas pris
soin, par des moyens légitimes ou illégitimes, de soustraire

---

1. Vavasseur, *le Droit* du 8 novembre 1874.—C'est en ce sens qu'est conçu
l'article 41, § 1 du nouveau projet de loi : « Lorsque la nullité de la société
a été prononcée pour la violation des prescriptions imposées aux fondateurs
par la présente loi, ceux-ci sont solidairement responsables à l'égard des
tiers ou des actionnaires du dommage résultant de l'annulation.

leurs biens aux réclamations des tiers. Ainsi, étant donné l'esprit qui a présidé à la rédaction de la loi de 1867, la doctrine de la Cour de cassation est parfaitement justifiable.

La question de savoir à qui appartient l'action en responsabilité est liée à la précédente. Dans le système qui met tout le passif social à la charge des fondateurs et des administrateurs, tous les créanciers peuvent exercer cette action, quels que soient leur titre et la date de leur créance, sans distinguer si la nullité leur a fait subir un dommage ou s'ils n'en ont souffert aucun tort, soit qu'au moment où ils ont contracté ils aient eu ou non connaissance de la nullité, soit même qu'ils aient participé aux actes qui l'ont entraînée. Dans le système contraire qui fait consister la responsabilité dans l'obligation de réparer le dommage éprouvé, les créanciers qui auraient été informés de la nullité ne seraient pas recevables dans leur action, ou tout au moins n'obtiendraient qu'une réparation partielle ; quant à ceux qui l'auraient ignorée, ils devraient déterminer le préjudice qu'ils ont supporté, et dont l'importance serait estimée par les tribunaux. La faillite de la société prononcée, le syndic a seul qualité, et d'après la doctrine de la jurisprudence c'est là le principe, pour intenter l'action, si la masse elle-même est intéressée tout entière, car pour qu'il soit le mandataire légal des créanciers, il faut qu'il s'agisse de droits et d'intérêts communs. Lorsqu'au contraire chacun des créanciers a des intérêts distincts, des droits qui peuvent différer et qui résultent de leur situation personnelle et de circonstances particulières, le syndic n'est pas admis à agir au nom de la masse, puisque, si une somme lui était allouée à titre de dommages et intérêts, il serait obligé de recourir aux tribunaux pour en opérer la répartition selon les droits de chacun ; chaque créancier individuellement devra former les actions auxquelles il a droit[1].

1. Trib. civ. de la Seine, jug. du 12 mars 1881.

A l'égard des actionnaires, la responsabilité des fondateurs
et des administrateurs pour défaut de vérification des apports en nature est limitée au préjudice causé par la
nullité ; ils ne sont responsables, conformément au droit
commun, que de l'inexécution ou de l'exécution incom-
plète du mandat qui leur a été confié. La société de
fait, qui succède à la société annulée, repose, dans les
rapports des associés entre eux, sur les mêmes bases et sur
les mêmes principes ; elle est régie par les mêmes règles
que si le contrat eût été parfait. Par ce membre de phrase
« sans préjudice des droits des actionnaires », le législateur renvoie, dans l'article 42 à la règle générale de l'article 1382 du Code civil, telle qu'elle est appliquée dans
l'article 44 de la loi de 1867. Les tribunaux doivent proportionner la responsabilité à la gravité du dommage souffert et de la faute commise; ils ont à cet égard le pouvoir
d'appréciation le plus large. Ils auront à examiner si la
nullité de la société a été étrangère à sa ruine ou si elle
en a été la cause déterminante. Le vice de constitution
n'a été pour rien dans sa perte, elle a été annulée après sa
mise en faillite ; les fondateurs n'ont pas à supporter les suites
d'une exploitation malheureuse, et les actionnaires ne sont
pas fondés à se plaindre et à demander de ce chef le rem-
boursement de leurs actions ou des dommages et intérêts, à
moins qu'il ne démontrent que le défaut de vérification leur
a occasionné un préjudice par suite de la gêne dans laquelle
se trouvait la société menacée dès l'origine de la nullité, arrêtée dans ses opérations par l'insuffisance du capital. Si la
société est *in bonis* au moment de la déclaration de nullité,
les actionnaires feront valoir avec raison le préjudice résultant pour eux de la dissolution anticipée, de la cessation subite de l'entreprise à une époque peut-être défavorable, de
l'obstacle apporté à la reprise des affaires qui aurait permis à
la société de se relever et de se dégager des embarras contre

lesquels elle luttait. Il ne faut pas oublier non plus que les actionnaires appelés à estimer les éléments constitutifs de la société et à statuer sur les apports en nature ont joué un rôle actif dans la constitution de la société, on tiendra compte de la part qu'ils y ont prise, des erreurs qu'ils ont partagées avec les fondateurs, de l'adhésion qu'ils ont accordée par négligence ou de connivence avec les fondateurs dans une assemblée générale tenue pour irrégulière, de la connaissance qu'ils avaient, en fait, de la nullité de la société ; et le montant de la réparation due par les fondateurs sera diminué de tout ce qui dans le préjudice est imputable aux actionnaires eux-mêmes. En un mot, les tribunaux, selon les circonstances de la cause, détermineront la mesure de la responsabilité ; ils seront libres de prononcer ou d'écarter la solidarité, si l'on admet avec la jurisprudence que vis-à-vis des actionnaires la responsabilité des fondateurs et des administrateurs dérive, non de l'article 42, mais du droit commun, c'est-à-dire de l'article 44 lequel laisse la solidarité à l'appréciation souveraine du juge.

Parmi les actes qui interviennent au cours de la société et qui entraînent des modifications plus ou moins notables dans les conditions d'existence de la société, les uns, d'après les distinctions que nous avons établies, emportent création d'une société nouvelle et, par conséquent, s'il y a des apports en nature, nécessitent l'application des articles 4 et 24 : les autres sont de simples changements qui n'altèrent en rien l'essence de la société. S'il n'y a pas constitution d'une société nouvelle, la jurisprudence, dont nous n'avons pas d'ailleurs à discuter la manière de voir, décide que le législateur, la présence des mots « actes et délibérations » étant non avenue dans l'article 42, n'a pas voulu mettre sur la même ligne la nullité de la société atteinte d'un vice originel et celle des délibérations pour lesquelles n'ont pas été remplies les formalités de publicité voulues, et que par suite la responsabilité des administrateurs pour toutes les infractions à la loi de 1867 autres que celles prévues par les articles 41 et 42 est réglée par l'article 44 qui s'en réfère au droit commun. Si au contraire la société se renouvelle ou s'accroît par l'adjonction d'un nouveau capital soumis aux mêmes formalités que le capital originaire, les administrateurs chargés de la reconstitution totale ou partielle de la société, sont de véritables fondateurs et, comme ceux-ci encourent à l'égard des tiers la responsabilité de l'article 42. On objecte que la société étant déjà constituée, les modifications apportées aux statuts sont, non pas l'œuvre des administrateurs, mais bien le fait de la société elle-même représentée par l'assemblée générale des actionnaires, et que dès lors, s'il y a des faits graves à reprocher aux administrateurs, la responsabilité qu'elles motivent est celle prévue par l'article 44. C'est, il est vrai, l'assemblée générale qui prend cette décision ; mais par sa décision même elle confie aux administrateurs le soin de fonder la nouvelle société ou de veiller à la composition régulière du nouveau capital. C'est donc, en réalité, à titre de fondateurs, que sont responsables les administrateurs qui sont appelés à exécuter les résolutions de l'assemblée.

Par quel laps de temps se prescrit l'action en responsabilité ? Le défaut de vérification des apports en nature entraîne la nullité de la société et des responsabilités civiles ; il n'est pas puni correctionnellement. Ce n'est pas que les irrégularités dans la constitution de la société soient jamais par elles seules un délit ou une contravention ; mais, tandis que les articles 13 et 14 érigent en délit ou en contravention l'émission et la négociation d'actions d'une société formée contrairement aux articles 1, 2 et 3, ils ne visent pas, soit intentionnellement soit par erreur, ainsi que nous l'avons déjà fait remarquer, l'article 4. Cette lacune dans la loi a été constatée par un jugement du tribunal de la Seine : « Si l'infraction aux dispositions de l'article 1er constitue un délit aux termes de l'article 13, il n'en est pas de même de la violation de l'article 4 qui ne comporte pas de sanction pénale et qui suffit à elle seule pour que la demande ait une base juridique [1].» Et il en tire logiquement cette conséquence que « la prescription triennale, établie par l'article 638 du Code d'instruction criminelle ne saurait être opposable à des actionnaires et obligataires exerçant une action en responsabilité et en dommages et intérêts contre les fondateurs ou administrateurs. » Le point de savoir si les faits prévus par les articles 13 et 14 sont des délits ou des contraventions est susceptible de discussion, mais il est certain que ni la prescription de trois ans ni celle d'un an ne sont applicables à notre hypothèse.

D'après M. Vavasseur [2], cette action se prescrit par cinq ans, conformément à l'article 64 du Code de commerce. L'article 64 forme le droit commun de la prescription entre associés ; il doit être observé à moins de dérogation expresse, et il est d'ailleurs en parfait accord avec l'esprit général du droit commercial sur la durée des prescriptions. L'action en responsabilité ne s'ouvre que du jour où la société prend fin par son annulation ; elle est subordonnée à l'action en nullité. Si celle-ci qui se prescrit par dix ans n'est pas intentée dans ce laps de temps, celle-là s'évanouit également ou du moins elle ne naît même pas ; elle ne peut dans tous les cas avoir une durée totale de plus de quinze ans.

Cependant il est difficile d'admettre que le législateur de 1867 ait renvoyé au Code de commerce pour déterminer le délai de la prescription. Cette action ne fait l'objet d'aucune disposition spéciale ; c'est donc aux principes généraux qu'il faut se reporter, d'autant plus que l'article 44 qui régit la responsabilité des fondateurs et des administrateurs vis-à-vis des actionnaires déclare que cette responsabilité est conforme au droit commun et par suite dérive de l'article 1382 du Code

---

1. Jug. du 12 mars 1881, déjà cité.
2. Vavasseur, *Sociétés*, n° 703. — *Le Droit* du 19 août 1881.

civil. Or, d'après le droit commun, l'action en responsabilité se prescrit par trente ans (art. **2262** C. civ.) à partir du jour où le fait dommageable s'est accompli, ou, si elle dépend d'une autre action d'une durée moindre, elle est limitée à la durée de cette action. Pour ceux qui pensent que l'action en nullité est imprescriptible ou ne se prescrit que par trente ans, l'action en responsabilité ne se prescrit aussi que par trente ans à dater de la constitution de la société ; dans le système qui soutient que la nullité de la société ne peut être demandée que pendant dix ans, la déclaration de la nullité étant la base de l'action en responsabilité, il s'ensuit que cette dernière action intentée par les créanciers n'est plus recevable après dix ans ; à cette époque tout ce qui est relatif à la nullité est mis à couvert.

A l'égard des actionnaires, il faut tenir compte de ce que les fondateurs et les administrateurs dans les sociétés anonymes, le gérant et les membres du conseil de surveillance dans les sociétés en commandite sont leurs mandataires. Si les actionnaires fondent leur action en réparation sur le préjudice occasionné par la nullité de la société qui fonctionnait encore au moment du jugement déclaratif, leur action s'éteint par dix ans ou par trente ans, selon le système admis sur la prescription de l'action en nullité. Supposons au contraire que la société ait été déclarée en faillite avant d'être annulée ; l'annulation n'a pas nui aux actionnaires. Ceux-ci invoquent à l'appui de leur action non le dommage résultant pour eux de l'annulation de la société puisqu'il est nul, mais celui provenant du défaut de vérification des apports en nature qui a entravé dès le principe le développement normal de la société, et amené de la gêne dans ses opérations. Les fondateurs et les administrateurs, abstraction faite de la nullité, sont poursuivis uniquement à raison d'un fait dommageable commis dans l'exécution de leur mandat ; conformément au droit commun ils ne seront déchargés de toute responsabilité qu'après trente ans à dater de la constitution de la société, le mandataire étant tenu de ses fautes pendant trente ans après la dernière opération de son mandat.

Si l'action en responsabilité est basée sur des faits constituant un délit ou une contravention, elle se prescrit par trois ans ou par un an. Si elle repose sur des faits ne tombant pas sous l'application de la loi pénale, elle se prescrit par dix ans ou par trente ans, « en sorte qu'il vaut mieux être coupable qu'innocent pour échapper plus tôt aux étreintes des responsabilités civiles [1] ». C'est, en matière de sociétés, un résultat fâcheux qu'il serait urgent de modifier, mais auquel aboutit la stricte application des principes [2]. Les délais de dix et de trente ans sont évidemment trop longs; il serait équitable et conforme aux intérêts économiques de les réduire.

1. Vavasseur, *Droit* du 18 juin 1881.

2. L'article 43 du nouveau projet de loi est ainsi conçu : « L'action en nullité de la société et l'action en responsabilité qui résulte de cette nullité ne sont plus recevables trois ans après le jour où la nullité a été encourue, lorsqu'avant l'introduction de la demande la cause de la nullité a cessé d'exister. »

FIN

POSITIONS

DROIT ROMAIN

I. La novelle 117, *cap.* 2, n'a pas édicté un mode de légitimation par déclaration du père.

II. Sous Justinien, le bénéfice de la légitimation est accordé aux *liberi naturales*, lors même que le mariage n'était possible ni à l'époque de la conception ni à celle de la naissance.

III. La légitimation n'a pas d'effet rétroactif.

IV. La rédaction d'un *instrumentum dotale* est nécessaire pour la validité de la légitimation par mariage subséquent.

V. Le consentement des enfants est nécessaire pour leur légitimation.

VI. La *litis constestatio* n'opère pas une véritable novation.

VII. Les enfants de l'adrogé sont *capite minuti*.

VIII. Il y a des exceptions qui ne reposent pas sur l'équité.

IX. Sous Justinien, le mari était encore, comme dans le droit classique, propriétaire de la dot soit mobilière soit immobilière.

ANCIEN DROIT

I. Le servage n'est pas, au moyen âge, une conséquence directe de la qualité de bâtard.

II. Les Parlements décident en fait, selon les cas et le dégré de parenté, si l'enfant issu de relations incestueuses est légitimé par le mariage de ses père et mère contracté avec dispense.

III. Le mariage putatif ne légitime pas les bâtards.

IV. Les bâtards sont légitimés, malgré leur opposition, par la seule force du mariage, même dans les pays de droit écrit.

V. La légitimation n'a pas d'effet rétroactif.

VI. Au dix-septième siècle, la légitimation par lettres ne crée pas, en principe, des droits successoraux.

DROIT CIVIL

I. L'adoption d'un enfant naturel reconnu est valable.

II. En cas de séparation de corps, les donations faites à l'époux coupable par l'époux outragé sont révoquées de plein droit par l'effet de la séparation de corps.

III. La réduction des droits de l'enfant naturel, autorisée par l'article 761 du Code civil, ne peut avoir lieu par la seule volonté du père ou de la mère et sans l'acceptation de l'enfant.

IV. L'interdit légalement peut se marier.

V. Les sociétés civiles, constituées sous une forme commerciale, jouissent seules de la personnalité morale.

DROIT COMMERCIAL

I. Le contrat d'apport ne doit pas être confondu avec le contrat de vente ; il n'y a apport, et les mesures de vérification ne sont prescrites par la loi du 24 juillet 1867 que si le propriétaire d'un bien livré à la société en voie de constitution reçoit en échange des actions de ladite société.

II. L'industrie d'un associé constitue un apport en nature, lequel doit être vérifié et évalué conformément à la règle générale des articles 4 et 24.

III. Au cas d'augmention du capital social, les formalités de vérification sont applicables aux apports en nature compris dans le capital complémentaire, sans qu'il y ait à distinguer si l'augmentation du capital a été ou non prévue par les statuts.

IV. L'émission des actions avant la vérification des apports en nature n'est pas punie par la loi, mais elle constitue un fait irrégulier, dont les auteurs sont civilement responsables.

V. Les conditions de majorité, établies par les articles 4 et 30 de la loi du 24 juillet 1867, ne sont exigées que pour la seconde assemblée générale.

VI. Si, dans les sociétés en commandite par actions, l'assemblée générale n'est pas assez nombreuse pour former la majorité légale, cette absence de la majorité équivaut à un refus d'approbation.

VII. Le droit de vote n'est refusé à l'apporteur que dans la délibération portant sur son propre apport.

VIII. L'assemblée générale peut, d'accord avec les apporteurs, réduire le chiffre des évaluations proposées.

IX. Le procès-verbal non signé de l'assemblée générale

ne fait pas foi en justice, et la délibération est tenue pour inexistante.

X. Les sociétés, dont les fondateurs s'attribuent toutes les actions en échange de leurs apports en nature, ne sont affranchies ni de la déclaration notariée ni du dépôt chez le notaire d'un double de l'acte social, s'il est sous seing privé, ou d'une expédition, s'il est notarié, et s'il a été passé devant un notaire autre que celui qui a reçu la déclaration.

XI. Les apports en nature qui, provenant de deux sociétés fusionnées, forment tout le capital de la société nouvelle, doivent être soumis à vérification.

XII. La conversion au porteur des actions totalement libérées n'est permise que lorsque les actions représentatives de numéraire auront été libérées de moitié.

XIII. L'attribution d'actions, correspondant pour partie à un apport en nature, pour partie à un apport en numéraire, est valable.

XIV. Les actions libérées d'un quart par le fait même de l'apport en nature ne sont pas assujetties, préalablement à toute émission, au versement d'un quart en numéraire.

XV. L'action en nullité d'une société en commandite par actions ou anonyme, fondée sur le défaut de vérification des apports en nature, se prescrit par dix ans.

XVI. Les fondateurs et les premiers administrateurs même non désignés dans les statuts, d'une société anonyme annulée pour infraction à l'article 24, sont tenus envers les créanciers de l'intégralité du passif social ; ils ne sont responsables vis-à-vis des actionnaires que dans la mesure de la faute commise et du préjudice subi.

DROIT CRIMINEL.

I. La distribution de dividendes fictifs n'est un délit que

si elle s'appuie sur des inventaires rendus volontairement inexacts et dans l'intention de s'en servir pour faire des profits illicites.

II. Le décès du mari, survenu après la dénonciation prévue par l'article 336 du Code pénal, n'éteint pas l'action publique contre la femme.

DROIT ADMINISTRATIF.

I. L'autorisation, accordée après enquête à un établissement insalubre, ne fait pas obstacle aux demandes en dommages-intérêts formées par les tiers que léserait le voisinage de cet établissement.

II. La loi du 10 vendémiaire an IV, sur la police intérieure des communes, est applicable à la ville de Paris.

DROIT INTERNATIONAL.

I. Les sociétés étrangères, légalement reconnues en France, ne sont pas tenues, pour y agir valablement, de se conformer aux dispositions de la loi du 24 juillet 1867 relatives à la constitution des sociétés.

II. Le prêt à intérêt, régulièrement conclu à l'étranger à un taux supérieur à celui permis par la loi du 3 septembre 1807, est valable en France.

Vu : *Le Président de la Thèse*,
RENAULT.

Vu par le doyen.
CH. BEUDANT.

Vu et permis d'imprimer :
Le Vice-Recteur de l'Académie de Paris,
GRÉARD.

TABLE DES MATIÈRES

DROIT ROMAIN

ANCIEN DROIT

DROIT COMMERCIAL